天地英雄气

——10位全军挂像英模的壮丽人生

主 编 王 喆 叶 纲
副主编 李兴选 汪玉明

同济大学 出版社
TONGJI UNIVERSITY PRESS

内 容 提 要

本书为纪念新中国成立70周年而编写。

全书以10位全军挂像英模——张思德、董存瑞、黄继光、邱少云、雷锋、苏宁、李向群、杨业功、林俊德和张超的光辉事迹为主线，通过丰富的历史资料，还原了英模们的成长历程，再现了英模们的伟大壮举，凝练了英模们的时代价值，借以让英雄精神、红色基因得以代代传承。

图书在版编目(CIP)数据

天地英雄气：10位全军挂像英模的壮丽人生/王喆，叶纲主编.—上海：同济大学出版社，2020.7
ISBN 978-7-5608-9303-7

Ⅰ.①天… Ⅱ.①王… ②叶… Ⅲ.①军人—英雄模范事迹—中国—现代 Ⅳ.①K825.2

中国版本图书馆CIP数据核字（2020）第104379号

天地英雄气——10位全军挂像英模的壮丽人生

主　编　王　喆　叶　纲　　副主编　李兴选　汪玉明
责任编辑　华春荣　　助理编辑　冯　慧　　责任校对　徐春莲　　封面设计　陈益平

出版发行	同济大学出版社　www.tongjipress.com.cn （地址：上海市四平路1239号　邮编：200092　电话：021-65985622）
经　　销	全国各地新华书店、网络书店
排版制作	南京展望文化发展有限公司
印　　刷	浙江广育爱多印务有限公司
开　　本	710mm×960mm　1/16
印　　张	18.25
字　　数	365 000
版　　次	2020年7月第1版　2020年7月第1次印刷
书　　号	ISBN 978-7-5608-9303-7
定　　价	68.00元

本书若有印装质量问题，请向本社发行部调换　　版权所有　侵权必究

前　言

一个有希望的民族不能没有英雄，一个有前途的国家不能没有先锋。

90余年来，在中国共产党的坚强领导下，人民军队脚踏着祖国的大地，背负着民族的希望，历经硝烟战火，一路披荆斩棘，建立了伟大的历史功勋。

"为什么战旗美如画，英雄的鲜血染红了它。"面对武装到牙齿的外国侵略军，人民军队挽狂澜于极危；面对气焰嚣张的国内反动派，人民军队摧锋芒于正锐；面对陷入危难的人民群众，人民军队挺身而出；面对汹涌澎湃的科技浪潮，人民军队勇立潮头。历史充分证明：人民军队不愧是听党指挥的英雄军队，不愧是忠心报国的英雄军队，不愧是为中华民族伟大复兴英勇奋斗的英雄军队。

在伟大的历史进程中，涌现了成千上万的英雄模范人物。张思德、董存瑞、黄继光、邱少云、雷锋、苏宁、李向群、杨业功、林俊德、张超，就是我军众多英雄模范的杰出代表。他们以对党和人民的赤胆忠心、以坚定崇高的理想信念、以向死而生的血性胆魄，奏响了时代最强音，彰显了共产党人、革命军人的崇高精神风范。

站在新时代，回望来时路，我们不仅要铭记英雄的事迹，更要学习英雄的境界。循着英雄的成长脚印,感悟英雄的内心世界,传承英雄的精神品质,坚定理想、不懈奋斗、脚踏实地,我们就能够创造不平凡的成就,获得不平凡的人生。

崇尚英雄才会产生英雄,争做英雄才能英雄辈出。今天,我们比历史上任何时期都更接近、更有信心和能力实现中华民族伟大复兴的目标。实现中国梦,必须加快把人民军队建设成为世界一流军队。高山仰止,景行行止,虽不能至,心向往之。向英模致敬、向英模看齐,传承红色基因、担当强军重任,我们必须也一定能够走好我们这一代人的长征路,创造无愧于历史和时代的新的光辉业绩!

编写组

2019年10月6日

目 录

前　言

张思德——为人民利益而死重于泰山 …………………… 006

董存瑞——完成党交给的艰巨任务最光荣 ………………… 036

黄继光——英勇战斗奋不顾身 ……………………………… 062

邱少云——纪律重于生命 …………………………………… 094

雷　锋——把有限的生命投入到无限的为人民服务之中去 … 124

苏　宁——献身国防现代化 ………………………………… 152

李向群——胸怀远大志向　追求高尚人生 ………………… 180

杨业功——忠诚履行使命的模范指挥员 …………………… 212

林俊德——献身国防科技事业杰出科学家 ………………… 240

张　超——逐梦海天的强军先锋 …………………………… 264

后　记 ………………………………………………………… 287

张思德（1915—1944） 实践我党我军全心全意为人民服务宗旨的光辉典范。四川省仪陇县六合场（今思德乡）人。中央警备团战士。1933年参加中国工农红军，共产党员。曾担任过警卫班长和毛泽东主席的内卫班战士，参加过长征。作战勇敢，多次负伤。1944年9月5日，在陕北安塞县（今安塞区）山中执行烧炭任务时，因炭窑崩塌不幸牺牲。9月8日，毛泽东主席在中央直属机关为张思德同志举行的追悼会上，做了《为人民服务》的著名讲演，号召全党全军向张思德同志学习。

张思德
为人民利益而死重于泰山

　　一名普通的战士，始终把党的信仰、群众的利益放在第一。不论什么工作，只要符合党和人民的利益，从来不讲价钱，总是尽最大努力做到极致。他的人格魅力、他的崇高风范，穿越时空，激励着我们不断前行。这名普通的战士，叫张思德。

　　1944年9月8日，张思德牺牲后的第三天，延安各界为他举行了隆重的追悼大会。中央警备团的全体指战员，中共中央社会部及中共中央直属机关等大约1 000多人参加了追悼会。毛主席亲自参加了追悼会，他在敬献花圈的挽联上写道："向为人民利益而牺牲的张思德同志致敬！"稍后，他又作了《为人民服务》的即兴演讲，对张思德全心全意为人民服务的革命精神给予了高度评价："张思德同志是为人民利益而死的，他的死是比泰山还要重的。"从此，张思德的名字就与"为人民服务"紧紧联系在一起，家喻户晓、广为人知。

　　全心全意为人民服务，这九个大字，像一根红线贯穿于人民军队走过的每一步、每一程。

从"谷娃子"到"小老虎"

张思德,小名"谷娃子",1915年出生于四川省仪陇县一个贫苦农民家庭。全家靠给地主帮工度日,母亲和几个哥哥相继冻死、饿死;父亲远走他乡,不知所终。张思德成了孤儿,被叔叔母收养。因为"谷娃子"在张氏家族中排名"思"字辈,又是吃"百家奶"活下来的,大人们希望他长大成人以后,永远不忘乡亲们的恩德,所以就给他起名叫张思德。张思德这个苦水中泡大的穷孩子,目睹了农村社会的极度不平等,具有爱憎分明的阶级感情。

1932年,红军入川,打土豪,分田地,巴蜀震动。1933年8月,红四方面军解放了朱德总司令的故乡仪陇县,苦大仇深的张思德第一个报名参加了少先队,成为乡里首任少先队队长。他积极帮助红军筹粮筹款,受到乡苏维埃的嘉奖。同年10月他加入红军,在县独立团2营当通信员,瓦子寨战斗中立功一次。在人民军队这所大熔炉里,张思德得到了思想的启蒙和能力的锻炼,很快成长为能征善战的"小老虎"。

1935年1月,中央红军突破乌江天险,攻克黔北重镇遵义。1月15日,中共中央政治局在此召开了著名的遵义会议,挽救了党、挽救了红军、挽救了中国革命。随后中央红军挥师北上,打算渡过长江,前出川南,与活动在川陕革命根据地的红四方面军会合,开创川西或川西北革命根据地。

1935年1月底,红四方面军指挥部根据党中央电令,决定集中全力向嘉陵江以西进攻,策应中央红军渡江北进。

嘉陵江，起源于秦岭山脉，奔流于高山峡谷间，与长江汇合于重庆，在军事上形成天然屏障，易守难攻。川军的两支地方部队和蒋介石的一个嫡系独立旅，陈兵嘉陵江西岸，企图阻止红四方面军渡江。

要打好渡江战役，最大的难题是船！

敌人早早就收走了渡船，没有船，部队很难完成渡江任务。造船成了头等大事！整个川陕苏区都动员起来，组建了多支造船队，夜以继日开工造船。

一天，张思德在江岸边巡逻，发现对岸小码头上停泊着两条小船，且看管松懈，他立即报告上级，并自告奋勇申请任务，打算游过江去"偷船"。

天很快黑了下来，张思德背上一捆绳索，腰上别着一把利刃，猛灌了几大口葫芦里的烧酒，暖热身子，慢慢下了水。江水寒冷刺骨，他不禁连打了几个寒战。来不及多想，便奋力向江对岸游去。浓浓的夜色中，伸手不见五指，根本辨不清方向，即将游到对岸时，他发现已经偏离了航道，原来他被水流向下游冲远了。他重新校正了方向，向上游的小码头游去……

岸边很静，两只小船系在一起，随着江水的波动，偶尔碰撞一下。张思德观察了一下附近，没有哨兵，便解下刀子，割断绳缆，慢慢将船向江心推去……

张思德只身渡江"偷船"的事迹，被报到师里，他获得了通令嘉奖。

1935年3月28日夜间，渡江战斗打响。红30军为渡江主攻部队，从苍溪西南的塔子山附近突破，消灭守敌后向剑阁方向进攻；红31军从苍溪以北鸳溪口渡江，而后消灭剑门关守敌，并向广元、昭化方向发展；红9军于阆中以北从间溪口突破。

张思德所在部队沿江攻击阆中县城（现阆中市）。一开始，他们拔据点，破堡垒，打得十分顺手。但是攻到阆中城，却遇到了顽强抵抗。敌人凭借坚固的工事，死守城东的一个土围子，架起机关枪，拼命扫射。由于地势比较开阔，火力凶猛，红军战士们被死死压制住，迟迟打不开局面。为了避免不必要的伤亡，连长迅速召开阵前"诸葛亮会"，让战斗骨干们发挥军事民主，出谋划策。

张思德也在琢磨这仗怎么打？不过他考虑得更多，不但要把阵地攻下来，他还想把敌人的机枪夺过来。红军的武器装备很差，如果能有一挺机关枪，那才是如虎添翼呢！大伙都赞同他的意见，纷纷出主意。随即，张思德主动请缨夺机枪的任务。

入夜，部队按照既定计划，发起佯攻。战士们大声呐喊，枪声激烈，佯作冲锋。土围子里的敌人不知虚实，机枪"哒哒哒"地胡乱扫射起来。

张思德瞅准机枪手的位置，弯腰从侧面迂回，凭借夜幕的掩护，他很快接近了土围子，然后匍匐前进，向正吐着火苗的机枪侧面抵近。张思德靠在简易工事的墙壁下，头上的机枪正在不停地射击，他放开绳索，心里默数着，等待最佳时机。

枪声响了一阵，停了下来，机枪手在换弹夹。说时迟那时快，张思德猛然抡起绳索，套住了机枪枪管，还没等敌人反应过来，使劲往下一拉，将机枪给拽了下来，然后反手一颗手榴弹，就势滚开。只听"轰"的一声，土围子里一片鬼哭狼嚎。

"冲啊！"连长大吼一声，带领战士们发起猛攻，胜利拿下阆中县城。

庆功会上，连长高兴地向大家宣布："张思德同志勇夺机关枪，立下了大功！从今天起，这挺机枪就由他保管使用！"自此，张思德逐渐成长为一名出色的机枪手,在之后的战斗中,打出了红军的威名。

九死一生历长征

长征,是张思德一生中最难忘的一段战斗历程。他曾跟随红四方面军北上、南下、再北上,三过草地,数次负伤,历九死而一生。在艰苦卓绝的长征路上,他冲锋在前,不顾个人安危;助人为乐,处处为战友着想;品尝百草,充分体现了一名革命战士大无畏的革命英雄主义精神。

1935年6月,红一、红四方面军在川西懋功地区胜利会师。两军会师后,红军实力大增,士气高昂。党中央派慰问团到红四方面军进行慰问,宣传遵义会议精神和党中央的正确决定。张思德等红四方面军的战士拥护中央的正确领导,对革命前途充满信心。

8月,红一、红四方面军组成左、右路军,开始沿草地北上。然而张国焘大搞分裂主义,拒不执行北上计划,而是擅令红军南下。这样,张思德也随红四方面军从草地折回,南下。

由于国民党军重兵围剿,红四方面军打了很多恶仗,仍然不能摆脱困境,在四川盆地建立根据地的战略意图没能实现,反而损失惨重。1936年6月,红二、红四方面军在四川甘孜会师。随后,按照党中央的指示,部队沿草地北上。

这是红四方面军第三次过草地了。没几天,严重的困难出现了,部队断粮了。不得已,骡马被宰杀,战士的皮带也被煮着吃了。为了战胜苦难,走出草地,战士们冒着生命危险,挖野菜、钓野鱼,但吃野菜中毒的事情时有发生。朱总司令号召大家"尝百草"辨别毒性,张思德总是冲在第一线。

一天中午,部队宿营在一片沼泽地旁。张思德和一位小战士顾不得休息,就去附近找野菜。在一个死水塘边,小战士惊喜地喊着:"班长,水萝卜!"张思德一看,果然有一片极像萝卜的野草。他已经有了两次过草地的经验,深知有些样子好看的野菜,往往有毒。保险起见,他摘下片叶子尝了尝,味道甜甜的,便又摘了一些回去。

没过多久,张思德就觉得肚子剧痛,接着便呕吐不止,天旋地转,他急忙对战友们说:"这草有毒,快告诉大家别吃!"话没说完,便晕了过去。战友们急忙把他送到卫生所,找来解药服下。过了好一阵,张思德才转危为安,大家都松了一口气。

长征途中,张思德担任通信班班长。他在战斗中曾三次负伤,再加上长途跋涉,身体得不到及时康复,体质十分虚弱。进入草地后,他的两只脚被泥水泡得红肿,走路一瘸一拐,十分吃力。但是每次有了任务,他总是抢着出发。同志们看在眼里,疼在心上,都劝他多休息。张思德却说:"咱们班同志年岁小,不能让他们再多跑路,我自己多跑几遍,让大家都能走出草地,都能北上啊!"部队宿营,他依照经验,寻找较干的地面作为休息地,让大家聚在一起取暖;夜里他总是最晚一个休息,等大家睡熟了,帮大家照料火堆,晾烤衣物,防止夜寒侵袭。有了老班长的细心照料,大家的士气更高了,走出草地的信心也更足了。

1936年10月,经过艰苦跋涉,红二、红四方面军终于到达甘肃会宁、静宁一带,同前来接应的红一方面军会师。之后,红军胜利地进行了山城堡战役,打破了国民党的围攻,在陕北逐渐站稳了脚跟。

荣校入党称模范

张思德忠于共产主义事业，他把党比作母亲，把自己的生命看成是属于党和人民的，无论遇到怎样的艰难困苦和挫折逆境，始终把党和人民的需要作为一切工作的出发点，把党的利益高高举过头顶。他的身上，充分体现出了铁心向党的忠贞信念。

张思德随红四方面军到达陕北后，由于在长征期间负过几次伤，身体十分虚弱，组织上决定让他去荣誉军人学校（简称"荣校"）治疗、休养。这里收容着各部队的伤病人员，所以荣誉军人学校既是学校，也是医院。校长在给战士们讲话时，道出了荣校的主要任务："你们的任务就是三件事——学习、休养、疗养。你们谁恢复得好，谁恢复得快，谁就能早日回到部队去！"校长的一番话犹如一团火，重又点燃了张思德心中的激情，他自己积极配合治疗，也时常鼓励战友们一定要听医生的话，"顶多三两个月，我们就又能上前线打鬼子啦！"

张思德的工作热情，助人为乐的精神，团结同志的诚心，给战友们留下了深刻的印象。原兰州军区干休所的老红军杨再兴，回忆起当年曾和张思德一起在荣校的日子，很是激动。他说："张思德，个头中等，长方形脸，浓眉大眼厚嘴唇，显得憨厚朴实。虽然不大爱说话，性格却很随和，对同志很热情，乐于助人。张思德多次负伤，刚入校时，身体还很虚弱，但精神特别好，乐观向上。和他在一起时，总觉得他仿佛是一团火，在温暖着你、激励着你。"

休息时，张思德经常和战友们一起唱《荣校之歌》：

> 为了革命,为了人民,
> 虽然负了伤,从不畏惧,也不悲伤,
> 流血牺牲也是荣光。
> 我们听党召唤,
> 我们心向太阳。
> 养好病,治好伤,
> 学好文化,习好本领,
> 再上战场,再上战场!

这首歌,张思德唱得特别起劲,有时候嗓子都喊哑了,因为歌词就代表着他的心声,他多么想早点康复,扛起钢枪,重上战场啊!

在荣校,加强政治学习,提高思想觉悟是同志们的必修课。以前在部队里,打仗是家常便饭,学习都是见缝插针;如今,终于有了充足的时间,大家认真学习党的有关文件,尤其是毛主席的有关著作《中国共产党在抗日时期的任务》等。张思德的政治觉悟有了进一步的提升,对革命战争也有了更为深刻的认识,对党更有感情了。终于有一天,他庄严地向党组织提交了入党申请书。

1937年10月的一天,张思德,这位22岁的青年军人,迎来了他人生中最为激动的时刻。在"镰刀斧头"的红色党旗下,张思德举起右手庄严宣誓:"我志愿加入中国共产党!我坚决跟党走,革命到底,永不回头,不怕艰苦,不怕牺牲,保守秘密,遵守纪律,团结群众,拼命斗争。为中华民族的解放,为全人类的解放,为在世界上实现最美好的共产主义而贡献自己的一切。"

张思德和战友们在荣校里,天天盼望着早日归队,抗战杀敌。终于有一天,领导找他们几个人谈话了,可万万没有想到的是,不是让他们回到朝思暮想的老部队，而是到泾阳八路军留守处警卫连报到。

我们常讲，革命军人是块砖，哪里需要哪里搬。张思德虽然很不情愿，但还是服从命令，按时去报到了。

在我们革命队伍中就是这样，一个决定，一纸命令，往往能改变一个人的生命轨迹。自从离开了厮杀的战场，张思德，曾经鏖战沙场的"小老虎"，就再也没能上阵杀敌，而是一直在留守、警卫、开荒、学习、烧炭这些平凡岗位上走完了自己的人生。

不拿枪同样也是干革命

"不管干啥子工作，都想着前线就在脚底下。"革命事业的完成，不仅仅需要冲锋陷阵的战士、临阵指挥的将军、运筹帷幄的统帅，更需要无数像张思德一样的同志，毫不利己，专门利人；拿起枪上得了战场，放下枪同样能发挥作用；可以是革命的擎天柱，也可以是革命的螺丝钉。

张思德被分配到了八路军115师后方留守处，担任警卫连1排3班班长，部队驻扎在陕西省泾阳县。

国共第二次合作时期，从西安运往延安的抗战物资，大部分要经过八路军西安办事处中转。护送这些物资的任务，就由驻扎泾阳的警卫连来承担。

1938年8月初的一天早上，张思德所在3班接到紧急命令，全副武装护送运输车队去延安。八路军办事处的一位首长亲自布置任务，交代这是给党中央运送的重要物资，务必保证安全到达延安。他还举了《水浒传》的例子："杨志押运的生辰纲，是地主老财的不义之财,该劫!可是我们这次押运的物资,是人民的'生辰纲',是八路军的'救命纲',一定不能出闪失!"

张思德深感责任重大,10辆车11名战士,他坐在最后一辆车上,一眼也不眨,警惕地注视着周围的情况。

从西安到延安,要经过铜川、黄陵、洛川、富县、甘泉等市县,曾经闻名天下的秦直道如今成了陕北高原上的一条要道,来往客商川流不息,因此也就成了劫匪出没的"贼道"。周恩来副主席就曾在此遭遇匪徒袭扰。张思德带着全班护送10车物资,自然不敢大意。

不过在途中,首先遇到的对手,不是匪徒,而是老天爷。傍晚时分,车队进入黄陵山区,下起了小雨。山路崎岖,车队行驶缓慢。这里前不着村后不着店,地形复杂,如果不能在天黑前通过,很是危险。张思德十分着急,他下车招呼,指挥车队加快速度。然而这些司机大多是雇来的国民党老兵,根本不听招呼。雨越下越大,放眼望去,白茫茫一片,长长的车队趴在弯弯曲曲的山道上,前后足足拉了一里长。

车队停下来,张思德急忙把战士们召集起来,首先对车轮进行加固,防止溜坡,接着布置警戒,防止土匪打劫。这一夜,张思德没有合眼,在泥泞的山道上来回奔波,不停地巡查车辆、哨位,天黑不见人影,道路泥泞,他不知道摔了多少跤。天亮时,他活活变成了一个泥人,大伙差点都认不出他了。

迎着晨曦,车队继续前进,10车物资终于安全抵达了延安……

1939年秋,为了避开国民党顽固派的摩擦,八路军留守处和荣誉军人学校决定撤出泾阳,向以北的旬邑县转移。

这是两个机关的大搬家,行动起来既烦琐又缓慢,一路上遇到不少麻烦。苦点累点不算什么,最难的还是做群众工作。沿途经过的都是国统区,由于长期受国民党反动宣传愚弄,当地老百姓对共产党不了解,甚至还有恐惧心理,一听说八路军要来,早早就躲了起来。这就得干部、战士一起上,做群众工作,不少战士烦躁了,张思德就劝他们:"耐心点,耐心点,这事比不得打仗,做急了更麻烦。"

张思德做群众工作出了名,他的拿手绝活是"借驴"。

行军中,重伤病员就靠担架抬、毛驴驮。陕北虽然毛驴多,但却不好借。毛驴,是当地老百姓的主要脚力,是家庭的大宗财产,一般人家都不愿意出借。实在要借,主人也要跟着走,到了目的地,再把毛驴赶回家。有的农民不了解八路军,怕毛驴借出去有借无还;有的农民怕帮助八路军让国民党知道了,找麻烦,不敢借。总之,借毛驴成了最棘手的事情。为保证能借到足够数量的毛驴,上级领导干脆实行"承包制":层层分解指标,每个班都有任务。

大家都在发愁为难的时候,张思德却每次都能借回毛驴来。同志们以为他有什么"锦囊妙计",他却呵呵笑着,说不出个所以然来。

一次,部队就要出发了,张思德借驴还没回来。大家都以为他这次要完不成任务了。没承想他牵着一头毛驴从一道山梁后颠颠地跑来了,后面还跟着位瘦小的老汉。

见到连长,张思德擦擦头上的汗,介绍说:"连长,这是刘大爷,他愿意借给咱一头驴。"老汉也忙凑上来说:"长官,我愿意给你们当差,愿意的。"

原来老大爷胆子小,听说八路军路过,牵着自家的毛驴躲到了树林里,张思德发现后,就和他唠家常,讲政策,一点点打消了他的顾虑。

连长瞅瞅老汉,又看看张思德,忽然问:"你的鞋呢?"张思德连忙把光脚缩回去,呵呵憨笑着。老汉怯怯地说:"长官,鞋在我脚上呢。他硬要我穿的。"那天,张思德赤脚走了一路。

路上聊天,大家才知道老汉孤身一人过日子。到达宿营地后,有战士跟张思德建议,老人反正是一个人,又好说话,让他再送一程吧!

张思德连忙摇头:"不成不成,说好了送一程,咱八路军对老百姓得讲信誉,不能搞欺骗。"

部队安置好后,张思德和连长谢过了这位大爷,就让他牵着毛驴回家了。

说起张思德的另一项绝技,不能不提"打草鞋"。

初秋的关中大地,赤日炎炎,闷热难当。道路荆棘丛生,坎坷不平。部队刚开拔两天,许多战士脚上的鞋就磨破了,不少人的脚底板都磨出了血泡。

张思德看在眼里,急在心上。他想起当年长征时,发动战友寻找梭草,突击编织"梭草鞋"的情景。小时候,邻居赵大爷教过他打草鞋的手艺,现在终于又可以派上用场了。

张思德发动全班战士一起找能打草鞋的草,陕北虽然没有四川常见的龙须草,但他们还是找到了韧性很强的马蔺草。傍晚到了宿营地,大家累得倒头就睡,张思德却靠在墙边,捋好草束,开始搓草绳。不到一袋烟的工夫,一双崭新的草鞋完工啦!

这一夜他们干了个通宵。在张思德的带领下,全班战士都学会了打草鞋,每个人脚上都穿上了柔软又牢固的新草鞋,还赠送给了其他班的战士们。有了新草鞋加持,大家的行军速度提高了不少。

人生处处皆学问。战友们眼中的张思德,就是一个勤于思考、善于学习的"能行人"。他的那些"绝技",虽然不是什么惊天动地的大能耐,却也是处处实践出真知的真实写照。

平凡岗位不平凡

张思德对工作无比热爱,干一行,爱一行,钻一行,专一行。他对党交给的任务,不管多么困难,总是不折不扣地完成。担任通信班长,他是可靠的传令兵,工作认真细致,尽心尽责,确保了中央命令的上传下达,从来没有出过差错;进山烧木炭,坚持吃住都在窑里,很快就成为数一数二的烧炭能手;为了战胜经济封锁,他带战士到南泥湾开荒种地,圆满地完成了上级交给的生产任务。张思德能够在平凡岗位上创造出不平凡的业绩,关键在于他兢兢业业、埋头苦干,把党的事业看得比什么都重。

1940年初夏,张思德所在的警卫连调往延安,由于工作出色,张思德本人被分配到中央军委警卫营,担任营部通信班的班长。

张思德打小就在大山里爬山越岭,后来又在长征中三过草地,攀过雪山,蹚过大河,是有名的"铁脚板""飞毛腿",这一次算是干回老本行了。

通信班刚成立时,全班12个人,除了他这个班长,其余都是十七八岁的新战士,他们对革命有热情,但对通信工作不太理解,以为就是跑跑路,送送信,工作积极性并不高。

作为一名老通信员,张思德对这份工作有着自己独特的认识。他经常给年轻战士们讲:"我们通信班是领导机关的腿,人没有腿不行,革命机关没有通信员,上级指示就传不下去,革命工作就会受影响。"他还特别强调:"你们都要记住,我们是中央军委警卫营的通信战士,传达的是中央军委的指示命令,你们说这个任务重要不重要,光荣不光荣?送信一定要做到安全、准时,不能有一丝马虎!"

说到做到，遇到紧急任务，张思德总是身先士卒，亲自递送机密信件。一次，张思德刚刚送信回来，营长又交代一项重要任务：有一封急件必须立即送到延安王家坪八路军总部作战室。张思德二话没说，喝了几口水，转身就上路了。

王家坪八路军总部距离营地将近二十里地，张思德一路小跑，马不停蹄。不一会，天色忽然大变，浓黑的乌云由天边压上头顶，豆大的雨珠劈头盖脸地砸了下来。张思德心想不好，身上湿了不要紧，要是把信件打湿了，那可就麻烦了。他看看脚上的布鞋，灵机一动，计上心来，"对，放在鞋子里！"他脱下鞋，把信放在鞋子里，再把两只鞋对扣，还不放心，又拿上衣裹了个严实，然后赤脚狂奔，一口气跑了十来里。到达作战室时，值班参谋看见他光背赤脚，湿淋淋冲进来，吓了一跳。当他把信件从鞋里掏出来时，大家都明白了，连连赞许："好个张思德，真有你的！"

虽然任务完成了，但张思德还不满意，他想，如果下次还遇到雨天，怎么办？他把战士们叫到一起，发动大家集思广益讨论办法：

一是用羊皮缝制烟荷包式的小口袋，把信装进去，掖在裤腰上；

二是把信件装在小葫芦里；

三是把信件装在小瓷瓶里；

四是把信件装到竹管里；

五是把信包在油布里。

张思德从羊皮口袋和油布上受到启发，他想起了猪尿脬，既轻巧便携，又能防雨防水，用来送信再好不过。经过这次讨论，送信防雨的问题算是解决了。

革命军队提倡民主，像张思德这样的老同志，三大民主早已深深地融入了他的血脉，军事民主不仅仅体现在战场上，就连送信这样的事情，他都能发动大家一起想办法解决，充分体现出一个革命军人的民主特质。

　　1938年底,抗日战争进入相持阶段,日军对我根据地反复进行大规模扫荡,国民党顽固派消极抗战积极反共,调集几十万军队包围陕甘宁边区,实行严密的军事包围和经济封锁,叫嚣着要"饿死八路军,困死八路军"。当时,边区地广人稀,土地贫瘠,仅有140万群众,要担负起几万名干部、战士和学生的吃穿用,实在是一件难事。毛主席意识到:"长期抗战中最困难问题之一,将是财政经济问题,这是全国抗战的困难问题,也是八路军的困难,应该提到认识的高度。"1939年1月,陕甘宁边区第一届参议会召开,毛主席代表中共中央讲话时提出了"发展生产,自力更生"的口号,号召边区人民群众和部队、机关、学校全体人员开展必要的生产。自此,陕甘宁边区展开了轰轰烈烈的"大生产运动"。

　　张思德所在的中央警备团是最早开展大生产运动的部队之一。时任警卫营通信班班长的张思德带着全班战士来到了南泥湾。

　　南泥湾在延安东南百余里,是一片野草丛生、荆棘遍野、人迹稀少,野兽出没的荒凉之地。浩浩荡荡的开荒大军,通过七里铺,转入山沟,渐渐地看到了茂密的山林和宽旷无边的荒草地。早晨的阳光,透过山沟里升起的薄雾,照射着这座寂静的山林,照射着刚刚解冻的清水河,为山林溪流披上彩色的外衣。山沟里,古木丛林遮蔽着天空,从正在发绿的枝丫上,筛下了点点阳光,洒在松软的土地上。部队在丛林中行进,高大的白桦挺立在丛林之中,一簇簇的海棠、栗树、红枫和正在发芽的野葡萄、山楂、杜梨,构成了花团锦簇的百果林。

　　战士们无暇欣赏这些美景,他们干起活来,像打冲锋一样,你追我赶,互不相让。山上山下,到处听见刀劈斧砍的响声,但见镢头挥舞,泥土纷飞,什么狼牙刺、蝎子草、羊胡子草,都在战士们面前纷纷倒下，一块块新开垦的土地，展露出来。手磨破了不喊苦，腿痛腰酸也不停。

劳动竞赛的热潮，像春风野火一样，迅速遍及整个工地。班与班提出挑战，排与排、连与连展开竞赛。山上那个班，唱起了快板：

> 镢头低，要用力。
> 慢慢挖，莫着急。
> 挖得深，挖得细。
> 要求并不高，每天一亩一。

山下的战士马上应和：

> 分开地，见高低。
> 每个人，要尽力。
> 谁先完，谁胜利。

接着，另一个山头上又想响起了歌声：

> 铁打的胳膊铜打的肩，
> 一镢下去尺二三，
> 草根儿嘎巴声响，
> 土块儿似浪向上翻。

歌声一起一落，又有人回答：

> 你一镢啊！我一镢啊！

比比谁的气力壮!
你一镢啊! 我一镢啊!
开荒好比上战场!

张思德开荒总是冒尖,别人一天一般能开六分多,他能开出一亩多。他的手上满是厚厚的老茧,"我干活干习惯了,这些都是革命的本钱咧!"

随着开荒的进展,工具成了大问题。上级下发的本来就不够,战士们又用得太猛,很多铁锹、镢头磨损太大,用不了了。营里发动大家想办法,找铁料,自己造。张思德带领全班四处寻找。一天,他们在一个破庙里找到一口破钟,有三四百斤重,他们高兴极了,齐心协力将它运回营部,打出了几十把镢头。

在南泥湾开荒生产的日日夜夜,张思德和他的战友们凭着一颗红心两只手,战胜了一个又一个的困难,下决心要把荒山变成"米粮川"。由于工作突出,通信班被评为先进班,张思德本人也被评为劳动模范。上级奖给他一本笔记本,他在第一页上工工整整写道:"前方流血,后方流汗,为了革命,大搞生产!"

大生产运动起到了支持长期抗战、战胜困难、渡过难关、继续坚持长期抗日的目的,缓解了军民供需的重大矛盾,打破了国民党顽固派的封锁和扼杀中国共产党革命力量的企图。就连毛主席都夸赞:"这是中国历史上从未有过的奇迹,这是我们不可征服的物质基础。"

"米脂的婆姨绥德的汉,清涧的石板瓦窑堡的炭。"陕北冬天寒冷,全靠烧炭取暖。调入中央军委警卫营后,张思德有好几年都要执行烧炭任务,直至他生命的终结。烧炭在他的革命生涯中占据了重要位置。现在张思德给我们留下的唯一一张照片,就是那张炭窑出炭的黑白照。熏黑的面庞,质朴的笑容,抱着一捆木炭探出头来,深凹的双眼炯炯有神,直视着我们。

1940年7月初,营里组织进山烧炭,大家一致公推张思德作烧炭班班长,因为他能吃苦,勤思考,善于调动大家的积极性,任务交给他,准没错。

张思德二话没说,带着十来名战士踏进了山沟沟,这一次的任务是8万斤木炭,后来由于需求量增加,追加到了10万斤。

虽然拍了胸脯,可张思德心里也在犯嘀咕。10万斤木炭,起码得用几十万斤木柴来烧,这可不是一个小数目,要在三个月内完成,必须调动全体战士的积极性。

张思德很会做思想工作,他的经验是:要发挥一班人的战斗力,必须要有坚强的核心力量。成立临时党小组,先开党小组会,再开班务会,把任务传达下去,提出战斗口号:"任务是堡垒,烧炭是战斗,苦干加巧干,胜利在前头!"

经过动员讨论,战士们的心凝聚到了一起。虽然是临时组建的班小组,但大家都觉得张思德这位老班长是个好领导,一定能带领大家完成任务。

张思德集中大家的意见,决定打7座窑,前沟3座,后沟4座,全班分成两个战斗小组,1组打窑,2组砍树。

说干就干,全班齐上阵!每天天刚蒙蒙亮,全班同志就上山劳动,砍树的砍树,打窑的打窑,直到天黑才收工下山。晌午多半都是在山上吃饭,没有菜吃,只是盐水泡饭。生活虽然艰苦,可劳动时,这位唱个小调,那位说个笑话,欢笑和歌声,不时地在山林里回响。

张思德则顾不上休息,他两头跑,上午指导打窑,下午上山砍树。砍树是体力活,而烧窑则是个技术活,有很多道工序:打窑、砍树、装窑、点火、封火、出窑、捆包等。其中封火是最关键的环节,封火早了,炭烧不透,尽出"羊角把";封火晚了,炭就烧成灰了。

为了保证烧炭质量,张思德请来村里老乡做指导,同时又要求战士们边干边记边总结。临近封火的那几天,他领着几个骨干天天守候在窑口,观察烟道出烟的变化,眼睛被烟熏得火烧火燎。这是烧炭技术的一个关键环节,颜色的浓淡标志着木炭的成色,必须要观察仔细。他还要求战士们要动脑筋记录:"烧窑有窑道,养鱼有鱼经,三百六十行,行行出状元,不动脑,不积累,就不能干好一件事情!"

在紧张的劳动中,张思德总是冲在前头,给自己定下更高标准。一个人每天砍伐十七八棵树就很可观了,可他总是砍到二十多棵才收手;背炭时别人一次背一包,他却一次背两包。出窑是最紧张的时刻,需要分秒必争。窑里温度很高,出慢一点,风一吹,整窑炭就会着火,化为灰烬。张思德常常提醒大家:"出窑时必须跟消灭敌人一样,动作要快!"每逢出窑,他总是第一个钻进窑中,最后一个出来。他以惊人的速度抱起木炭,一根一根往外递,炭上的火星格外的烫,烟熏得嗓子又疼又痒,汗水迷住了眼睛,他全然不顾。等到出来时浑身漆黑,衣服全被汗水湿透了。

三个月,张思德和他的战友们,超额完成了烧炭任务,为粉碎国民党反动派对延安的军事包围和经济封锁,立下了汗马功劳。

谁都知道烧炭是个苦差事,可张思德从来不叫苦,硬是把这个苦差事干得有声有色,练成了行家把式。在他身上,体现着中国普通劳动人民的质朴,更体现着革命军人不怕吃苦、甘于奉献的本色。

从班长到战士

张思德当过战斗员,当过炊事员,又在部队整编时由班长变成了战士。岗位变换、职位升降丝毫没有影响他为人民服务的热情。用他自己的话来说就是:"当班长是革命需要,当战士也是革命需要。"服从革命需要,就是个人利益对党和人民根本利益的服从。在他身上,充分体现了不居功、不为名、不争利的淡泊品质。

1942年11月,当了7年班长的张思德又改当战士了。

这还得从精兵简政说起。1941年11月,陕甘宁边区二届一次参议会期间,毛主席把边区参议员李鼎铭等人提交的一份提案整个抄到了自己的本子上,重要的地方还用红笔圈起来,并且加了一段批语:"这个办法很好,恰恰是改造我们的机关主义、官僚主义、形式主义的对症药。"这个"对症药",就是精兵简政。1940年和1941年,各个抗日根据地遭遇到空前的物质困难。正如毛主席所说:"我们曾经弄到几乎没有衣穿,没有油吃,没有纸,没有菜,战士没有鞋袜,工作人员在冬天没有被盖。国民党用停发经费和经济封锁来对待我们,企图把我们困死,我们的困难真是大极了。"

陕甘宁边区政府根据中共中央的指示,先后在边区进行了三次精兵简政,取得了很大成效。张思德所在的中央军委警卫营和中央警卫教导大队合并,整编为中央警备团。包括通信班在内的一些勤务分队被撤销,人员都被充实到连队,就连张思德这样的老班长也面临着同样的问题。

领导怕他想不通,专门找他谈话。是啊,张思德从1935年就当班长了,工作这么出色,和他同年入伍的,有的已经当上营长、团长,现在又让他去当战士,能想得通吗?

没想到,张思德的一番话打消了领导的顾虑。他说:"教导员,你最了解我,当班长、当战士,都是革命,只要革命需要,让干什么,就干好什么。请警备团党总支放心,我不只保证当好一名战士,还争取做总支的好党员!"

张思德不仅是这么说的,更是这么做的。回到通信班,他就组织召开了最后一次班务会。战士们听说通信班要解散,情绪有些波动。张思德开导说:"我们都是出来革命的,不管干什么工作,都是为党工作、为人民利益工作。革命需要我们干什么,就一定要干好什么。整编是革命全局的大事,我们通信班的每一个人,都要在这个大事中表现出优秀来。"

1942年11月7日,中央警备团在侯家沟操场举行了整编成立大会。张思德被分配到了警备团1连2排4班当战士。

大家该分别了,但战友之情难舍难分。张思德虽然也很难过,但他是班长,还得招呼大家,活跃气氛:"都高兴点啊,咱们还在一个团里,还会经常见面的。"他拍拍手中的"百宝箱":"我这儿给大家准备了不少好东西,快来啊!"他打开"百宝箱",把在南泥湾获奖的笔记本赠给了战士小申,把平时舍不得用的一条毛巾赠给小张,把一双新草鞋送给小周,把与副班长陈耀共同盖的被子和羊皮留给了陈耀。

陈耀打趣地说:"我说班长啊,咱又不是打土豪分田地,你把你的好东西都分给我们了,你咋办啊?"张思德笑笑说:"我留着一件呢!"说着他打开了一个小包,里面是几层油纸,一层层打开,露出一枚鲜红的布制五角星帽徽,"这是我当红军时戴了三年的八角帽的帽徽。如今国共合作,红军改成八路军,改戴青天白日帽徽,这枚红五角星,我一直珍藏着……当时,我们心里都很难过。可上级有命令,只能执行。首长们讲,为了抗日,为了统一战线,同志们要顾全大局,要执行这个决定。红军改叫八路军,名字虽然改了,帽徽换了,但还是共产党领导的队伍,革命的心没有变,为人民打天下的目标没有变!"

账要算大账,人要做大写的人。张思德当了7年班长,又回到了战士的行列，他不计个人得失，从容淡泊的精神气质感染了身边很多同志。

1943年4月，由于工作表现突出，张思德被选调进中央警备团直属警卫队，在毛主席内卫班当战士。

能在主席身边当警卫员，张思德别提多兴奋了。在他心中，毛主席是领导中国革命事业发展的核心，能在领袖身边工作，那是无上的荣耀！这既是组织对他的信任，更是一份沉甸甸的责任啊！

那段时间里，张思德一直处于激动和兴奋之中。但他不是张扬，而是激励自己努力工作。他站岗十分专注，警惕性很高，尤其注意观察周围的情况。他在毛主席住处的百米范围内详细勘察，对地形地貌了如指掌。他常对大家说："毛主席的安全是头等大事，一点马虎不得。"

毛主席住在枣园，去延安城里开会，如果步行，要走两个多小时，所以主席选择乘车。他乘坐的，是爱国华侨陈嘉庚先生赠送的一辆黑色轿车，车体宽大，车后侧有站立的脚踏板，专供随车警卫观察情况。

那时的延安，没有柏油路，都是土石参半的沙土路，既走老百姓的驴车，也跑汽车。路面有浮土，汽车跑起来，一路烟尘。夏天烈日当头，冬天寒风凛冽，站在车后方警戒是件不折不扣的苦差事，可张思德每次都争着站这个位置。

1943年的冬天特别的冷，寒风刺骨，滴水成冰，要是不戴手套，抓到铁把，手都能粘下一层皮来。按照规定，冬季执勤可以放下棉帽耳，可张思德总觉得影响观察情况，就又把帽耳朵卷了上去，没几天，他的耳朵长满了冻疮。领导看在眼里，疼在心上，几次都要换他，可张思德就是不让："我就喜欢吹凉风。"

警卫工作事无巨细，体现的是"责任"二字。张思德和战友们曾经一起看过苏联电影《列宁在十月》，他很佩服列宁身边的警卫员瓦西里，把他当作自己的榜样来学习，时刻牢记朱总司令对警卫战士提出的要求——"万无一失"。

张思德干警卫工作，总能创造性地提出一些好建议。那时枣园没电，没路灯，没院灯，夜间值班是个大问题。张思德经过观察，提出夜间增加带班员的建议。带班员不固定岗位，在几处岗哨之间联络情况，还可到没有岗位的地方，流动观察。这使得夜班岗哨形成了一个动静结合的警卫体系，提高了安全系数，更好地发挥了警卫效能。

张思德还常常主动替班、换班。雨天换哨少不了他；雪天上岗，他总要多站一个时辰；战友生病，张思德就主动提出加班；赶上看戏等娱乐活动，他就把自己的票让出来，去值班。久而久之，他在战友们的心中成了"二班长"；而在班长的心中，他是敬重的老大哥，更是工作的好帮手。

每天一早起来，张思德就轻手轻脚地把毛主席窑洞的院子打扫得干干净净；主席经常走的那条土路，有些坑坑洼洼，他立刻铲来黄土，把它垫平、踏实；主席居住的院子，台阶是砖铺的，不太平整，他就上山背来石板，把砖台阶换成结实平整的石板阶。

在张思德眼中，警卫工作无小事，这些细微的举动虽然平凡，却表现出张思德对革命事业的忠贞和赤诚。

为人民利益而牺牲

张思德是一位普通战士，虽然没有做出任何惊天动地的伟业，却得到党的高度赞扬和肯定，成为亿万军民学习的楷模，在他身上集中体现了共产党人无私奉献、任劳任怨、不计名利、一心为民的诸多优秀品质。他活着只有一个目的，就是做一个对革命、对人民有益的人。这种精神是一个时代的标记，也是人类的宝贵财富，像一把火炬始终照耀和激励着人们奋勇前行。

1944年，抗战进入了第七个年头。中国共产党领导的人民军队，抗击了日寇的残酷进攻，打退了国民党反动派的三次反共高潮，边区和各抗日根据地得到了巩固和发展。

这年春上，中央机关直属队组织了一支小分队，准备到离延安70多里的安塞开荒种地。这一次，张思德又主动请缨。

作为一名革命战士，张思德确实做到了一切行动听指挥。革命需要打仗，他英勇杀敌；革命需要送信，他认认真真；革命需要开荒，他艰苦奋斗；革命需要烧炭，他勤勤恳恳；革命需要站岗，他忠心耿耿；革命需要班长，他兢兢业业；革命需要战士，他毫无怨言。党指向哪里，他就奔向哪里；哪儿最艰苦，他就在哪里坚持战斗。

在安塞石峡峪，张思德被选为农场副场长，主要负责生产。无论打井、修路、挖窑、种地，什么活他都跑在最前面。不过他最拿手的，还是烧炭。

按照党中央的工作安排，1945年4月，要召开中国共产党第七次全国代表大会，届时有正式代表和候补代表共七百余人参加会议，这是一次规模空前的盛会。中央办公厅要提前为"七大"作物资准备，其中一项就是要准备足够的木炭。张思德作为烧炭专家，被抽调担任了烧炭队的技术指导。

张思德带队烧炭不是第一次了。打窑、伐树、封火、出炭，一道道工序安排得井井有条，紧凑高效。在他的细心指导下，全队的9个组很快都能独立作业了。

张思德一边指导,一边带着警卫队战士白满仓、朱旭明和李喜文组成一组,选址、打窑、烧炭。朱旭明和李喜文在附近树林里伐木,白满仓和张思德挖炭窑。

时近秋天,陕北也进入了雨季,一连几天都是毛毛细雨。寂静的山林里,张思德和小白热火朝天地挖着窑洞。

窑外,雨淅淅沥沥下个不停,雨珠子滴答滴答地在窑顶上敲打着。

张思德和小白,一个在窑内,一个在洞口,紧张而有序地干着活,不时还拉拉家常。

窑快砌好了,张思德拿着小镢头细细地修整窑壁,他干活总是一丝不苟,务求精品。突然,窑洞顶上啪啪地掉下几块碎土。

"不好,有危险!"经验丰富的张思德大喊一声,一把将小白推出洞口。就在此时,只听得"轰隆"一声,两米多厚的窑顶坍塌了。小白在窑洞口被压住了半截身子,张思德身处窑洞深处,被整个埋在了里面……

1944年9月5日,毛主席正在灯下批阅文件,警卫队长古远兴悄悄走近,默默站在他身旁。

"队长有事情?"主席抬起头,看了看他。

"有个情况向您汇报,我们派去烧炭的张思德同志,因为炭窑坍塌被埋,牺牲了。"

毛主席听罢,霍地站起身来,在窑洞里来回走着,然后停了下来,略带责备地说:"打仗死人是没有办法的事情,搞生产死人是不应该的。"

"张思德的后事,你们打算怎么办?"毛主席沉思了片刻,又问道。

"我们打算挖出来后,就地掩埋。"古远兴连忙答道。

"不行。"毛主席一口否定。想了一会,他交代:"第一,把张思德身上擦干净,换上新衣服;第二,买口好棺材,运回延安;第三,要开追悼会,我要去讲话。"

1944年9月8日,张思德牺牲的第三天,中共中央社会部和中央警备团为他举行了隆重的追悼大会。追悼大会由中央警备团团长兼政委吴烈主持,奏完《国际歌》,向烈士默哀后,毛主席亲自抬起他题词的花圈,放到张思德同志的遗像前,默哀良久。之后,他登上土台子,即席发表讲话。毛主席虽没有拿讲话稿,但显然打有腹稿,是有着深远思考的。这篇讲话后来被整理成一篇题为《为人民服务》的文章,先后发表在延安《解放日报》和国统区《新华日报》等报纸上,后来被编入《毛泽东选集》第三卷,也就是我们所熟知的"老三篇"之一。

从此,"为人民服务"的声音传遍了延安,传遍了陕甘宁边区,传遍了全国各解放区战场。张思德的形象成了"为人民服务"的代名词,成了一种全新世界观的纪念碑。

奥地利著名作家茨威格说:"一个人生命中最大的幸运,莫过于在他的人生中途,在他极富创造力的壮年时期发现自己的人生使命。"

张思德的一生虽然只有29年的短暂历程,但他完全彻底为人民服务的优秀品质却光照日月,他全心全意为人民服务的精神,主要表现在"五个字"上:

一是"真"字。张思德精神中的"真",体现为他对共产党和革命信仰的真,他并没有高深的马克思主义理论素养,但是他真诚信仰共产党,忠诚于革命事业,并愿意为此付出一切,甚至是生命的代价;他对领导、对同志、对战友、对群众的帮助和关怀,真心真意,情真意切。

二是"实"字。张思德为人憨厚老实,办事扎扎实实,工作实事求是。毛主席看中了他的"实",让他在身边工作,并总结他最大的"缺点"是"办事不吭声",最大的优点也是"做事不吭声"。他是革命队伍中名副其实的"实干家"。

三是"公"字。一心为公,大公无私,因为他心中装着"公家",装着"组织",所以他组织纪律性极强,无论何时总是坚决服从组织安排,从不讲条件。跟他一同参加革命的有的当了团长,有的当了连排长,而他却从班长当回了战士,毫无怨言,一心为公,最后牺牲在烧炭的平凡岗位上。

四是"俭"字。艰苦朴素、勤俭节约。毛主席说张思德"喜欢打赤脚",而这正是张思德勤俭的体现,这种批评,更多的是一种爱惜。张思德前往安塞烧炭之前,毛主席特地送他一双新鞋,他却舍不得穿,一直带在身上,直到他牺牲的那一刻。

五是"能"字。干一行,爱一行,钻一行,专一行。在陕北,张思德因为伤病原因,没能继续上前线杀敌报国,他做了一名留守战士能做的一切。站岗放哨、押送物资、开荒种地、送信烧炭,每一项工作他都勤勤恳恳、兢兢业业。战友们称赞他有三绝:"借驴、烧炭、打草鞋",正是对他敬业精神的高度评价。

1945年,毛主席在党的七大闭幕词中指出:"我们一定要坚持下去,一定要不断地工作,我们也会感动上帝的。这个上帝不是别人,就是中国的人民大众。正是因为在革命队伍中,有了千千万万像张思德这样始终全心全意为人民服务的战士,我们才真正感动广大人民群众,从而让我们伟大的事业充满生机活力,不断取得一个又一个伟大胜利。"

张思德为我们这支军队留下一种精神，那就是**为了人民利益勇于牺牲、任劳任怨、艰苦奋斗的精神。时刻想着人民，一切为了人民**，这是张思德这位伟大而平凡的共产主义战士光辉人生的真实写照，也是战争年代千百万和张思德一样伟大而平凡的中国共产党人的真实写照。中国共产党人为什么能够由小变大、由弱转强，最终战胜比自己大几倍几十倍的众多中外强敌？答案正如《为人民服务》一文强调的："只要我们为人民的利益坚持好的，为人民的利益改正错的，我们这个队伍就一定会兴旺起来。"为人民服务没有止境、没有终点。在新时代，只要我们始终不忘全心全意为人民服务，就一定能够凝聚起改天换地的磅礴力量，实现中华民族伟大复兴的中国梦。

董存瑞(1929—1948) 中国人民解放军著名战斗英雄。河北省怀来县人。东北人民解放军第11纵队32师96团6连班长。1945年参加八路军,共产党员。曾多次立功受奖。1948年5月25日,在解放河北隆化的战斗中,当主攻部队受到桥头敌暗堡火力威胁的紧要关头,担任爆破组长的董存瑞冲到桥下,毅然用手托起炸药包,拉燃导火索,炸毁暗堡,壮烈牺牲。所在纵队追授他"战斗英雄""模范共产党员"称号,命名他所在班为"董存瑞班"。

董存瑞
完成党交给的艰巨任务最光荣

"真正的伟大,即在于以脆弱的凡人之躯而具有神性的不可战胜的力量。"古罗马著名学者塞涅卡曾这样说。

人民军队的发展史上,英雄辈出,群星闪耀。他们家庭出身可能不同,但他们能够集合起来、战斗起来,最重要的是有着共同的信仰。信仰,把他们聚拢到马克思主义的旗帜之下。为了信仰,他们不求名达于世,不怕流血牺牲。这些信仰的献身者、理想的殉道者,用慷慨悲歌的人生,谱写了民族的血脉精魂,至今仍让人们感受到那一股充盈于天地之间的浩然正气。

19岁,本该是人生中最美好、最绚丽、最生机勃勃的年华。可是一名战士的19岁,却永远定格在硝烟弥漫的战场。他用热血和生命践行了对祖国和人民的忠诚,那手擎炸药包的壮丽身影,惊天地、泣鬼神,永远铭刻在新中国的天空大地,铭刻在每一个中国人的心中。他就是1948年在隆化战斗中舍身炸碉堡的英雄董存瑞。

英雄岂容玷污

忘记历史，就意味着背叛；而亵渎历史，则意味着更大的背叛！

据有关部门统计，自1921年7月中国共产党成立，到1949年10月新中国成立的28年革命斗争岁月里，约有370万名共产党员壮烈牺牲，平均每天约有370名共产党员献出生命。

今天，我们回望历史、纪念英烈，不只是为了怀旧，也不仅仅是为了缅怀，而是为了采撷耀眼的历史之花，是为了获取岩浆一般运行奔突的地火——信仰。

2007年5月24日，董存瑞牺牲59周年纪念日的前一天，一桩关于他的官司在北京市朝阳区法院第一次开庭。这桩官司，就是"董存瑞名誉权案"。

案子缘起于2006年一本电影杂志的文章《〈董存瑞〉："真实"创造的经典》。文中，电影《董存瑞》的导演郭维回顾了电影的创作过程，在谈到董存瑞的英雄事迹时表示："在事实中，董存瑞死后并没有立即被评为烈士，仅仅是通知家人他牺牲了。更重要的是，没有谁亲眼看见他托起炸药包的情景，这完全是事后根据一些蛛丝马迹推测出来的。当时董存瑞没有带架子，桥肚上也不能放炸药。战斗结束后，从地下挖出了董存瑞媳妇为他做的袜底来，于是军事专家就认为董存瑞极有可能是举着炸药包炸桥的。"一些地方报刊相继转载了此文，引发社会舆论关注，也引起了一些人的误解，有些人甚至在网络上借机恶搞，博取眼球。

董存瑞被质疑、被恶搞,激怒了曾经与他并肩战斗的老战友们。这些和董存瑞一起参加解放隆化战斗,亲眼见证了董存瑞壮举的老兵,纷纷发声。网络恶搞之风也引起了强烈的舆论反弹,众多媒体刊文加以抨击。当时的网络调查显示,八成网友对质疑董存瑞表示强烈反感。然而,恶搞英雄的段子还是像病毒一样在网络上传播。

董存瑞的家人一纸诉状,将电影《董存瑞》的导演和电影杂志社告上了法庭。

这场董存瑞的名誉权官司,在2009年以庭外和解告终,被告方赔偿原告3.5万元,并在杂志上发表一篇对电视剧《为了新中国前进》中战斗英雄董存瑞饰演者的采访文章,这个官司算是有了一个满意的结果——为英雄讨回了公道。

这些年来,历史虚无主义思潮时隐时现,甚至有时沉渣泛起,借助网络推波助澜。一些人总是用平庸来解读伟大,用现实主义来解构理想主义,大搞所谓"还原历史""解密内幕",诸如污蔑董存瑞,质疑黄继光,调侃邱少云,诽谤刘胡兰,抹黑"狼牙山五壮士"等等。这些戏说历史与恶搞英雄的做法,其危害不仅在于混淆视听、颠倒黑白,更在于对国家形象的破坏,对民族精神的瓦解。

英雄是标注民族精神的刻度,构成了一个民族向慕正义、追求崇高的价值底座。

2014年,全国人大常委会以法律形式将9月30日设立为烈士纪念日。

2017年10月1日起正式施行的《中华人民共和国民法总则》中特别明确规定:侵害英雄烈士等的姓名、肖像、名誉、荣誉,损害社会公共利益的,应当承担民事责任。

2018年4月27日，十三届全国人大常委会第二次会议全票通过了《中华人民共和国英雄烈士保护法》，并于2018年5月1日起施行。以立法、制度的方式保护英雄烈士，回应了社会关切，回击了历史虚无主义丑化英雄烈士的恶劣行为，具有很强的现实针对性和长远意义。

南山堡的"孩子王"

1929年10月15日，董存瑞出生在河北省怀来县南山堡一个贫苦农民家庭里，从小深受地主阶级的剥削和压迫。日本帝国主义对中国人民的奴役和凌辱，使幼小的董存瑞从小就恨透鬼子和汉奸地主。他曾设计，让一窝马蜂蜇了村里地主刘大肚。后来，董存瑞被鬼子抓去修炮楼，他又想方设法整治鬼子，并从长安岭逃回来。他早就听说共产党、八路军打鬼子、除汉奸，是为穷人打天下的队伍，总是盼着共产党八路军早点来到南山堡。这一天终于盼来了。

1938年10月，武汉失守，抗日战争进入相持阶段，日军为了恢复和确保占领区的治安，逐渐将主要精力用于进攻敌后的抗日武装力量。

根据中共中央"坚持冀东，开辟平北"的重要指示，我八路军主力部队也由平西根据地发展到平北一线。斗争的火焰燃烧在桑干河两岸，燃烧在无边无际的崇山峻岭之间。八路军在平北地区成立了抗日民主政权——龙（关）延（庆）怀（来）联合县镇政府，南山堡划归为龙延怀联合县第三区。

1942年夏天，一位叫王平的共产党员来到南山堡，经常住在董存瑞家里。一有空，就给董存瑞讲毛主席领导人民打土豪、分田地和率领红军爬雪山、过草地的故事，教唱革命歌曲，教他看书识字，热情地启发引导他理解革命道理。

一天，王平又来南山堡，董存瑞又缠着他讲故事。"狼牙山五壮士""王二小"的故事都讲过了，还讲什么呢？王平忽然想到了什么问董存瑞："咱三区以前的石主任是咋牺牲的，你知道吗？"董存瑞摇了摇头。

"那是去年冬天的一个晚上，石主任在一次组织煤矿工人斗争时，被叛徒出卖，不幸被捕。敌人对石主任施酷刑拷打。咱们的石主任始终不屈服。敌人见硬的不行，又来软的。施女色、摆酒席、叛徒劝降，花招用尽，还是啥也没捞着。后来，敌人用铁钉子把石主任的双脚钉在两块木板上，叫他在雪地上走。石主任昂首挺胸，一步步地向前走。在他身后，留下两行鲜红的脚印……壮烈牺牲了！"石主任坚强不屈、视死如归的精神在董存瑞幼小的心灵里刻下了深深的烙印。他逐渐懂得，共产党人都是为穷人打天下的，他们都有钢铁一般的意志。他暗下决心，长大以后一定要当八路军，要当共产党员，打鬼子，除汉奸，为石主任报仇，为乡亲们除害。

从此，他对自己的要求更严格，行动上更积极，思想日趋成熟，身边聚拢了一群小伙伴。

1943年春，南山堡抗日儿童团成立，小伙伴们一致推选董存瑞当儿童团长。

打那以后，董存瑞在上级的领导下，带领儿童团员参加了许多抗日活动：他们在蘑菇山顶站岗、放哨、查路条；赶着羊群，巧妙地躲过敌人的盘查，去送十万火急的鸡毛信；化装成割草的孩子监视炮楼里鬼子和汉奸的活动……

后来，董存瑞又当上了民兵。在严寒的冬日里，他割电话线、埋地雷，配合大部队打伏击、拔据点……在雪盖冰封的黑土地上，在狂风怒号的崇山峻岭中，与敌寇进行着决死的斗争！

在那个战火纷飞的年代，革命英雄的成长经历惊人地相似。他们大都出身于贫苦农民家庭，地主的欺压、鬼子的残暴，都让他们过早地承受了苦难。他们要报仇，要反抗这个不平等的社会，正是这种朴素的阶级意识使得他们天然地愿意接受革命理论的熏陶，也逐渐认识到国仇和家恨的辩证关系，理解这支革命军队更伟大的目标，从而逐渐成长为具有钢铁般意志的革命战士，无论经历什么样的艰难险阻，都会毅然而然地奋斗下去，甚至牺牲自己的生命也在所不惜。

革命熔炉一块钢

有志者事竟成！董存瑞终于穿上了崭新的八路军军装，成为一名"真八路"。虽然他还只有16岁，稚嫩的肩膀还扛不动一支钢枪；第一次参加战斗，甚至浪费了宝贵的子弹……然而，在革命队伍这座大熔炉里，在残酷战争的洗礼下，他成长得很快！

严冬很快就要过去，春天眼看就要到来。

1945年4月，苏联红军攻克德国首都柏林，5月7日，法西斯德国宣布无条件投降。

7月26日，美、英、中联合发表《波茨坦公告》，向日本帝国主义发出最后通牒。

8月6日、8月9日，美国相继在日本广岛和长崎投下一枚原子弹。

8月8日,苏联正式对日宣战,出兵东北。

8月9日,毛主席发表了《对日寇的最后一战》的声明。

全军上下同仇敌忾,集中兵力,对日寇发动最后一战。

董存瑞作为一名八路军战士,踏上了新的征途。

战斗很快就来临了,这是董存瑞入伍后的第一次战斗。

部队埋伏在这座山头已经几个小时了。背后是蜿蜒的长城,山下是平坦的公路。八路军在这里给日本鬼子准备了一个大口袋,计划狠击一番。

董存瑞既兴奋又紧张,他不停地抬头张望。公路上一直静悄悄的,连个人影都没有。"怎么还不来呢?"他心里嘀咕着,心跳得特别快,摁都摁不住,握着步枪的手心里满是汗。不一会儿,远处隐隐传来了汽车马达声。

"敌人来了!"董存瑞兴奋地叫了一声,班长马上投来一个警告的眼神。董存瑞顿觉失言,马上捂住了嘴。班长轻声嘱咐着:"别紧张,沉住气,看准了再打!"

日本鬼子很小心地缓慢前进,董存瑞紧张得大气也不敢出,眼睛直勾勾盯着敌人,扣着扳机的食指由于长时间使劲已经有些发抖。仿佛过了很久,日本鬼子才全部进入了包围圈。

"打!"连长一声令下,首先放了第一枪。枪声一响,董存瑞耳边一阵轰鸣,他下意识地扣动扳机,清脆的枪声响了起来。

第一发,没中!

第二发,还是没中!他来不及懊恼,只是一发接一发地射击着,直到手中的10发子弹都打光了,竟然一个鬼子也没打中!董存瑞摸摸子弹袋,已经空了,他有些心慌,看着周围的战友们,还在沉着冷静地瞄准,击发。

鬼子被突如其来的袭击打得摸不着头脑，四下逃散，组织不起有效的抵抗。

连长见状，端起刺刀，大吼一声："冲啊！"带头冲下山去。战士们像猛虎下山一般，纷纷跃出阵地，向鬼子扑去。董存瑞这才醒过神来，端起刺刀，冲下山去……

战斗结束了，各班都在开战评会，班长做统计。

一名战士站起来说："缴获步枪1支，消耗子弹3发、手榴弹2颗，打死鬼子1名。"另一名战士也起身报告了自己的情况。最后轮到董存瑞。他红着脸嘟囔道："消耗子弹……10发……"

"完了？"

"完了！"

董存瑞羞愧地低下头去。指导员看在眼里，记在心上。

返程路上，指导员有意和董存瑞走并排，两人边走边聊。

"你已经不是一个儿童团长，也不是一个民兵了，你是一名八路军战士，手中的每一发子弹都要用来对付敌人。你一枪打空，敌人就可能一枪把你打中。你要报仇，心情可以理解。但首先你要掌握好手中的枪，有过硬的杀敌本领。你虽然年纪小，但到了革命队伍里，就要严格要求自己，要经得起革命斗争的锻炼和考验。以后革命斗争的路还长着呢，会遇到各种挫折和困难，可不能碰个小钉子，就泄气了！"

听完指导员的一番话，董存瑞暗下决心，一定要苦练杀敌本领，当一名优秀的八路军战士。

战场就是最好的老师，千千万万的八路军战士就是这样成长起来的，在血与火的洗礼中，在生与死的考验下，他们经受住了磨炼，锻炼了胆气与血性，也铸就了对党忠诚的优异品格，渐渐懂得了"为谁扛枪、为谁打仗"的道理。

三立大功显英豪

　　1945年8月,日本帝国主义宣布无条件投降,第二次世界大战结束。中国人民浴血奋战,坚持了14年的抗战赢得了最后的胜利。就在全国人民欢庆胜利之时,内战的阴影已经悄悄笼罩。此时董存瑞已光荣地成为一名解放军战士,开始真正地接受血与火的考验。在这两年多的岁月里,他经历过几度生死离别,尝遍了酸甜苦辣;他享受过胜利的欢乐,也体味过和平幻灭的痛苦……他从艰苦卓绝的战争里成长起来了;在这转战千里、百炼成钢的英雄队伍里,在党的哺育下成长起来了!这个年纪轻轻的小孩,已经逐渐锻炼成一名成熟的革命战士。

　　著名西方军事思想家克劳塞维茨有句名言:"物质的原因和结果不过是刀柄,精神的原因和结果才是贵重的金属,才是真正锋利的刀刃。"董存瑞,这个贫苦农民家的子弟,正是在中国人民解放军这个大熔炉里,正是在波澜壮阔的解放战争中,加钢淬火,锻造成了一柄无坚不摧的利刃。

　　1945年8月15日,日本侵略者宣布无条件投降。9月2日,正式举行受降仪式。9月3日,成为中国抗日战争胜利的纪念日。

　　古老的神州大地一片沸腾,举国欢腾,万民同庆。

　　1945年10月10日,国共两党在重庆签订"双十协定",老百姓以为期盼的和平即将到来。然而墨迹未干,蒋介石就迫不及待要发动内战了。

　　1946年6月,国民党军悍然发动进攻,全面内战爆发。当时,我人民解放军总兵力仅127万,且大部被敌人分割包围,而国民党军拥有430万装备精良的部队,还有美国人在背后撑腰。蒋介石叫嚣着三至五个月解决中共问题,形势十分严峻。

8月,毛主席在延安会见美国记者安娜·路易斯·斯特朗,一针见血地指出:"一切反动派都是纸老虎。看起来,反动派的样子是可怕的,但是实际上并没有什么了不起的力量。"毛主席的论断很快传开,全军官兵都坚定了打败国民党反动派的信心。

1946年秋,国民党军从北平、热河、绥远三路进攻冀热察解放区,企图占领张家口——解放区第一大城市,好为蒋记"国大"敲起开场锣鼓。我人民解放军在延庆、怀来一线布防,阻击敌军来犯。

此时的董存瑞,已不是那个随便开枪浪费子弹的新兵蛋子了,而是一名优秀的战士。1946年春季,部队开展了轰轰烈烈的群众性练兵运动。每天鸡叫头遍,董存瑞就悄悄起床,苦练投弹、刺杀、瞄准。胳膊练肿了,眼睛布满血丝,他依然如故。练兵运动结束时,董存瑞的射击、投弹、刺杀三大技术,在全连名列前茅。实弹射击他三枪打了28环,并在全连做刺杀表演,手榴弹能左右开弓,投弹距离达58米,被誉为"小钢炮"。

这是董存瑞参军后的第一场大仗,也是一场恶战。

敌人一上来,就是空地一体联合进攻。每天四到八架飞机轮流不停地轰炸,大炮日夜不停地轰击,整个大地都在震颤。弹片、树枝、石块四处乱飞,战场上浓烟滚滚。

炮火刚停,敌人就黑压压地冲了上来。

"打!"连长手中的驳壳枪一响,董存瑞就一枪撂倒一个敌人。几乎同时,我阵地两侧的轻重机枪一齐开火。接着,又是一顿手榴弹,准确命中敌阵。硝烟起处,血肉横飞。敌人丧魂失魄,撒腿就撤……

英勇的解放军战士扼守在延庆川上,连续苦战,打退了敌人一次又一次的进攻,坚持了9天9夜,部队伤亡也很惨重。

战斗进入第十天。遭到顽强阻击的敌人,孤注一掷,倾巢出动。这是一场恶战,战斗整整打了一天,6连的阵地前沿布满了敌人的尸体。董存瑞已杀红了眼,虽然一天没有吃东西,他也没觉得饿。

沉寂了片刻,突然,一阵激烈的枪声、爆炸声从友邻阵地传来。董存瑞扭头望去,只见黑压压的敌军正向阵地移动,敌人妄图集中兵力从侧翼打开我友邻阵地的缺口。

阵地危急!!!

董存瑞急得额头上冒出汗珠,连忙向班长请战。班长没有接到命令,不敢自作主张,正在犹豫。

"怎么办?"

"请示上级!"

"来不及了!"

董存瑞虽然不会说什么"将在外君命有所不受"的大道理,但朴素的战斗经验告诉他,不能再犹豫了,否则阵地就要被突破,战友们的血就要白流!他按捺不住,一个纵跃,冲向友邻阵地。旁边几个战士也随着他冲了出去!

阵地上的激战到了白热化程度,刺刀的碰撞声,枪托的砸击声,战士的喊杀声,敌人的惨叫声,响成一片!董存瑞冲入侧翼,迅速甩出几颗手榴弹,在敌人最密集的地方炸开了。6连的几个战士一起冲上去,步枪、机枪、手榴弹一阵猛扫、猛轰,敌人被打了个措手不及,立刻败下阵去。

阵地转危为安!战士们抱在一起欢呼、呐喊。兄弟连队的连长穿过人群,找到了第一个冲上阵地支援的董存瑞,紧紧握住他的手,上下打量着:"好样的,你叫什么名字?""6连战士。"董存瑞腼腆地笑笑,转身跑开了。

延庆川阻击战,足足打了15个日夜。国民党军倚仗着美式装备,倚仗着人多势众,气势汹汹而来,却始终没能跨雷池一步,被我英勇的解放军战士牢牢地钉死在阵地前。战士们的英勇顽强为掩护地方政府和战略物资的转移赢得了时间,胜利完成了阻击任务。部队受到萧克司令员的通令嘉奖,董存瑞也因作战勇敢被记大功一次。

1947年3月,在平北整训期间,董存瑞光荣地加入了中国共产党。他向党宣誓:"我把这辈子交给党,要为共产主义奋斗终生!"此后,他对自己的要求愈发严格。

1947年4月,上级决定攻打察北重镇独石口。部队一股气奔袭120公里,包围独石口之敌。董存瑞所在6连的任务是攻占西南山,控制制高点。副排长带着董存瑞等四人突击搜索,抓住一个俘虏。据俘虏交代,山上还有一个排的敌人,正在睡觉。机不可失,连长迅速带领部队冲上去,一阵猛冲猛打,打垮了敌人,占领了制高点。董存瑞冲在最前头,立下头功。此役毙敌上校团长胡庆贻以下127人,伤145人,一名副团长自杀,俘虏1 500余人;缴获轻重机枪23挺、步枪448支、短枪18支、六○炮7门、战马500余匹,以及部分弹药、军用物资等。我部仅伤40余人。独石口一战,我军以两个团兵力全歼国民党军两个团,创造了解放战争的经典战例。随后,部队顾不得休息,又马不停蹄奔赴新的战场。6月,在隆化县旧屯村围歼国民党军骑兵团。董存瑞因表现勇敢,再次荣立大功一次,小功两次。

1948年1月,在我中原战场、西北战场、山东战场、东北战场频频告捷之际,蒋介石不得不收缩战线,退守交通线上的几座主要城市做垂死挣扎。

在华北战场,傅作义调集3个美械装备师,补充增援北平、天津、张家口等要点。我军从大胜岭以东到黑汉岭以西一线摆好阵势,诱敌深入。董存瑞所在6连的阵地在大胜岭南的青云顶,居高临下,扼守一条南北要道。

战斗打响后,敌人用高价收买士兵,组织"敢死队",向制高点青云顶反复冲锋。由于时间紧迫,山顶上只有临时挖就的简易工事,炮弹打来,绷得石屑乱飞,压得战士们抬不起头来。敌人在强大炮火掩护下,气势汹汹地向我阵地冲锋。

6连在敌人五次冲锋中,浴血奋战,子弹、手榴弹都打光了,敌人又发动了第六次冲锋,妄图抢占制高点突围。

董存瑞见身边全是大石头,急中生智,搬起石头向下砸去,并大声喊道:"同志们放石炮呀!"一句话提醒了大家,战士们纷纷搬起石头,朝敌人猛砸过去。满坡飞石把敌人砸得焦头烂额,翻滚而下。

战士们冲入敌群展开肉搏战,一时间,厮杀声、呐喊声、响成一片。敌人被解放军战士们的英雄气概吓倒了,纷纷退了下去。后来,为保存实力,我军主动撤下山。

晚上,满天的寒星洒下黯淡的星光,我们的队伍发挥夜战优势,重又摸上了青云顶。

反攻战斗打响,董存瑞一马当先,猛打猛冲,一直冲进一个村庄。刚喘口气,忽然发现不远处有一个敌人的机枪哨所。他急中生智,拾起一件国民党兵的大衣裹上,打算来个智取。

"哪部分的?"

"自己人。"

"口令!"

"他妈的,连老子都不认识啦!"

董存瑞大大咧咧的样子还真蒙住了哨兵。趁他不备,董存瑞一个箭步上前,一把将机枪夺了过来,调转枪口,大喝一声:"这就是口令!"说罢,一道火舌喷向敌阵地。

后续部队赶了上来,南湾子村的敌军被全部歼灭。这一仗,整整打垮敌人一个师,消灭一个团。

战后,上级又给董存瑞记了一大功。作为战斗英雄他被请到师里吃了一顿"光荣饭"。酒席宴前,师长和政委亲自给英雄们敬酒。庆功会上,团长给董存瑞胸前挂上了第三枚奖章。

"董存瑞练兵模范班"

血性是强军胜战的呼唤,是军人品格的"闪亮标签",是人民军队磨不掉的精神底色。"血性"二字说来简单,但军人的血性并非与生俱来。"素练之卒,不如久战之兵",军人的血性是在长期的练兵备战中苦练造就的,是在长期的千锤百炼中淬成的。唯有练就一身"不怕苦、不怕死"的勇气和"闻战则喜、逢敌亮剑"的虎气,才能愈发血性阳刚。

1948年3月,中央军委以冀察热辽军区独立第1、2、3师为主,组建东北人民解放军第11纵队,贺晋年任司令员,陈仁麒任政委。董存瑞担任11纵队32师96团6连6班班长。

纵队组建伊始,就开始加强整训工作。刚组建的11纵队,虽然其中有一些部队是井冈山红一方面军的老底子,但由于战事频繁,部队成分变化大,思想复杂。随着全国解放战争形势的发展,要展开大兵团步炮协同的攻坚作战,必须提高部队的思想觉悟和战术水平,在短时期内把部队建设成统一指挥、统一意志、相互密切配合的有机统一的战斗集体,任务艰巨。部队经过长途跋涉,开进朝阳地区以后,利用作战间隙,开展了为期50天的整训,健全各级党组织,充分发挥党委核心领导和党支部战斗堡垒作用,部队的思想状况精神面貌越来越好。

纵队政委陈仁麟领导开展新式整军运动,以"诉苦三查"为中心内容的群众性的阶级教育,启发了干部战士的觉悟。部队把发扬"一不怕苦,二不怕死"的优良战斗作风作为重要环节,开展战场"杀敌立功运动",革命英雄主义一直激励着指战员们为人民解放事业随时准备英勇献身。董存瑞就是在部队开展的"杀敌立功运动"中,自觉勇敢地站出来"挂帅"的英雄,最终实现了自己誓言的钢铁战士。

当上了6班班长的董存瑞,带领全班战士,不分昼夜,苦练杀敌本领。他深深懂得,只有平时多流汗,战时才能少流血。为了练出过硬本领,他想出了很多招数。夜间练兵找不到目标,他就让一个战士拿着破铁桶,一会儿在这敲几下,一会儿到那敲几下,董存瑞则带领全班战士,寻着响声追歼"敌人"。为了打好攻坚战,董存瑞还搞了沙盘模型,他往这边堆一堆沙子,往那边垒几块砖头,往这上面插几根树枝,往那下面画几道沟,不到一顿饭的工夫,沙堆变成了山丘,砖瓦块变成了房屋和堡垒,树枝变成了树林,浅沟变成了河道,刚才还杂乱无章的东西,眨眼间变成了简易沙盘。

董存瑞召集来全班战士,指画着沙盘说:"这是敌人的碉堡,有母堡、子堡,这是外壕,这是铁丝网……我们的主力在这儿,咱连在这儿,咱们班在这。现在上级要我们炸掉这些障碍物,消灭这里的敌人,大家看怎么办?采取什么战术,走哪条路能以最快的速度完成任务?"

战士们围在四周,都觉得新鲜、生动,练兵的热情一下子高涨起来,你一言我一语地热烈讨论起来,很快就想出了好几套方案。同志们还给模型起了名字,叫"院中堡垒"。

"院中堡垒"实际就是一个简易的大沙盘,在总部演习中,本就有"沙盘演习训练法",只是受条件所限,这种方法从未在连以下作战部队实施过。董存瑞的"院中堡垒"训练法和总部的"沙盘演习训练法"有异曲同工之妙。师首长知晓后,命令大家组织参观学习,加以推广。这有力地推动了部队的大练兵运动。

4月,练兵总结,部队搞实战演习,董存瑞带着3名战士,代表全营参加演习,演练爆破科目。进入预设阵地后,董存瑞检查了一下爆破小组的炸药包,然后对周围地域进行细致观察:眼前是一个报废了的小火车站,站前成品字形排列了3座碉堡,碉堡前设有一道一人多高的铁丝网。信号弹"砰"的一响,演习正式开始。董存瑞挟起炸药包,犹如脱弦的利箭,迅速跳出掩体,跃进到第一个碉堡,"轰"的一声,碉堡顷刻间土崩瓦解。身后两名战士分别向另外两座碉堡跃进,只听"轰""轰"两声巨响,两座碉堡也都被炸开。

这次演习,董存瑞以娴熟、准确、灵活、果断的动作,赢得了"爆破能手"的光荣称号,6班也夺得了"董存瑞练兵模范班"的锦旗。

朝阳练兵50天,董存瑞和他的战友们好比钢刀又淬了一道火,锋刃更加锐利了。

为了新中国，冲啊！

古往今来，血性强悍的英雄精神是世界各民族基因里最崇高的血脉，是一个民族兴盛的强大气场。血性会夭折，所以需要养护、需要培育；血性也会沉睡，所以需要唤醒、需要点燃。

"我说的血性就是战斗精神，核心是一不怕苦、二不怕死的精神"。苦与乐、生与死，是任何人都回避不了的人生基本问题。对于军人来说，苦与乐、生与死的矛盾是最直接、最现实的考验；而对待苦与乐、生与死的态度和选择，直接决定了军人的精神状况。在解放隆化城的战斗中，为了战友的生命，为了战斗的胜利，年仅19岁的董存瑞托起炸药包，拉响导火索，用自己的生命开辟了通向胜利的道路。

1948年2月，解放战争转入战略反攻阶段。敌人在我军强大攻势下，由"全面防御"转入"重点防御"和"机动防御"状态，完全丧失战略主动权。整个热河地区的敌人已经被压缩在平泉、隆化、滦平、丰宁之间，妄图死守。

隆化，地处燕山北麓，乃冀东战略要地，承德之屏障。解放隆化，对于解放热河，配合东北战场和华北战场，具有重要意义。隆化城依山傍水，苔山主峰796米，为全城的制高点，伊逊河纵横于城西与苔山之间，城北、城东多为丘陵，沟壑纵横，城南则为开阔地。国民党军以第13军第4师10团和保安团共2 000余人据守隆化。一部坚守隆化中学，一部依托苔山阵地，形成掎角之势。敌方守军团长汤池吹嘘隆化城防"固若金汤，坚不可摧"。国民党第13军军长石觉也大吹大擂："共军如能打下隆化，我就把承德送给他们。"

为了打击敌人的嚣张气焰，纵队首长发出命令："誓死攻下隆化，直捣承德，解放全热河！"为了提高战士们的阶级觉悟，激发战斗意志，部队从上到下开展了革命传统教育，邀请战斗英雄讲授作战经验，组织军民诉苦大会……一场苦练杀敌本领的战前练兵运动，轰轰烈烈地搞了起来。董存瑞带领6班的战士们也积极投入到练兵热潮之中。

入伍以来，董存瑞先后荣立大功3次、小功5次，获3枚"勇敢奖章"、1枚"毛泽东奖章"，在舍生忘死的革命斗争中，已成长为一名优秀的共产党员。他的成长史，就是一部战斗史。一切都是他平时苦练杀敌本领，战时英勇顽强，战后勤于总结的结果。所以，他特别看重战前练兵，他经常苦口婆心地劝告年轻战士们："平时多流汗，战场少流血。练兵场就是战场，来不得半点马虎。你马虎，敌人对你可不马虎，子弹可没长眼睛！"

战前准备工作紧张有序地开展着，董存瑞被全连指战员评选为"爆破元帅"，他激动地向大家表态："各位首长、同志们！组织上把这个光荣的任务交给了咱们，咱就是头拱地，也要把隆化城的国民党拱出去。以前，我们家乡有个共产党员，在敌人的严刑面前说'怕死不是共产党员'。今天，我们不仅要为去年牺牲在隆化的战友报仇，为受国民党反动派残害的老百姓报仇，还要为过去牺牲的许多革命烈士报仇……在头沟村，我要求第一个送上炸药包，打响头一炮。这次我就是牺牲了，也别把我拉回来，就让我化作隆化的一块土，在这片土地上，看咱们将来打倒蒋介石，解放全中国……"

1948年5月25日清晨，解放隆化的战斗打响了！

6连担负着攻击隆化中学的重任。在隆化中学内，国民党驻扎了一个加强营的兵力。凭借三年多时间构筑的仿美式防御体系和险要地形,这里成为隆化城一道最坚固的关口。

攻打隆化城,必须步步攻坚!以董存瑞为首的爆破小组一马当先,冲在最前面。他们密切配合,一鼓作气炸掉了3个炮楼和5个碉堡,成功地完成了爆破任务,扫清了外围阵地,隆化中学的主阵地清晰可见。

一切都很顺利! 6连的战士们跳出堑壕,发起冲锋。跳过一道坎,前面就是隆化中学的围墙了。

突然,"哒哒哒……"隆化中学外侧的一座桥上,喷出6条火舌,挡住了部队冲锋的道路。战士们被压在土坡下面,抬不起头来。怎么办?已经攻进城区的兄弟部队迫切需要增援!如果隆化中学不能及时拿下,就会贻误战机,乃至影响整个战局。面对十万火急的战场情势,董存瑞站了出来:"连长,让我炸掉它!"连长没有立即同意,因为董存瑞他们太累了,不能再让他们冒险了。董存瑞急了:"隆化没解放,我的爆破任务就没完成!"董存瑞的决心改变了连长的想法,连长同意了。

董存瑞夹起炸药包,弯腰冲出掩体。在战友郅顺义的火力掩护下,他一会儿匍匐前进,一会儿借着扔出的手榴弹的烟雾,一通猛跑。桥型暗堡里,敌人的机枪越打越紧。就在接近桥洞时,一颗流弹击中了董存瑞的左腿,他忍着剧痛抱着炸药包继续前行,跳进旱河沟里,进入敌人的火力死角。桥面离地面有一人多高,桥台的砖石非常光滑,没沟也没棱,没有可安放炸药包的地方。如果把炸药包放在河床上,炸不着暗堡,而干涸的河床上又找不到任何物体代替火药支架。怎么办?

办法有很多,比如冲出去,找一根足够长的木棍;抑或是等在桥下,也许后面的战友会送一个支架过来;再或者想办法爬上河堤,从上面找个合适的位置……无论哪种,只要给他时间,董存瑞都有信心完成。但是，身后响起了嘹亮的冲锋号声，进攻的时刻到了。他立刻能想象到，片刻之后，那些被机枪压住的战士们跳起来冲锋，机枪火舌扫过他们的情景。想到这里，董存瑞毫不犹豫地把身体向左一靠，站在桥中央，左手托起炸药包，使其紧紧地贴着桥底，右手猛然拉燃了导火索！随着天崩地裂的一声巨响，敌人的暗堡被炸毁。

董存瑞用自己年轻的生命为部队开辟了前进的道路。

在战场上与敌人同归于尽，是一个士兵最悲壮、最勇敢的抉择，也是一个人精神信仰沸腾升华的临界点。这种自我选择的牺牲，自我实施的赴死，超越了常人能够想象的极限，撼人心魄！

目睹董存瑞舍身炸碉堡的战友郅顺义回忆说："导火索呲呲地冒着白烟！我被这情景惊呆了。导火索只能燃烧短短7秒钟，他是知道的呀！他更清楚这大包炸药具有多大威力！我也不知道为什么，纵身一跳就朝他奔去。董存瑞看见了，厉声对我喝道：'卧倒！卧倒！快趴下！'接着一声巨响，敌人的桥型暗堡被炸得粉碎。"

应该承认，在一些影视作品和报道中，董存瑞喊出的口号："为了新中国，冲啊！"是一个经过艺术化升华的口号，但在那个时代，这样的升华是切中要害的，因为它用最简洁直白的话语告诉人们：英雄为什么渴望胜利？

军人皆渴望胜利，但追求胜利是为什么，却不是每一个军人、每一支军队都能想明白的。

隆化中学那场攻坚战打响的时候，中国大地上，战争和混乱已经整整持续了108年。无数军人、无数军队打来打去，却只是争夺着地盘和财富。国家破败不堪，民族积贫积弱，人民倍受欺辱，以致绝大部分人都陷入了深深的绝望——我们，还有希望吗？

唯有这一支我们党绝对领导下的人民军队与众不同。她从1927年建立起，无论逆境多苦，哪怕遍体鳞伤，理想之火从未熄灭。终于，在她不断奋战的第二十一年后，看见了胜利的曙光：新中国。

董存瑞牺牲后，他所在东北野战军11纵队从一支刚刚由地方组建的部队历练成一支攻防兼备的劲旅。几个月后，他们在塔山筑起了钢铁防线堵住了东北最后的大门；之后是围歼廖耀湘，奔袭北平城；再之后，是百万雄师过大江。

那么多士兵们愿意前仆后继、舍生忘死之时，他们耳畔共同回响的声音是——"为了一个新中国！"

英雄永存

"让信仰之火熊熊不息，让红色基因融入血脉，让红色精神激发力量"，因为只有这样，才能不忘初心，走好新时代的长征路。铁打的营盘流水的兵，队伍在不断变化，但凝聚成灵魂的东西，不管时代怎么变化，通过血脉，代代承传。

古有"马革裹尸"，可董存瑞，连遗体都没有留下。突击隆化中学，董存瑞的爆破组共用了100公斤黄色炸药，用麻布和麻绳捆成7包，董存瑞托举的炸药包含药量在15公斤左右，威力巨大。事后，战友们在现场搜寻他的遗体，只确认了一只鞋。四周一些血肉模糊的零散遗骸只能和其他烈士的遗骨一同收殓，在一块木牌上书写"以此木代替烈士遗骸"装入棺内。

战斗结束后，程子华司令员率前线指挥部人员进城视察战果，在隆化中学见许多战士哭泣。他上前询问究竟,得知董存瑞只身炸碉堡,壮烈牺牲。身经百战的程将军闻听唏嘘不已,感动万分,让秘书连夜到部队搜集董存瑞的事迹,并亲自写下《董存瑞同志永垂不朽》一文,表彰他的英雄事迹,要求《群众日报》头版头条刊登,还要写一篇社论颂扬。

1948年6月8日,东北野战军11纵队党委决定:追认董存瑞同志为战斗英雄,模范共产党员;董存瑞生前所在6班为"董存瑞班"。

1948年7月10日,冀热察行署发布决定,将隆化中学改名为存瑞中学。

1950年9月,在全国战斗英雄和劳动模范代表会上,董存瑞被追认为全国战斗英雄。

1951年10月,在中华人民共和国成立两周年之际,毛主席邀请董存瑞的父亲董全忠登上天安门城楼参加国庆观礼,并亲切接见了他。董存瑞的母亲收到了成千上万封来自全国各地的信件,因董存瑞是家里唯一的男孩儿,信中内容最多的是要求给老人当儿子:"您虽然牺牲了一个儿子,但是您却有了数不尽的儿子!请您把我认作您的儿子吧!"

1954年,为缅怀董存瑞烈士,隆化人民修建了董存瑞烈士陵园。

1955年,经热河省政府批准,并拨专款修建董存瑞烈士纪念碑。该纪念碑由热河省建筑工程局孟宝栋设计,1956年开始修建,1957年建成。(纪念碑高14.5米,碑座长1.4米,宽0.75米,高0.85米;碑身长3米,宽1米,厚0.35米;碑帽长1.3米,宽0.65米,高0.66米。)碑身顶部为铜制镀金的五角星,碑中心镶嵌着汉白玉,上刻朱德委员长的亲笔题词:"舍身为国,永垂不朽"。这八个字来之不易,是对董存瑞烈士短暂而又光辉一生的高度评价。

2009年9月,董存瑞被评为"100位为新中国成立作出突出贡献的英雄模范人物"。

2018年9月,中央军委政治工作部统一印制张思德、董存瑞、黄继光、邱少云、雷锋、苏宁、李向群、杨业功、林俊德、张超10位挂像英模画像,并下发至全军连级以上单位。

基因血脉,赓续传承。"董存瑞精神"已经深深地烙在每一个战士的心里,是永不熄灭的精神火炬。

1947年,东北人民野战军11纵队授予董存瑞生前所在班"董存瑞班"荣誉称号;

1949年,他们是"南下剿匪功臣班";

1957年,他们被授予"永远保持英雄"荣誉锦旗;

1958年,他们被授予"优秀炮"的荣誉称号;

1977年,他们是"艰苦奋斗标兵班"。

如今,他们是陆军第78集团军炮兵第78旅远程多管火箭炮营2连6班。他们一直坚守着一个传统:晚点名时第一个呼点的名字是"董存瑞";新兵入伍讲的第一个故事是董存瑞的故事,看的第一部电影是《董存瑞》,唱的第一首歌是《当兵要像董存瑞》……

一往无前、英勇顽强、视死如归，董存瑞用鲜血和生命诠释了中国共产党的初心和使命，他的英名已化作民族的魂魄、历史的丰碑！中华民族是崇尚英雄、成就英雄、英雄辈出的民族，和平年代同样需要英雄情怀。对一切为党、为国家、为人民作出奉献和牺牲的英雄模范人物，我们都要发扬他们的精神。今天，我们缅怀董存瑞等英雄们，是对英雄壮举的礼赞，是对精神家园的守护，进而以更加昂扬的姿态开创更加美好的未来。

黄继光（1931—1952） 中国人民志愿军著名战斗英雄。四川省中江县人。中国人民志愿军第15军45师135团2营通信员。1951年参军。在上甘岭战役中，当部队被敌火力压制前进受阻时，他挺身而出，连续摧毁敌多个火力点，身负重伤，继续顽强爬向最后一个火力点，用胸膛堵住向我疯狂扫射的敌机枪眼，以生命为战友开辟了前进道路。所在部队追认他为中国共产党员。志愿军领导机关给他追记特等功，追授"特级英雄"称号，并荣获朝鲜民主主义人民共和国英雄称号和金星奖章、一级国旗勋章。

黄继光
英勇战斗奋不顾身

1952年,15军广泛开展了一场学英雄、做英雄的活动,以更好地激发广大官兵的参战热情和战斗精神。一心想上战场杀敌当英雄的黄继光,一连看了三遍记录马特洛索夫英雄事迹的苏联电影《普通一兵》。看完电影后,他激动地对连长万福来说:"连长,马特洛索夫可真是好样的,关键时候我也会像他那样去做的!"

10月20日凌晨,为了给冲锋的战友开辟道路,为了在天亮之前不惜一切代价攻下0号阵地,黄继光毅然决然地张开双臂,扑向敌人的机枪喷火口。他履行了之前立下的铿锵誓言,用自己的胸膛,构筑起了一道胜利的高墙。在黄继光最后躺下的地方,在敌军火力点之前,留下了一条十多米长的血印。这是一条注满英雄鲜血的路,更是一条见证志愿军战士压倒一切、战胜一切的雄心壮志的路。望着这条血路,望着英雄弹孔斑驳的遗体,所有人都摘下军帽,含泪默哀致意……

"发财垭,为什么只发了地主的财?"

1930年冬,四川省江中县,寒风凛冽,大雪纷飞。在一个叫作发财垭的小山村里,黄继光出生了。这位举国闻名的特级英雄,在他的家乡度过了很不幸的童年。当时,广大农民正处于水深火热之中,各地的恶霸地主不仅依仗他们所霸占的土地放高租重押,而且还勾结官僚对农民强征苛捐杂税、敲诈勒索,加之连年军阀内战,农民已经濒临破产边缘,可谓是民不聊生。

黄继光的父亲黄德仲,是当地一名勤劳俭朴的庄稼汉,白天给地主家当长工,晚上回家以后还要耕种从地主那租来的三亩薄田。母亲邓芳芝除了在家干繁重的家务劳动外,也要下地忙活。为了迎接他的出生,贫苦无助的黄德仲被迫向当地地主李积成借高利贷。当时,黄德仲已经有一个儿子,但这个儿子小时候被地主家的疯狗咬伤,因为没钱看病落下了病根,整天呆呆傻傻的。黄德仲一直希望妻子能再生一个健健康康、结结实实的儿子,好给生活带来点盼头。李积成很爽快地答应了这笔借款,但让黄德仲吃惊的是,地主家管账先生借据上明明晃晃地写着:"村民黄德仲借东家李积成食油一担,连本带利春天应还食油一担半,秋天应还食油三担。"

明知找地主恶霸借高利贷,无异于主动往火坑里跳,但为了让全家人能活命,为了让即将来到人世的孩子能够顺利诞生,黄德仲还是硬着头皮在借据上摁下了手印,借下了一担食油,只盼着用这担油炸点米糕,好卖钱养家。当晚,当黄德仲挑着这担代价异常高昂的食油,脑袋发热、身体发沉地回到家时,虎头虎脑的小儿子出生了。一心想让小儿子健康成长、顺利抵御冬日严寒,他特意给他起名"火元子"。火元子,就是黄继光。从此,黄继光开始了他贫困的童年生活。

黄继光的出生,给他的父亲母亲带来了不少温暖和欢乐。眼看着婴儿一天天长大,更大的生活压力摆在了黄德仲面前。从地主家借来的一担油,本钱也都赔完了,黄德仲不得不到处打听,给不同的地主家里打零工,靠着微薄的收入养家糊口。在漫长寒冷的冬天里,不仅大人要勒着裤腰带过日子,黄继光也天天饿得直哭。所幸的是,穷人家的孩子,生命力往往比较顽强。父亲不停地干活赚钱,黄继光也一天天长大,学会了说话,学会了想问题。

一天,年幼的黄继光在家问母亲邓芳芝,为啥他们住的这个村子叫发财垭。母亲说:"发财垭就是能发财的地方呗,你看咱们村,四处都是山,长满了松柏和毛竹,山涧还有小溪流过。这里的人都盼着能发财,能穿好衣服、住好房子、吃好东西。"话刚说完,黄继光就又问:"那为啥爸爸天天干活,咱们家还没有发财呢,天天啥活都不干的地主家却很有钱?发财垭,为什么只发了地主的财?"这个问题引起了母亲的思考,自己全家起早贪黑、勤俭持家,但为什么总是吃了上顿愁下顿,地主家整天游手好闲,却能吃香喝辣。难道真的是地主命贵,穷人命贱吗?

都说穷人的孩子早当家,黄继光从六七岁开始,便光着脚丫子和全家人一道下地,砍柴、割草、挖野菜,尽可能地为父母亲分担家里的重担。在他10岁那年,父亲因过度劳累病倒了。当时正值中江县大旱,庄稼被太阳烤得毫无生机,农民们只能无奈地看着地里的庄稼,却不知道该怎么办。雪上加霜的是,地主李积成家的管账先生又来催债了。看着愁眉苦脸的黄继光一家,管账先生假惺惺地说:"按说大家都是乡里乡亲的,不该在这时节催账,可是这么个灾年,东家放贷太多,日子也不好过啊。借债还钱,向来是天经地义。"黄德仲、邓芳芝夫妇这么多年来累死累活地干农活、打长工,养活几个孩子都吃力得很,实在没有能力偿还地主家的债务。看着邓芳芝眼泪直流,管账先生假意安慰了几句,便说出了此行的真正目的——他们看上了黄德仲家里祖传的那块四方田。

听到让卖田,黄德仲气不打一处来,哭喊着:"这块地可不能卖啊,一家老小得靠它活命啊。"管账先生当即冷笑道:"不卖地可以,那你今天就把债务给还清喽。"看到父母无助的神情,黄继光冲了过去,大声地说道:"债会还你们的,但不是现在。你这时候来要账,简直就是要我们一家的命。"看着年仅10岁的黄继光说出了这样一番狠话,管账先生也愣住了,他脑子里快速地转了几下,心想这小儿子看着倒挺有出息,说不定将来还能成大事,自己只是给东家跑腿办事,犯不着得罪他们父子。这么想通以后,管账先生语气缓和了不少,说是要回去替他们跟东家求求情,尽可能再缓一段时间,然后离开了黄家。

没想到的是,管账先生刚走,黄德仲就因为急火攻心加上天气太热,晕倒了。黄家的顶梁柱就此倒下了。李积成不停地派人来催债,甚至还雇了几个地痞流氓来威胁恐吓。尽管黄德仲、邓芳芝夫妇说尽了各种好话,希望地主李积成能够看在都是乡里乡亲的份上再宽限些时间,但这些催债的人还是毫不留情,在他们家里又吃又喝,折腾了好几天。最后,他们愣是把病恹恹的黄德仲抬去李积成家干苦力活,以此抵债。黄德仲在地主家里,干了整整一周的苦力活,每天不停地掏牛粪,回家之后病情加重。

邓芳芝感受到了巨大的生活压力,整天六神无主、丢三落四的。迫不得已,年幼的黄继光想到去山里给父亲挖中药。他早早起床上山，在深山老林里跑来跑去，忍饥挨饿地挖了一大堆，可是回到家给父母亲一看，才知道挖的都不是药材。第二天，黄继光特意请教了整天在山里采药的老药农，在老药农的指点下，总算是挖到了一些药材。他认真的劲头和对父亲的关心，感动了老药农，药农特意送了些中草药给黄继光。

如获至宝的黄继光，抱着老药农送的和自己辛苦挖到的药材，一路狂奔回家。只可惜，当他跑到家门口，还未来得及喊母亲烧水熬药，就已听到家里的阵阵痛哭声。父亲已经奄奄一息，他断断续续地叮嘱黄继光："一定要记得，是谁把我逼成了这样。一定要好好孝敬你妈妈，她跟着我苦了一辈子，没过上一天的好日子，你要争口气。"

看着慢慢告别人世的父亲，看着痛哭不止的母亲，黄继光突然感受到了自己肩上沉甸甸的重担。他也真正认识到，是该坚强起来了，是该挑起家里的生活重担了，是该努力让母亲过上好日子了。

"红军一定会帮我报仇的"

黄德仲去世后，家里一下子断掉了所有经济来源，黄继光开始了吃了上顿愁下顿的日子。无奈之下，母亲只能带着他到处去借、去讨。那年碰上了大旱，地里没有收成，很多人自己都养活不了，哪还会借粮食给别人吃。黄继光不得不开始思考别的出路，讨粮途中，他看到有不少雇佣短工和脚力的活，工钱虽然不多，但是干完活就能拿到工钱。打定主意，第二天他起了个大早，出门找活干。虽然年纪小，但黄继光很能吃苦，态度也很好，找到了不少零活,终于攒够了买一袋米的钱。很快,黄家二小子小小年纪就可以养家糊口的事,就传遍了全村。听着村里乡亲们的夸奖,他干起活来更有劲了。日子一天天变好,看着母亲和哥哥都能吃上香喷喷的饭菜,黄继光开始相信,只要自己肯吃苦,只要自己坚持干下去,日子肯定会越来越好。

就在黄家几口人的日子逐步转好的时候,李积成又开始不怀好意地来捣乱,他让管账先生带着几个打手上门逼债,以逼债之名强迫黄继光去给他家干活。黄继光痛快地答应了,但他告诉管账先生,给地主家干活可以,但必须给他工钱,不能抵债,全家人都指着这份工钱过日子呢。看着黄继光坚毅的神情,管账先生想着把人先带回去再说,就答应了这个要求。

迎接黄继光的是无穷无尽的苦活累活,白天他要放牛、割草、挑水,晚上还得扫院子、盛饭、端尿盆,一点休息的时间都没有,每天从早忙到晚。李积成的老婆非常蛮横,总想着法子折磨这个10岁出头的孩子。时间一长,本就营养不良,每天还要忍受拳打脚踢、百般凌辱的黄继光,越来越消瘦。其他长工很是可怜他,时不时地帮他干一些重活,尽可能减轻他的压力。只要看到有人帮黄继光干活,李积成总是恶狠狠地把人骂走。

一次黄继光牵着牛经过院子,牛拉了一摊屎,把院子弄得臭烘烘的。李积成恼了,逼着黄继光把这摊屎吃下去。忍无可忍之下黄继光决心离开李家大院,不再容忍这种惨无人道的残酷剥削,大声向李积成喊道:"你太仗势欺人了,我不可能再给你干活了,快给我结算工钱。"李积成冷笑道:"工钱?什么工钱?你这大半年在我们家吃了多少米饭,再说就是你再干几年活,都还不清你爹欠我的债。父债子还,可是天经地义。"黄继光深知,以李积成的一贯品性,这份工钱算是赖定了,再跟他吵下去也没有意义。于是他对李积成说:"我知道你会赖账，这份工钱就算我先放在你这吧，总有一天我会拿回来的，红军一定会帮我报仇的。"说完这番话，他进屋取了自己的行李，转身走出了李家大院。地主李积成的一系列残暴行径，在黄继光幼小的心灵里，播下了对万恶旧社会憎恨的种子。

历史的车轮滚滚向前，一个伟大新时代的到来，彻底改变了这个青年和他家人的命运。

1949年11月，解放军来了，农民翻身做主人。乡亲们不停地忙碌着，欢快地迎接着解放军队伍。而昔日耀武扬威、横行霸道的地主们跑的跑、逃的逃，也有些舍不得家业的仍躲在自家院子里。兴奋之余，黄继光很是好奇为啥红军改叫解放军了。为了解开这个疑惑，他紧紧拉着当地民兵组长的手不放，不停地问这问那。民兵组长很欣赏这个好奇心强的小伙子，他解释道，全中国解放了，天下的穷苦人都解放了，就连他们这偏远的小山村也解放了，而且就是当前胜似亲人的红军队伍解放的，所以红军改叫解放军。通过这番对话，黄继光知道了很多新名词，阶级斗争、三座大山、革命斗争、共产主义、毛主席、北京、天安门等等。民兵组长还告诉他，毛主席早就知道发财垭这个小村子了，也知道地主恶霸还骑在贫苦农民头上作威作福，广大穷人却还在受苦受难，于是就派解放军来解放穷苦百姓了。听着这些激动人心的话语，黄继光更加坚定了一定要参加民兵、投身火热革命斗争的决心意志。他暗暗地想："总算到了和地主恶霸算总账、给父亲报仇的时候了！"

加入民兵队伍后，黄继光每天忙着站岗、放哨，帮农会减租退押、丈量土地等等，忙碌而充实。当时，减租退押的任务很艰巨，丈量土地的任务也很繁重。地主阶级并不甘心失败，他们总是想尽种种办法破坏、隐瞒土地。有些躲在深宅大院的地主老财们，总是幻想四川的国民党残余势力能够卷土重来，重现过去作威作福的好日子。

一天深夜，黄继光丈量完土地回家的路上，看到一个黑影鬼鬼祟祟地钻进了当年地主李积成的管账先生家里。他悄悄跟过去，透过门缝一看，居然是地主李积成的父亲李聚丰。虽然听不清楚他俩具体在说什么，但看他们的神情语态，李聚丰应该是想让管账先生帮他隐瞒什么，但管账先生特别为难，并不愿意答应。想到明天就要张榜公布土地田亩数，黄继光心想必须立即将此事报告土改工作组和村农会，于是轻轻地溜出了管账先生家的院子。

次日，土地田亩数如期公布。地主李积成仍旧躲在家里，任凭他的父亲李聚丰倚老卖老，非说农会多算了他们家的土地面积，不能白白替别人退土地。农会主席不慌不忙地问："那老人家，你倒是说说看，你替谁家退土地啦？"李聚丰得意地看着人群里的管账先生，说那些多出来的土地是管账先生家的。但万万没想到，管账先生当即否认，说那些地就是李聚丰和李积成父子的，李聚丰当即被气得站不稳。他哪里能想到，前一天他刚离开管账先生家，黄继光和民兵队长就把管账先生带到了村公所。在强大的心理攻势下，管账先生将李聚丰找他密谋的事情全部供了出来，希望能够戴罪立功。

李聚丰试图狡辩，黄继光当众将他如何偷偷钻进管账先生家里密谋的情景揭发了出来。围观的老百姓彻底被激怒了，纷纷喊起了"打倒恶霸地主，不许破坏减租退押"的口号。农会领导人当即决定将张榜公布会变为斗争大会、控告大会，以进一步打击地主恶霸的嚣张气焰。会上，深受压迫已久的老百姓们愤怒地揭发了地主恶霸们进行的各类破坏、剥削活动，有的说李积成偷偷往送给解放军的公粮里掺沙子，有的说李聚丰找他改佃约结果被拒绝……听着这些义愤填膺的控诉，李聚丰瘫倒在地，目光空洞。

黄继光智斗恶霸地主,初战告捷。

一天,黄继光正在站岗放哨,发现三个人在东张西望。他大喊一声:"站住,你们是做什么的?"三个家伙顿时吓了一跳,故作冷静地回答说:"是裁缝,准备去发财垭顾顺智家。"但当时,地主顾顺智已经因为妖言惑众、煽动闹事被抓起来了,这几个人大半夜要去他家,实在可疑,而且其中一个胖子看起来有点像地主恶霸杨永刚。为了不打草惊蛇,黄继光故意给他们放行,然后抄近路通知其他岗哨的同志,让民兵赶到前面埋伏起来。当三个家伙慢悠悠地靠近民兵埋伏圈后,黄继光突然站出来说:"你们走错路啦,裁缝,顾顺智家在那个方向。"正当他们惊恐万分、不知所措的时候,黄继光又大喝一声:"杨永刚。"胖子一愣神,顺嘴就答了一声:"哎。"随着这声应和,黄继光猛地将他扑倒在地,其他埋伏的民兵则分头扑向另外两个家伙。短短几分钟内,战斗就结束了。

黄继光巧妙生擒地主恶霸杨永刚的消息,很快就传遍了全村、全区,当地的老百姓敲锣打鼓地庆祝起来。

伟大的土改运动开始了,打土豪、分田地、烧地契、分果实,当地一派喜气洋洋。黄继光家也分到了土地、房屋、农具和粮食,全家人终于过上了幸福生活。在清匪反霸和土地改革运动中,黄继光两次被评为模范民兵。

可就在鲜红的五星红旗马上就要插遍全中国的时候,朝鲜战争的战火烧到了鸭绿江边。

"一块上战场,一块杀鬼子"

中华人民共和国成立不久,1950年6月25日朝鲜战争爆发,美帝国主义为了维护其在亚洲的领导地位和战略利益，立即出兵干涉。6月26日，时任美国总统杜鲁门命令驻日本的美国远东空军协助韩国作战。6月27日，美国海军第七舰队驶入台湾海峡，占据了高雄、基隆两个港口，意图阻止中国人民解放军渡海进攻台湾。6月28日，总理兼外交部部长周恩来同志代表中国政府发表严正声明，强烈抗议和谴责美帝国主义发动侵略战争、武装霸占我国台湾地区的强盗行径。周总理指出："杜鲁门二十七日的声明和美国海军的行为，乃是对于中国领土的武装侵略，对于联合国宪章的彻底破坏。"他还宣布："台湾属于中国的事实，永远不能改变。"

同年10月，美帝国主义公然将侵略战火烧到我国边境，多次侵入中国领空，轰炸丹东地区。面对敌人的疯狂进攻，中国人民不能不高举反侵略旗帜，周恩来总理在庆祝中华人民共和国成立一周年的国庆大会上代表中国政府声明："中国人民热爱和平，但是为了保卫和平，从不也永不害怕反抗侵略战争，也不能听任帝国主义者对自己的邻人肆行侵略而置之不理。"10月8日，中国应朝鲜政府的请求，做出了"抗美援朝，保家卫国"的重大决策，迅速组成中国人民志愿军入朝作战。与此相呼应，全国范围内各地都立刻掀起了轰轰烈烈的"抗美援朝、保家卫国"伟大运动。全国人民努力增加生产、厉行节约、踊跃捐资捐款，支援中国人民志愿军。各地青年纷纷报名参军入伍，中江县共有6 500名青年参加志愿军，中江人民还捐资购买了一架飞机和一门大炮，以实际行动响应党中央号召。

在发财垭这个小山村，村里的播音喇叭不停地播放着毛主席的声音。黄继光的斗志和热情再次被激发起来，他意识到，该去战斗了！他既盼着征兵工作赶紧开展，也特别担心接兵的工作人员嫌他矮，不同意他当兵。参不了军，就上不了战场，杀不了敌人。想到这些，他就倍感沮丧，于是天天磨着民兵连长希望能够参军入伍上战场。终于，1951年春，志愿军来到发财垭征兵。黄继光跟着民兵连长来到中江县广福区公所报名参军，刚到门口他就碰到了一高一矮两个年轻人正兴高采烈地说着什么。凑过去一打听，原来这两个年轻人也是要报名参军，高个儿的叫肖登良，矮个儿的叫吴三羊。吴三羊问他："你该不会也是来报名参军的吧，你叫啥呀？"没等黄继光回答，肖登良拍了拍他肩膀说："哥们，就你这身高，也报名参军？我劝你还是再吃两年白米饭好好长长个吧。听说美国鬼子都长得老高了，长高了才好打敌人。"

被刺激到的黄继光当然不服气，他想起了之前民兵队长给他讲的董存瑞舍身炸碉堡的故事。他气愤地说："一看你就没听过董存瑞的故事，他个子也不高，但人家觉悟高，在关键时候能够举起炸药包，牺牲自己成全战友。别看你长得高高大大，真上了战场看到美国鬼子，还不知道是当英雄还是当狗熊呢？"肖登良脾气一向比较好，他没有被这番话激怒，相反却很欣赏黄继光这股不服输的劲头，于是主动赔礼道歉并提出要交个朋友。黄继光也冰释前嫌，说："不打不成交嘛。"吴三羊开心地说："希望咱们仨这次都能当上兵，最好再分到一个连队，一块上战场，一块杀鬼子。"

说说笑笑地，三个年轻人排好队，依次开始体检。很快，肖登良开心地出来了，不用问也知道他肯定通过了。随后是吴三羊，也顺利通过。就像之前预想的那样，黄继光果真遇到了麻烦，接兵部队的艾营长看他身材瘦小，便说："小伙子你先回去吧，好好吃饭，等长高了再来参军也不迟嘛。"他还没来得及解释，就被工作人员推到了门外,这下真傻眼了。黄继光不停地暗示自己,现在一定不能掉眼泪,要想办法说服艾营长同意自己当兵。回到家后,他不停地找民兵连长,找工作组长,希望他们能替他去求情,几乎把浑身解数都使出来了,就是希望能够当兵入伍上战场。

一个星期后,肖登良跑来找黄继光,告诉他连队马上要到30公里外的军用仓库领取服装,连长让每个班去找两个会推"鸡公车"的老乡。第二天,天还没亮,黄继光就推着借来的"鸡公车"候着肖登良。刚过中午,他俩推着堆得满满当当的"鸡公车"最先赶回了连队。连长指导员和连里的战士们都被黄继光这个瘦瘦小小吃苦耐劳的小伙子感动了,纷纷替他求情。肖登良更是对艾营长说:"营长,继光和我们都是穷人,都想当兵报答党的恩情。他虽然个子不高,但是身体很结实,很能吃苦,很有拼劲。"之后,肖登良绘声绘色地向营里的同志们讲述了黄继光巧斗地主李聚丰、生擒恶霸杨永刚的英雄事迹,大家听得津津有味。艾营长也被黄继光的聪明才智和不屈不挠的劲头折服了,同连长指导员商量后决定,破格让黄继光参加志愿军。

终于,1951年3月12日,黄继光成为一名光荣的中国人民志愿军战士,多年的夙愿实现了。告别家乡、告别母亲,黄继光兴奋地走进了革命队伍,开始了火热的军营生活。在石马乡举行的欢送大会上,乡亲们敲锣打鼓地把黄继光和其他战士送上了通往前线的道路。临行时,邓芳芝紧紧拉着儿子的手嘱咐道:"儿啊,到部队以后一定要记得听党的话,听毛主席的话,为祖国人民杀敌立功。"黄继光把乡亲们赠给他的绣有"可爱祖国"四个大字的手帕留给了母亲,作为临别纪念。

同一批招录的新兵,都被集中安排在四川省三台县刘家营训练。肖登良被任命为代理班长,黄继光和吴三羊在班里当战士。

这批来自五湖四海、操着不同方言的穷苦孩子们，穿上绿色的新军装后，都深感自豪骄傲。很快，他们就适应了紧张充实的部队生活，每天定时出操、站队、整理内务、学习、唱歌、接受教育。训练之余，他们还主动帮当地的老百姓干农活，配合当地的工作队深入推进土改工作，继续与地主恶霸作斗争。就这样，黄继光跟随部队一路由南向北，走一路做一路好事。经过长途跋涉，部队抵达黑龙江，此时他们也圆满地结束了新兵训练任务。马上，他们就要迎接新的、真正的战斗了！

"雄赳赳，气昂昂，跨过鸭绿江，保和平卫祖国就是保家乡，中国好儿女，齐心团结紧，抗美援朝，打败美帝野心狼。"1951年7月，在嘹亮的《中国人民志愿军战歌》声中，带着对美帝国主义的强烈仇恨，黄继光和战友们一起乘坐火车跨过了鸭绿江，踏上了朝鲜的土地。朝鲜，这个美丽的国度，如今已经被美帝国主义的炮火蹂躏得惨不忍睹，视线所及之处皆是瓦砾、枯树和焦土。看着这幅惨象，黄继光气得咬牙切齿，他说："决不能让祖国同胞也过这样的苦日子！"

到朝鲜后，黄继光和肖登良、吴三羊，一起被编入了第15军45师135团2营6连。这是一个英雄突击连，1941年4月诞生在太行山区，在抗日战争和解放战争时期涌现出了许多英雄人物。在华北战场，他们与日寇进行了长达四年之久的浴血奋战。1947年8月，连队被整编入晋冀鲁豫野战军，相继参加了淮海战役、渡江战役、两广战役、西南剿匪等重大军事行动。1951年3月，连队开赴朝鲜战场，参加了朴达峰阻击战役，随后补充了一批新兵。黄继光和肖登良、吴三羊有幸成了这个连队的成员。能分配到这里，黄继光感受到了无上的光荣，同时，也感受到了沉甸甸的压力。

"后勤战线也能当英雄"

初到连队,他们三人都被安排到连部通信组当通信员。当时,全连上下正在轰轰烈烈地开展战前练兵活动,黄继光很羡慕那些被分在战斗班排的战友们,他们整天都在进行战术训练,带着真刀实枪摸爬滚打,而自己却只能送送信、跑跑路。于是他找通信组长说:"反正通信组多一个人少一个人也无所谓,不如让我去战斗班吧,我想上战场打鬼子。"通信组长见多了这种求战心切的新兵,也很理解他想要杀敌立功的迫切心情,就给他讲述了解放战争期间通信员立大功的事迹。在一次激烈的战斗中,部队伤亡很大,当时连长已经牺牲了,通信员按照连长生前的战斗部署指挥了一场战斗,圆满地完成了阻击任务。通信组长还告诉他:"作为通信员可不只是送送信、跑跑路这么简单,通信员的作用大着嘞,不仅要能摸爬滚打、打枪放炮,更要和指挥员学战术,这样关键时刻才能冲得上去。"

经过这番教育开导,黄继光认识到了通信员的重要职责,在部队只是分工不同,大家的责任一样重大、任务一样艰巨。自此,他的工作热情再度高涨起来,除了完成通信员的本职工作外,他还经常找老同志请教各类武器的性能和使用方法。冲锋班射击演习的时候,他跟着射击演习;报务员进行报务训练的时候,他跟着学习报务;接线员练习接线的时候,他也跟着练习;卫生员开展救护训练时,他也学习救护。没想到,这样刻苦训练却还是被通信组长批评了。组长教育他说:"工作就跟打井一个道理,不能今天在这里挖,明天又去那里挖,这样子到头来只是挖了几个坑,永远出不了水。战术训练也一样，必须一步一个脚印，一项技能一项技能地学，这样才能成为合格的通信员。"

对于通信组长的言传身教，黄继光特别信服，他也认识到了作为通信员，最重要的是练习本职工作的业务技能，只有训练过硬，才能不贻误战机，准确迅速地将首长指示传达给战斗班组，及时消灭敌人。在部队领导的培养教育和战友们的关心帮助下，黄继光的思想政治觉悟不断提高，处处以工作为重，在通信员这个平凡的岗位上做出了不平凡的成绩。无论工作或执行任务，他总是抢在别人前面。除了在激烈炮火中出色完成本职工作外，他还尽力帮助其他战士。白天要送信传达命令没有时间训练，他便在月光下练习，并且在较短时间内学会了步枪、手榴弹、自动步枪、火箭筒、六〇迫击炮等各类武器的操作使用。

在一次行军途中，朝鲜村庄突然遭到了敌机轰炸，他不顾头顶敌机的俯冲扫射，奋不顾身地抢救了一名朝鲜儿童。他身上仿佛始终有使不完的劲、用不完的力，总是能利用业余时间帮助朝鲜阿妈妮打水、舂米、砍柴，帮助朝鲜人民抢收庄稼、整修房屋，深受战友和朝鲜人民的敬爱。关键时刻，他也能挺身而出。一次，他和营长到团部去接受任务，通过敌人炮火封锁区时敌军炮弹落得离他们很近，来不及躲开，他一下子扑倒营长，保证了营长的生命安全。黄继光不怕苦不怕累，积极工作，完成的任务比别人多，也比别人好，本职工作方面从未出过差错。

后来连队开展了一次攻防演习，连长万福来也有意借此机会考察一下黄继光的快速反应能力。演习过程中，黄继光能够流利地传达命令，战术动作也十分利索，黄继光得到了连长的夸奖，表扬他第一次参加攻防演习就能利用地形地物顺利完成任务。同时，连长也指出了他任务途中有所犹豫，耽误了不少时间。这让黄继光更加认识到了自己的不足,他下定决心继续苦学苦练,练出过硬本领。

1952年春,朝鲜战争进入战略防御阶段。毛主席和中央军委做出了战争双方将"长期相持于三八线"的正确估计,提出了持久战和"零敲牛皮糖"的作战方针。具体来讲,就是要多打小歼灭战,积小胜为大胜。15军作为战略预备队,被调往中部战线,接替26军的防区。该防区东起五圣山,西至斗流峰、西方山,正面宽约30公里,纵深约20公里,总面积达567平方公里。五圣山海拔1 061.7米,沟壑纵横、峰峦叠嶂,不少人都说这里的风景堪比桂林山水。但是由于战火波及已久,五圣山到处都是炮坑弹坑,断树残枝随处可见,早已失去了往日的风采。作为东海岸和西海岸的连接点,五圣山西临金化、铁原、平康三角地带的平原地区,东接金城通至东海岸的公路,是公认为的中部战线的战略地带。志愿军也一直将其视作平康平原的天然屏障,希望通过守住五圣山将双方战线稳定在"三八线"。一旦敌人夺取了五圣山,就能从中部突破志愿军的防线,进而长驱直入地进攻平康平原,最终危及整个朝鲜局势。

面对拥有世界一流武器装备的美军,我志愿军在没有制空权、地面炮火也很少的情况下,选择坑道作为山地防御。15军进入防区后,立即落实志愿军总部的战略指示,开始构筑以坑道为骨干的支撑式防御工事。6连就是在这样的战略背景下,开始了坑道阵地战。当6连奉命坚守五圣山主峰的消息传来时,全连官兵都兴奋了。这么重要的任务交给6连,足以看出团首长对6连将士的信任。黄继光也和大家一样,倍感激动。

战斗即将开始,没想到,黄继光却被安排和副指导员吴保生一起随连队后勤转移到五圣山后方。这可真是越想打仗,越没仗打。一想到自己连日来的刻苦训练没了用武之地,黄继光沉不住气了,他气呼呼地找到副指导员吴保生,抱怨说:"我来朝鲜战场这么久,一直勤学苦练杀敌本领,为啥要把我留在后方搞后勤,我实在是想不通。"其实副指导员早就听说了连队小红人黄继光的事迹,也很理解他杀敌立功为国争光的迫切心情,但考虑到黄继光还没有完全理解革命工作不分前方后方的道理,因此便耐心做他的思想工作,给他讲了张思德的故事,告诫他一定要服从连队的安排部署。

实现思想转变的黄继光,慢慢想通了。他又开始争先恐后地给阵地送饭菜、弹药和水,抢救伤病员时也不惧枪林弹雨。为了做好防区广大指战员的思想政治工作,15军利用现有条件广泛开展了一场学英雄、做英雄的活动,号召大家学习登高英雄杨连第、爆破英雄杨根思、苏联舍身堵枪眼的英雄马特洛索夫。

听完英雄的故事、看完英雄的电影,黄继光陷入了沉思,他逐渐意识到,在战场上和美帝国主义敌人拼杀固然英勇,但作为军人,第一天职就是服从命令。连队现在安排他搞后勤,一定有组织的考虑。或许是自己实战能力还有一定差距,或许是后勤业务方面确实人手不够,但不管是什么原因,他都要坚决服从组织的命令,不能向组织提要求。后勤工作也要有人干,后勤战线也能当英雄。

此后,黄继光不再为没有到前沿阵地杀敌报国而焦躁不安,而是将对美国鬼子的满腔怒火切实转化为实际行动,转化为对本职工作的激情。他不知疲倦地在战火硝烟之下奔跑、送信、传令、接电线、背伤员。他的本职工作是通信员,但他也干了许多工作之外的事情。发现阵地潮湿,他就割草做成草帘送给战友;发现阵地上的同志们衣服上沾满烂泥,他就想尽办法帮大家洗衣服;伤员从前线下来后没有地方住,他就把自己的床铺让出来;伤员饿了,他就给伤员擀面条、煮稀饭,有时还背着他们去上厕所。

那年夏天，连日都是强降雨，引发了山洪，不仅冲毁了战士们辛辛苦苦才挖好的坑道，也中断了后方给养运输道路，前线的官兵只能靠压缩饼干充饥。面对这种严峻形势，副指导员吴保生立刻动员大家组织起了运输队，以保证前沿战士能够吃饱饭，有弹药。考虑到6班阵地最靠近敌军前沿，遭受的火力最猛、封锁最严，运输途中危险性也最大，黄继光坚决要求到6班阵地去。出发前，副指导员千叮咛万嘱咐，告诫黄继光一定要非常小心，见机行事。

雨一直下，炮弹和子弹不时呼啸着从头顶飞过，探照灯也把封锁线和阵地前沿照得足够亮。黄继光他们背着沉重的弹药和给养，冒着敌人的炮火攻击，穿过了一道又一道封锁线，奋力向前沿阵地冲去。经过一整夜的奔波，他们终于冲上了6班阵地，和战友们紧紧抱在了一起。看着后方战士冒着生命危险送来的弹药和补给，前方战士们非常激动，班长还没下令，他们就狼吞虎咽地吃了起来。黄继光催促他们说："快吃，多吃点，吃完还有抽的呢。"说完，他从怀里摸出了一个油纸包，里面是一包干干的毛烟叶。6班长没等吃完，就先卷了一支，过上了烟瘾。大家都夸奖黄继光，别人想到的他也想到了，别人没想到的他也想到了，太周到了。

后方和前线战士们纷纷决定为黄继光请功。在同志们的一致推荐下，上级为他记三等功一次。连队团支部还批准了他的入团申请。1952年7月25日，黄继光光荣加入了中国新民主主义青年团。

"掩埋好战友们的尸体，我们继续战斗！"

1952年9月，"联合国军"总司令克拉克正式批准了第八集团军总司令范佛里特提出的代号"摊牌"行动的金化攻势。其作战意图首先是夺取五圣山前沿地区的两个支撑点,即上甘岭左右两侧的597.9高地和537.7高地,借此来夺取五圣山阵地,分割志愿军的防御体系,迫使志愿军后退。目的在于通过施加军事压力,为开展后续停战谈判提供有利条件,以改善美军在金化地区的战略防御态势,为后续进攻创造条件。美军此举有着颇为浓厚的政治意味,当时美国国内恰逢大选前期,联合国第七届大会也将在纽约召开。发动金化攻势正是为了捞取政治资本,配合国内大选,乘机在联合国大会上向英国、法国等国索取更多的人力、财力。

为了顺利发动金化攻势,美军开始动用飞机、大炮对五圣山发起猛烈轰击,同时加紧了对我军前沿阵地的封锁,并借助烟幕的掩护抓紧抢修工事,运送武器。6连坚守的781高地上,每天都有重伤员被抬下去,伤员日渐增多,战斗减员。为了加强决战兵员的战斗力,6连决定将后勤部队全部投入到前沿阵地,实现前后方汇合。随着副指导员吴保生一声令下,黄继光和后方战友们一起向781高地开拔。

781高地战斗打响了。美军在强力炮火的掩护下,开始向靠近最前沿的6连阵地进攻。6连战士在连长的指挥下,一次又一次打退了敌人的进攻。黄继光在掩体里面,第一次真正感受到了战争的惨烈,感受到了6连战士的英勇顽强。战争仍在继续,白天被敌人攻占的阵地,晚上我军又通过反击战夺回来。在这样你争我夺的过程中,6连伤亡不小,营部阵地也遭到重创,营部通信员壮烈牺牲。营参谋长张广生向营长推荐黄继光接任营部通信员工作。迫于压力,连长万福来只能放人,黄继光走马上任,成了新任营部通信员。

营部阵地防御工事主要是掘开式掩体、防空洞,只有指挥所是一个敞口坑道。每天一早，黄继光都要将指挥所收拾干净，准备大量饮用水，然后向各掩体传达当日的任务和要求，同时还要观察敌机、敌炮袭击的时间，及时发出信号，通知大家转移到防空洞。晚上，黄继光更忙，不仅要转运弹药和食物，接送伤员和烈士，还要供应来往人员饮水，指挥人群疏散到防空洞。这些任务，他都完成得很好，得到了营长的高度赞扬。

9月下旬，志愿军总部决定先发制人，扰乱美军原先的作战计划。按照这一方针，要取得战役胜利，就必须炸掉敌军增援的必经之路康平桥，拿下平康、金化之间的391高地，将战线向南推进。但从我军阵地到391高地中间有3 000多米的开阔地，因此驻守五圣山的第15军29师决定，先派87团3营秘密潜入敌军后方埋伏，到了进攻时间就迅速抢占这一高地。正当3营官兵在草丛潜伏时，美军突然发射了两枚燃烧弹，引燃了草丛，也烧到了埋伏的官兵们。第二天战斗结束后，一位英雄的名字传到了黄继光他们连队。这时他们才明白，就是在他们看到的那个大火熊熊的阵地上，87团3营官兵正在执行秘密埋伏任务。一位战士就这样趴在烈火之中，坚持没有暴露目标，这位英雄叫邱少云，志愿军第15军29师87团3营9连1排3班战士。

听着比自己还小一岁的邱少云的光荣事迹，黄继光倍感难过。但此时，他已经顾不上悲伤哀痛，他必须把对美帝国主义的满腔愤怒和仇恨埋在心底，因为上甘岭战役即将到来。

上甘岭是一个小山村，位于597.9高地和537.7高地之间。10月14日早上4时30分，宁静的村庄被敌人的炮火轰醒了，战斗正式开始。"联合国军"动用了17个野炮营的300门大炮，40余架次战斗机和5个坦克连的120辆坦克，以每秒落弹6发、每天落弹30多万发、飞机投弹500多枚的高密集炮火轰炸上甘岭前沿阵地。美军第7师第31团、韩军第2师32团及17团一个营,共7个步兵营的兵力,在空军和炮兵火力以及坦克的大力支援下,分六路向我597.9高地和537.7高地发起猛烈攻击。

强烈的冲击波震得地动山摇,15军官兵耗费四个多月心血修筑起来的野战防御工事,在猛烈的炮火攻击下荡然无存,上甘岭阵地与后方完全中断了联系。战斗异常激烈,同一个阵地一天之内往往几易其手,得而复失,失而复得,每次易手都伴随着惨烈的炮击和拼杀,阵地上尸横遍野,鲜血满地。由于战场地域狭窄,同时只能展开两个营的兵力,双方不得不采取依次增兵的战术,一个营、一个连,甚至一个排、一个班地投入到作战当中。

10月17日傍晚,营参谋长张广生率领5连2排赶到了"狙击兵岭",目标是夺回白天战斗中失去了一半的表面阵地。当黄继光来到上甘岭南端的两个小山包时,完全被眼前的惨烈场景惊呆了。经过敌我双方几天的拉锯式激战,上甘岭村庄已经成了一片废墟,树木被削得干干净净,岩石已烧焦,地上一切生命和建筑物都已不复存在。

最初,上甘岭只是地图上的一个地名。而二十多天后,当战斗发展到了战役规模,这个村名从此就成了一场战役的名称——上甘岭战役。在上甘岭反击战打响之前,营参谋长张广生、6连连长万福来组织召开了全连大会,这既是战前动员大会,也是战术分析会和战斗部署会。参谋长明确了全连的具体任务——先夺取6号阵地,再夺取5号、4号阵地,最后拿下0号阵地,他还特意告诫大家要做好打艰苦大仗的准备。

随着参谋长一声令下,6连官兵在炮火掩护下向6号阵地猛扑过去。黄继光则严格履行着作为通信员的各项职责,最大限度地保护着营首长的安全。趴在临时指挥所里,他看到战友们一个个英勇无比,在强大炮群的攻击和掩护下,仅30分钟就以排山倒海之势拿下了6号和5号阵地,歼敌两百多人。随后战士们乘胜追击,运用多箭头进攻方式,费了九牛二虎之力,经历轮番苦战,以极大代价攻下了4号阵地。此时,6连已经只剩下16人。伤亡之惨重,在6连战史上绝无仅有。连长万福来向参谋长汇报战况时,这位从未哭过的汉子,眼泪不停地往下掉。

就在这时,连队接到了师部的电话,8连已经占领了主峰阵地,因此命令6连在天亮之前不惜一切代价攻下0号阵地。"同志们,擦干眼泪,掩埋好战友们的尸体,我们继续战斗!"抹了把眼泪,参谋长庄严地向仅存的16名将士下达了命令。0号阵地紧挨着和主峰平行的10号阵地,是597.9高地的制高点之一,居高临下控制着4、5、6号阵地,也可以向左封锁1号阵地的大坑道口,是这条山脉的最后屏障。美军也意识到了0号阵地的战略地位,开始利用有利地形设置完整的防御体系。

"只要我还有一口气,一定能完成任务"

10月20日凌晨2时30分,攻占0号阵地的战斗打响了。参谋长张广生带着黄继光和步话机员指挥战斗。连长万福来把剩余的9名战士分成3个爆破小组,负责对几个地堡实施爆破。但由于敌军火力太猛,爆破行动没有成功,9名战士全部壮烈牺牲。

天就快亮了,师部不停打电话询问战斗情况,但此时6连已经没有战斗人员了,参谋长当即决定和6连连长万福来、指导员冯玉庆分别带一名通信员,组成3个爆破组,力争把敌人火力点炸掉。此时,黄继光站了出来,他已经做好了将最后一滴血撒到0号阵地的思想准备。他大声说道:"有我们通信员在,决不能让首长去。请把这个任务交给我,只要我还有一口气,一定能完成任务。"同为通信员的吴三羊、肖登良也站了出来,他们异口同声地说:"我们协助黄继光爆破,请首长放心,保证完成任务。"

没有时间犹豫了,马上就天亮了。参谋长紧紧抓着黄继光的双手说:"你们是人民的好儿子,把任务交给你们完成,我放心。我相信你们一定能完成这个光荣而艰巨的任务。"随后,他任命黄继光为6连功臣6班代理班长,肖登良和吴三羊为功臣6班战士,命令黄继光率领肖登良和吴三羊共同执行0号阵地的爆破任务。受领任务后,他们毅然决然地表示要坚决完成任务,战斗到最后一秒。临行前,他们把祖国同胞赠送的钢笔、笔记本等礼品,以及在朝鲜战场上荣获的纪念章等都交给首长。黄继光还特地将随身带着的妈妈寄来的信、身上仅剩的十多块钱,还有很久前就写好的入党申请书,一并交给了指导员冯玉庆和连长万福来。张广生随后下达了"出发"命令,黄继光和他的两名战友向三位首长庄严敬礼,义无反顾地转身向敌人0号阵地冲去。

从4号到0号阵地,虽然仅有一条不到10米宽的山脊,但左右两侧尽是悬崖陡岩,队伍前进难度较大。更要命的是,0号阵地上有一个大地堡是中心火力点,两侧还有七八个小地堡,构成了环形防御态势。因此,黄继光他们决定先炸掉小地堡,再想办法炸掉中心火力点。

他们刚刚出发,就美军探照灯发现了,接着机枪响了,炮弹飞了过来,0号阵地被照得如同白昼。意识到进攻受阻后,营参谋长他们端起机枪一顿猛射,甩出了一排手雷,进行了有效掩护。三名战士凭着对地形的熟悉,在敌人的强大火力网之下迅速往前推进。在黄继光的指挥下,吴三羊正面掩护,黄继光居左,肖登良居右,三人交替掩护爆破,巧妙地利用照明弹停息间隙连续炸毁了敌人三个暗堡,炸得敌人抱头鼠窜。

敌人的照明弹再次打起。眼看黄继光、肖登良就要被发现,吴三羊主动从正面开枪射击,吸引了敌人中心火力点的攻击。黄继光和肖登良趁机跃起还击,用手雷炸掉了中心火力点附近残存的地堡,七八个敌人被当场炸死。不过,手雷的连续爆炸声也引来了敌人的注意,猛烈的炮火攻击再度向他们袭来。他们想要还击,却发现所带弹药已经所剩无几。他们在被炸毁的地堡里看到几挺重机枪,正当他们准备去抬起一挺损坏不太严重的进行还击时,被敌人观察到了。敌人又是一阵疯狂扫射,再次阻断了前进道路。吴三羊躲闪不及,头部中弹,当场牺牲。肖登良、黄继光也相继中弹,倒在了山坡上。

敌人的最后一个大地堡也就是中心火力点,还在不停地射击。可除了生死不明的黄继光、肖登良、吴三羊外,现在6连阵地上只剩下营参谋长张广生、连长万福来和指导员冯玉庆了。就在连长和指导员准备冲上去爆破时,参谋长突然大喊道:"小黄还……还活着!还活着!你们快看!他还在爬!还在向着敌人的地堡爬!"原来,黄继光并没有牺牲,虽然负了伤,但正凭借极大的毅力顽强地投入到战斗中。战友肖登良伤势严重,黄继光爬到他身旁,迅速将他抱到弹坑里,从自己的大衣上撕下布条给他包扎伤口。肖登良拼尽最后一丝气力,对黄继光说:"不用管我,快去炸掉最后一个地堡。"这时,黄继光意识到,爆破任务只能靠他一个人来完成了,真正的考验来了。

黄继光忍着左臂中弹的剧痛,继续向着敌人的最后一个大地堡爬去。连长和指导员一面指挥着机枪掩护,一面盯着山坡上的行动。当黄继光马上就要爬到时,敌人的探照灯又照过来了,接着数不清的子弹飞了过来,他只能利用探照灯不停转移的时间差匍匐前行。敌人的火力太强了,很快就击中了黄继光的左腿。无奈之下,他将手中的最后一颗反坦克手榴弹扔了过去,敌人的最后一个地堡一下子塌了半边。趁着敌人没反应过来,黄继光不停地爬、不停地挪,每挪动一下都特别艰难。30米、20米、10米……他已经顾不上躲避敌人的炮火,眼看离敌人的地堡越来越近,他猛地把手雷砸了出去,"轰隆"一声巨响,敌人的中心火力点被浓烟吞没,机枪哑巴了。

"冲啊!"正当连长、指导员高呼着准备向大地堡冲去时,敌堡中又有两挺机枪从其他枪眼中开始了连续击发。原来,手雷只炸掉了地堡的一个角,敌人的机枪很快就转换到了别的方向继续扫射。黄继光只能咬着牙,不顾一切地向机枪方向爬,终于爬到了地堡前,他扶着沙袋艰难地支起了身子。参谋长看到,黄继光回头向他们说了句什么,像是一句特别悲壮的口号,说完就回头了。连长马上明白了黄继光的想法,他大声说道:"不好,黄继光是要去堵枪眼了。"话音还未落,就看到黄继光在机枪口附近摇摇晃晃地站了起来,张开双臂,向着喷射了无数火舌的射孔扑了过去,双手紧紧抓着地堡两侧的麻袋。

敌人的火力停了,他们的机枪射孔被这位年轻战士的胸膛堵住了,阵地瞬时陷入了短暂的沉寂之中。参谋长等见机一边端着机枪扫射,一边疯狂地向地堡冲去。就在此时,反击部队的冲锋号也吹响了,肩负攻击任务的8连战友踏着烈士们开辟的血路,冲向了固守0号阵地的敌人。到当晚21时,部队全歼597.9高地上美军5个连的兵力,夺回了高地上全部表面阵地。

战斗结束后,参谋长、6连连长、指导员被眼前的场景惊呆了。黄继光仍趴在地堡上,双手紧紧抓着两侧的沙袋。他全身7

处负伤，胸膛已经被敌人的火药烧黑，脊背也被子弹打断了，出现了一个很大的血洞，此时的黄继光就像一只准备展翅高翔的大鹏。他爬过的路上留下了一道深长的血迹，这位伟大的战士为保卫祖国流尽了他最后一滴鲜血。这一幕，永远地留在了现场将士们的脑海中。几位指挥员痛哭着，合力将伤痕累累的烈士抱了下来。冲上阵地的8连官兵们，围在烈士遗体旁，摘下军帽，含泪默哀致意。

连长通过步话机向师部报告了已占领0号阵地的胜利消息，随后用激昂而沉痛的声音说道："黄继光同志为了胜利，用自己的身体堵住了敌人的枪口，打开了冲锋的道路！"

"殉国烈士、中国人民志愿军特级英雄黄继光同志永垂不朽！"

战役结束后，1952年10月20日，黄继光的名字出现在了45师编印的特号捷报上，传遍了上甘岭阵地大大小小的坑道。当时正在前线采访的新华社记者石峰，从五圣山向新华社电讯报道了黄继光的英雄事迹。45师记者刘云魁以《五圣山上的普通一兵》为题，在10月29日军政治部出版的《战场报》上详细报道了黄继光英勇牺牲的经过。随后，全国其他报刊也相继进行了报道。

黄继光，这个有着强烈时代意义的英雄名字，像春风一样吹遍了祖国大地，在亿万同胞心中激荡。他的不朽事迹如同一座永恒的丰碑，与山河共存，同日月争辉。历时43天的上甘岭战役，也就是美军所说的"金化攻势"，从10月14日开始，至11月25日结束。此次战役,敌人付出了伤亡25 500多人的惨痛代价,其中美军5 200余人;损失飞机270多架、坦克14辆、大口径大炮61门,以及100个连队的武器装备。如此惨痛的代价之下,也仅仅占领了我前沿两个班的阵地,可以说这是以我军的辉煌胜利和敌人的惨败而宣告结束的。

1953年1月,中国人民志愿军政治部在五圣山和西方山等处树碑,纪念黄继光烈士。在上甘岭北侧,根据金日成主席的亲自指示,建起了用大理石雕刻的"殉国烈士、中国人民志愿军特级英雄黄继光同志永垂不朽!"纪念碑。纪念碑旁边保留着黄继光烈士用胸膛堵过的地堡的枪眼,周围满是盛开的金达莱花,寄托着朝鲜人民对上甘岭烈士的哀思。

中国人民志愿军司令部、政治部签发《黄继光烈士牺牲证明书》。毛主席亲自签发了《革命牺牲军人家属光荣纪念证》,对黄继光烈士作出了崇高评价。1953年3月30日,中国人民志愿军某部党委追认黄继光同志为中国共产党党员,并授予其"模范团员"称号。4月8日,中国人民志愿军领导机关决定追记黄继光同志特等功,并授予"特级英雄"称号。6月25日,朝鲜民主主义人民共和国最高人民会议常任委员会授予黄继光同志"朝鲜民主主义人民共和国英雄"光荣称号,同时授予他金星奖章和一级国旗勋章。

经过三年的浴血奋战,抗美援朝取得了辉煌的战果:共毙伤敌军1 093 839人,其中美军397 543人,击落击伤和缴获敌机12 224架,击毁、击伤和缴获敌坦克36 064辆,击毁敌装甲车13 102辆,击沉敌舰257艘,缴获枪炮116 892支(门)。经过两年的和平谈判,1953年7月27日上午10时,朝中方面首席代表南日大将与美方首席代表哈利逊中将在朝鲜板门店签订停战协定。这标志着朝中人民反侵略战争的伟大胜利,标志着美帝国主义侵略计划的彻底失败,亦标志着中国人民志愿军胜利完成了祖国人民交给的"抗美援朝,保家卫国"的神圣使命。这也再次证明了一个真理:侵略者必败,反侵略者必胜;弱国能够打败强国,小国能够打败大国;依靠人民的团结和战斗,必能战胜帝国主义及其一切走狗!

为了缅怀在抗美援朝战争中英勇牺牲的志愿军将士,中央军委决定在沈阳市修建一座抗美援朝志愿军烈士陵园,特级英雄黄继光烈士之墓被列在第一排。四川省中江县人民政府拨款将黄继光烈士的故居整修一新,并于1962年建造了黄继光纪念馆,1987年又修建一座新的黄继光纪念馆。当地还相继建造了以英雄名字命名的继光水库、继光小学、继光桥等。

1990年10月,在纪念中国人民志愿军入朝参战四十周年之际,朝鲜政府将江元道高城郡一所中学命名为黄继光高等中学。学校专门设有黄继光事迹陈列室,陈列着黄继光烈士生前的誓言、描写他牺牲时壮烈场面的油画,以及中江县赠送的纪念品等。

在中江县人民举行的追悼大会上,烈士黄继光的母亲邓芳芝同志发言,她感谢了党和政府、全国人民对她的关怀和慰问,也感谢了党和部队对黄继光的培养和教育。深明大义的她,化悲痛为力量,积极投身到了社会主义革命和建设事业中,深得人民群众的尊敬爱戴,被大家亲切地称作"黄妈妈"。黄妈妈还曾先后出席全国妇女代表大会、全国烈军属残废复员退伍转业军人社会主义积极分子大会和全国人民代表大会,受到毛泽东、刘少奇、朱德、宋庆龄、邓颖超等领导人的亲切接见,成为当时家喻户晓的人物。

遗憾的是,黄继光生前没有留下任何照片。当时志愿军总部要召开表彰大会宣传他的事迹，却找不到任何照片，只能把军、师、团里的宣传干事找来画像，好不容易画了一幅，战友们却觉得不像。志愿军回国后，北京的画家广泛征集了黄继光的母亲、家乡朋友和战友们的意见，最终完成了一幅高度相似、细节完整的珍贵头像画。此后，这张画像便频频出现在全国各地的报纸上。

1962年，为了纪念黄继光牺牲十周年，黄继光生前所在部队开始筹建黄继光纪念馆，特邀武汉工艺美术馆雕塑专家为他塑造铜像。专家们正是依据那幅宝贵的头像画，打造了三尊一模一样的黄继光半身铜像。一尊被黄继光生前所在部队收藏，一尊赠送给了中国人民革命军事博物馆，一尊赠送给了四川省中江县黄继光纪念馆。

直到现在，黄继光生前所在连队新兵下连的第一课还是参观黄继光荣誉室，在黄继光铜像前宣誓。每当执行重大任务时，部队也都要在英模雕像前宣誓，在"黄继光部队"的红色战旗上签名表达决心，永远像黄继光那样——英勇战斗、奋不顾身！

曾经有人问黄继光所在连队的连长万福来："黄继光的英雄壮举源于什么？"万福来说："**人的生命是宝贵的，但当他把祖国的荣誉、人民的利益看得高于一切的时候，这宝贵的生命就让位了。黄继光以及无数革命先烈，都是把祖国的荣誉和人民的利益看得重于一切的人。他们虽死犹荣，永远活在我们的心中。"黄继光的奋不顾身，正是基于对祖国、对人民的深情厚爱，对敌人、对牺牲的无畏无惧。**这种精神，铸就了历史的辉煌，也必将铸就辉煌的未来。站在新时代，更要把爱国作为本分职责、把奋斗作为人生底色，让英雄的壮举坚定我们前进的步伐，用英雄的精神激励我们奋斗的意志，做新时代的英雄，是对英雄最好的告慰。

邱少云（1926—1952） 中国人民志愿军著名战斗英雄。四川铜梁县（今划归重庆市）人。中国人民志愿军第15军29师87团3营9连战士。1949年参加中国人民解放军。1951年参加中国人民志愿军。次年10月11日，部队奉命攻占391高地敌军前哨阵地，邱少云所在排潜伏在距前沿60多米的蒿草丛中。12日12时敌军发射侦查燃烧弹，恰巧落在邱少云潜伏点附近草丛，烈火蔓延到他身边，燃着了棉衣、头发和皮肉。为不暴露潜伏部队，他双手插进泥土中，强忍剧痛，始终未动，直至壮烈牺牲。所在部队追认他为中国共产党党员，追授"模范青年团员"称号。中国人民志愿军给他追记特等功，追授"一级英雄"称号。朝鲜民主主义人民共和国追授他英雄称号和金星奖章、一级国旗勋章。

邱少云
纪律重于生命

铁的纪律,是生成强大战斗力的重要保证。纪律严明,是人民军队成长发展过程中始终如一的鲜明特征。在我军历史上,严守纪律的英雄故事举不胜举。其中有这么一位英模人物,为了严守战场潜伏纪律,他在烈火焚烧中视死如归,用坚不可摧的钢铁意志经受住了极限的挑战,用纹丝不动的潜伏姿态确保了战斗的最终胜利,从而树立起屹立不倒的精神丰碑。这位英模人物就是——邱少云。

在人民军队中获得新生

1926年冬至夜,伴随着一声啼哭,四川省铜梁县关溅乡玉屏村(现为少云村)一个贫苦农民家庭诞生了一个男孩,这个男孩就是邱少云。据铜梁县志记载,曾经的玉屏村原是一片贫瘠的荒野。后来,几家邱姓百姓逃荒至此,他们开山垦荒搭建草棚,慢慢这里就成了村落,人们给它起了个文雅的名字——玉屏村。根据邱家后人流传的说法，村子出现后没几年，县城的富户李玉高看上了这块刚刚开垦出来的田野。经过一番巧取豪夺，玉屏村变成了李玉高的私产，曾经艰难垦荒的邱姓百姓变成了租种李玉高土地的佃农。

邱少云的父亲邱炳荣，是位勤劳的篾匠，也是个不服输的汉子。当时，面对穷困交加的光景，玉屏村很多百姓都把希望寄托在神灵身上，几乎家家都供奉着各式神仙，唯有邱炳荣家例外。由于手艺好，邱炳荣编出来的背篼、箩筐很受欢迎，每次在集市上销售时都很快被抢购一空。

然而，任凭邱炳荣有一双勤劳的双手，仍是无法让家庭过上丰衣足食的日子。邱炳荣一家六口人，常年挤在一间旧屋里，他们辛辛苦苦地一年忙下来，仍旧欠着李玉高一屁股债。无奈之下，邱炳荣离开家去安溪河拉纤，希望能以此多挣点辛苦钱。哪知穷人命短，这个硬铮铮的汉子最后却死于非命，时年43岁，连尸首都没留下。

父亲的去世，让这个本就在贫困中煎熬的家庭几乎陷入绝境。邱少云13岁那年，母亲也永远离开了他，小小的他不得不为了生计而踏入社会。在穷人命贱的旧社会，邱少云无论走到哪里，从事什么工作，都摆脱不了被奴役、被凌辱的命运。黑暗的社会现实，坎坷的人生境遇，让邱少云很快成熟起来，他骨子里对不平等命运的抗争意识不断地在滋长。

后来，为生计而奔波的邱少云来到镇上的傅家面馆做工，因为实在无法忍受老板的刻薄欺压，邱少云愤而离开。不久，对邱少云怀恨在心的面馆老板趁着军阀抽壮丁的机会串通伪保长报复他。一天夜里，正在睡梦中的邱少云被几个抽壮丁的人用绳子捆走。后来，邱少云随壮丁营编入川军，成为随军伙夫。川军是军阀武装，官兵之间毫无关心可言，邱少云在川军里一直被欺侮，每天都有干不完的活儿。一天晚上，邱少云伺候连长时打了个盹，被连长一鞭子抽倒，继而被吊起来殴打，最后在院子里罚站了一夜。后来，实在无法忍受折磨的邱少云伙同几名同乡酝酿逃走，但由于不熟悉地形，又被抓了回来。为防止邱少云逃跑，凶狠的连长下令在邱少云背上刻了一个大大的"川"字，然后对其进行了连续几天的吊打。

1949年11月初，根据中央军委命令，人民解放军第二野战军主力发起了解放大西南的战役，经过连续作战，于当月下旬基本解放了四川大部分地区。在解放军发动军事进攻的同时，为瓦解震慑敌人，我军对国民党军政人员发出公告，促其停止抵抗、弃暗投明。12月11日夜，刘文辉、邓锡侯、潘文华通电起义，邱少云也是起义部队中的一员。这些国民党军起义人员中愿意留下的，先后被编入人民解放军。

人民解放军第10军29师87团9连接到了补充解放战士的通知，连长朱斌奉命领回了一些补充兵员。听说连长去领兵，9连各班班长们都寻思着挑一些满意的兵员补充进自己班里。等朱连长带着新兵刚回连队，几个班长就凑拢过来，他们凭着自己的带兵经验，一会儿就把新来的兵员瓜分殆尽。

令人不解的是，最后剩下一个新兵却无人问津，孤零零站在那里尴尬无比，他就是邱少云。前些天，当他跟随川军起义后，深受解放军光辉形象感染的他一直渴望着能成为一名真正的战士，这下可好，自己倒成了人人避之唯恐不及的角色，他恨不得找个地缝钻进去，自尊心一向很强的邱少云尴尬至极。而此刻，那几个选完兵的班长们都在回避着连长的眼光，他们生怕连长把这个兵硬塞给他们。这时，只听见连长冲着3班长大喊："邱少云归你们了。"

精通爆破的3班长看着邱少云，一脸的不情愿，他笑着把邱少云甩给了炊事班班长，哪知炊事班班长也找理由推脱。

邱少云站在那里，强烈的自尊心让他心中顿时冒出一团怒火，他倔强地扭头就要离开，连长见状赶紧叫住了他。大家不由得仔细打量着这个瘦瘦的青年，他看似很孱弱，但骨子里却有股当兵的硬气。眼前这些老兵都是枪林弹雨走过来的，他们对邱少云刚才展示出来的硬气有点意外，很快就对他有了新的认识。最后，3班长大步走到邱少云跟前，把他带回了自己的爆破班。从此，邱少云完成了身份的巨大转变，正式从一个被抽壮丁的苦命娃变成了真正的解放军战士。

剿匪作战中崭露头角

新中国成立后，不甘失败的蒋介石集团在大陆留下了大量残余武装，并积极收编各地土匪武装，意图以这种袭扰破坏活动颠覆新生的人民政权。川东南地区，近代以来就是土匪活动猖獗的地区，袍哥组织在这一带活动多年，人民群众备尝匪祸之苦。1950年前后，川东南地区遗留下来的原国民党川军武装和当地土匪武装沆瀣一气，趁人民政权立足未稳之际大肆活动。他们武装袭击各地人民政府，残害政府工作人员，抢夺人民群众财产。

此时，邱少云所在的9连正在川东南驻扎，负责维护当地安全。这年农历三月初，川东南地区最大的土匪武装在刘云熙的指挥下开始频频进行破坏活动。对于在此处驻扎的解放军部队，他们毫不放在眼里，连续多次在9连附近张贴标语传单，经常抢劫杀害我方人员。

为彻底消除匪患,确保广大人民群众的生命财产安全,1950年6月,87团奉命前往匪患严重的资阳县(现资阳市)参加剿匪斗争,邱少云所在的9连驻扎在红粮乡,当地有一伙悍匪,气焰十分嚣张。尤其令人愤慨的是,他们竟然把悬赏捉拿解放军的传单贴到了9连驻地的门上,明目张胆地挑衅我人民军队。

一天,邱少云起床后去沱江河边取水,发现往日里和自己熟络的老乡们见到自己时表情很不自然,稍微点点头就匆忙赶路,再不像以前那样热情地拉家常了。这一反常的现象引起了邱少云的深思,随后他看到一些人围在墙边看告示,他走过去一看,气得肺都要炸了。原来,这是一张土匪公然张贴的告示,里面充满了对解放军的蔑视挑衅,并对群众进行赤裸裸的恐吓,难怪老乡们看到后提心吊胆不敢和自己多接触了。又是刘云熙匪帮,这帮人太嚣张了,他们习惯了旧社会鱼肉乡里的恶习,现在还幻想在新中国继续作恶,简直无法无天。邱少云心里暗自憋着一口气,发誓一定要把这帮匪徒彻底剿灭。

一次,29师师长乘车途经此地去成都开会,遭到这帮匪徒的袭击,他们有恃无恐地大喊要砍了解放军师长的脑袋。危急时刻,驻扎在附近的解放军增援部队及时赶到,师首长才顺利得以脱身。面对匪帮的嚣张气焰,如果不能迅速剿匪,势必影响解放军和新政权在人民群众中的威信。在这种背景下,在一线担负剿匪任务的9连迅速行动起来。

长期以来,在国民党反动派的统治下,人民群众对兵匪勾结的现象已经习以为常,对于土匪武装,人们是又痛恨又害怕,不敢主动站出来与他们斗争。9连来到资阳后,遇到的第一个困难就是如何帮助群众建立消灭匪患的信心。他们通过走街串巷的宣传动员,把政府和解放军消灭匪患的决心意志传达给民众,启发群众自觉加入剿匪斗争的觉悟。慢慢地,人民群众逐渐克服了对土匪武装的恐惧心理,开始从各个方面配合解放军的剿匪作战。邱少云是穷苦人出身,骨子里对土匪的罪恶行径极其痛恨,因此在剿匪斗争中他也格外积极。

一次,邱少云听说红粮乡的郑二娃家是赤贫户,郑二娃也是个不甘受坏人欺侮的硬汉子,他就主动和郑二娃套近乎,试图从他身上发现些剿匪线索。在新中国成立前后的一段时期,土匪活动十分猖獗,当地老百姓在土匪威胁下都不得已为他们做过事。对此,一心想尽快找到匪情线索的邱少云并不知晓,当他直截了当地向郑二娃询问当地有谁家没和土匪沾过边时,一下子戳到了郑二娃心里的苦楚,他愤怒地和邱少云斗起嘴来,幸亏班长看到后及时制止。事后,邱少云受到连里批评,了解情况后的他很后悔自己的冒失,主动向二娃道歉,两人后来成了好朋友。

一天,邱少云和战友们正在田里帮老乡干农活,郑二娃气喘吁吁地跑过来找邱少云,偷偷地告诉了他一个重要的匪情。原来,郑二娃早晨去回龙场赶集,路上碰见一伙很可疑的家伙,他们看起来不像是赶集的庄稼人,很有可能是土匪,在山里待不住了,下山来抢东西的。这个情况十分重要,如果这些人真是土匪,群众又要遭殃了。

想到这里,邱少云赶紧拉着二娃去找班长,班长一听马上下令全班集合。这时,邱少云赶紧拉住班长说:"班长,我建议咱们化装成庄稼人去回龙场,不然还没赶到就暴露了。"班长听了觉得很有道理,马上让战士们去化装,大伙儿摇身一变,一个个俨然当地的庄稼汉。大家把武器藏好,有的挑担,有的端簸箕,有的人头上还带着白毛巾。这样一来,大家的行动就可以最大限度地做到隐蔽化。

一通急行军,战士们很快到达了回龙场,赶上有集市,热闹非凡,各路贩来的货物错落有致地摆在各自的货架上,旁边的商店里人头攒动。越是人多的地方越不好动手,因为担心会伤及群众。所以,班长让大家先在横街两头警惕待命,自己带着邱少云等几名战士进去摸情况。邱少云跟随班长等人一起涌入人流,慢慢挤到横街上的茶楼前,他们假装做买卖的样子在楼下转来转去,还不时与商贩们吆喝着询问价格。过了一会儿,茶楼前传来喧嚣声,一伙人从楼上咋咋呼呼地走下来,看样子就是二娃提到的那些人。邱少云向战友李士虎使了个眼色,两人便分头盯上了一个身穿开衫的人。这人出了酒楼后,就拐进了一条小巷子,邱少云在后面不紧不慢地跟着,李士虎等候在巷子口。

拐进巷子后不久,身穿开衫的人意识到有人跟在后面,便加快了步伐,邱少云也快步跟了上去。眼看两人越来越接近,甚至触手可及了,邱少云冷静了下来。他明白,这些惯匪警惕性都很高,而且都随身携带武器,如果操之过急就可能让他逃之夭夭。于是,邱少云快速解开了衣扣,装作是小混混的样子,拍拍那人的肩膀,神秘兮兮地告诉他前面有解放军在搜查行人。穿开衫的土匪一听,立即神色紧张起来,他一脸疑惑地盯着邱少云,一时间不能确定是不是一伙的。看着他这么犹豫,邱少云亲切地一把抓住那人的手,用紧张的语气告诉他赶紧跑,再不走就来不及了。看到邱少云这般慌张的样子,穿开衫的土匪也顾不上核实邱少云的身份了,他在邱少云带领下迅速朝前跑。不一会儿,他们跑到了横街东头一家店铺前,邱少云知道,自己的战友们正在里面待命。他低声告诉穿开衫的土匪,里面都是自己人,赶紧过去躲躲。这时候,这个家伙有点迟疑了,邱少云见状赶紧把他往店里一推。随后,邱少云顺手把店门给关死。战士们一拥而上把土匪按在地上。经过审讯,这家伙是刘云熙匪帮的一个小头目,在我军耐心细致的教育启发下,他逐渐从迷梦中清醒过来,表示愿意配合解放军的剿匪行动。

这次行动,总算有了收获,但邱少云却并不想就此收兵。他看天色尚早,估计其他土匪还在回龙场游逛,便向班长提出,能否让他带着抓获的土匪再去趟场上,看能否有其他收获。班长猜到了邱少云的用意,他安排一个大个子战士和邱少云一起押着那个土匪向场上一家茶楼走去,自己则带着其他人在茶楼下接应。

上了茶楼后,邱少云要了一壶茶,给土匪也倒上一杯让他喝,并且告诉他要老老实实把认识的土匪给指认出来,如果敢耍花样的话就对他不客气,胆战心惊的土匪连连答应。这样,一会儿工夫,他就在人群中指认出5名同伙。天色渐晚,3班战士们收队返回,大家对这次小小的胜利兴奋不已,更盼着能够尽快将这个祸害人民的匪帮一举消灭干净。

正当大家满怀信心准备对资阳境内的土匪武装来个彻底清理时,一个调动9连返回内江的急电把大家弄得云里雾里的。听到这个立即出发的命令,大家伙儿心里直嘀咕,这几天大家都已做好了充分的准备工作,就等上级命令向刘云熙匪帮发动最后一战,这个节骨眼上突然通知部队要中止作战进程。邱少云和战友们一样,简直有点不相信自己的耳朵,他抑制不住心中的困惑,整理个人物品的时候心事重重。

部队出发后,大家都不怎么吭声,连长怎么动员大家似乎也没啥效果。邱少云低着头跟着大家步伐机械地往前迈,连长凑过来帮他背枪,逗他说话,他都无动于衷。就这样,部队急行军到了内江。很快,谜底揭晓了,有一部分国民党军起义部队不久前突然叛变,正在向罗贯山方向逃窜,对沿途人民安全造成了重大威胁,必须迅速对其进行围歼。

为消灭罗贯山地区的叛乱武装,9连与兄弟部队一起制订了严密的作战计划。在整个作战期间,邱少云表现十分勇敢。搜捕敌人时,邱少云参加了侦察队,并始终战斗在最前线。为寻找敌人的藏身之处,邱少云经过与当地群众交流,摸清楚了敌人的巢穴——云霞洞。随后,几十名侦察队勇闯虎穴,硬是靠着过硬的胆识和本领一举擒获敌人首领,并在我军大部队的配合下将敌人彻底歼灭。然而,令人意想不到的是,当我军打扫战场时却发现被生擒的匪首不见了。经了解得知,我军队伍里有敌人的暗线,匪首是被人偷偷放走的。得知情况的邱少云怒不可遏,他决心设法把这个可恶的家伙揪出来。

经过细致观察,邱少云发现有个外号"麻脸"的班长十分可疑,他立即向侦察队长报告了情况,并暗中对其进行监视。不久,"麻脸"终于露出了狐狸尾巴,他试图趁雨夜遁逃,在暗处观察的邱少云为战友留下记号后对其进行了盯梢,终于在山脚下一个村子里发现了漏网匪首的落脚处。随后,侦察队展开了对敌人的围歼行动。最后,在一个隐蔽的山洞口,趁着匪首探出头来观望的当口,邱少云冷不丁一个箭步冲上去,迅速将其制服。

罗贯山战斗结束后,9连迅速回防资阳,继续执行剿灭刘云熙匪帮的任务。经过周密侦察,剿匪部队确认了敌人正在望山寺一带活动,9连所在的87团决定对敌人展开围歼战。一天清晨,剿匪部队迂回出现在敌人活动的村子周围。刚一进村,就遭遇了匪帮的哨兵,激烈的枪声随之响起。冲锋在前的邱少云不断将携带的手榴弹精准地"喂"给敌人。经过一番激烈的战斗,敌人被彻底歼灭,匪首刘云熙被活捉,剿匪斗争胜利结束。

活跃在朝鲜战场前线的志愿军战士

紧张的剿匪作战结束后,国内形势日益稳定,部队转入正常的驻防状态,邱少云和战士们除了认真搞好军事训练外,还在连队统一组织下积极支援驻地的生产建设。

1950年夏季,沱江两岸迎来了夏粮大丰收,战士们也主动帮助群众收割庄稼。一天,连长朱斌叫住了邱少云,告诉他连队想让他回趟家看看,望着连长充满关心的眼睛,邱少云内心十分感动,他表示等帮群众收割完庄稼再说回家的事。在接下来的几天里,训练之余,邱少云和战友们把心思都放在收割庄稼上,看着一派热火朝天的丰收景象,邱少云心里激动不已,这不就是大家一直盼望的好日子吗?能够看到这一切,本身就是一种幸福。

然而,树欲静而风不止。正当全国人民迎来幸福日子的美好时刻,一贯横行霸道的美帝国主义者却在中国家门口挑起了战火,新中国的安全和人民群众的幸福日子面临严重威胁。朝鲜内战爆发后,在金日成领导的朝鲜人民军的猛烈打击下,美国扶持的李承晚傀儡政权面临灭顶之灾。不甘失败的美帝国主义决定铤而走险。1950年6月30日,美国总统杜鲁门下令美军介入朝鲜内战。7月7日,美国操纵联合国安理会通过非法决议,纠集一些国家成立所谓的"联合国军",为自己的野蛮侵略披上了"合法"外衣。项庄舞剑,意在沛公。对于美帝国主义的伎俩,中国共产党和中国政府看得很清楚,如果对美国的侵略行径听之任之,最终会危及中国国家安全。经过慎重决策,10月8日,毛主席代表党和政府发布命令:将东北边防军改组为中国人民志愿军,以彭德怀为司令员兼政治委员,择机赴朝,共同抗击美国侵略者。

10月19日,中国人民志愿军雄赳赳气昂昂跨过鸭绿江,正式揭开了抗美援朝战争的伟大序幕。

一天,邱少云了解到党中央已经作出抗美援朝的决定,并组建了志愿军,原本要回家看看的他放弃了回家的机会。随着朝鲜战场形势的不断发展,全军开展了广泛的抗美援朝签名运动,无数的解放军战士纷纷申请加入志愿军入朝作战。不久,邱少云所在的87团也举行了热烈的签名运动,早就下定决心的邱少云马上在连队的集体请战书上签了名,并连夜向连队领导递交了一份请战书。邱少云和战友们的志愿申请被批准了,9连随师、团被编入15军序列,正式转为中国人民志愿军序列。

不久,邱少云跟随部队从驻地出发,开始向前线转进。出发的当日,当地群众自发为战士们送行,人们拿出刚刚收获的甘蔗送给即将奔赴前线的子弟兵,战士们被群众的热情感动了。此刻,邱少云心潮澎湃,他清楚,这次作战是在陌生的国度进行,不知道战争什么时候会结束,不知道什么时候才能回到家乡看看。但如果不消灭侵略者,又如何能让人民享受真正的和平生活呢!

部队达到华北某地后,随即转入紧张的战前训练。很快,出国作战的日子到来了。1951年3月28日晚,东北地区依然被严寒笼罩着。经过长途机动的87团随29师前指,趁着夜色跨过鸭绿江。鸭绿江,这条中朝两国的界河,并不算宽的江面两岸,一边是和平,一边是战火。在踏上朝鲜土地的那一刻,置身这片被战火蹂躏的土地,邱少云和战友们一样,无不感慨战争的残酷、和平的珍贵。

当时,由于美军装备精良,拥有绝对制空权,经常出动飞机搞侦察轰炸,志愿军尽量避免在白天行军。因此,邱少云跟随部队行动时,大都趁着夜色实施机动。即便如此,心里不踏实的美军飞机还要在夜间对一些重要交通要道和目标实施例行性轰炸。根据志愿军总部的命令,邱少云所在的部队要连夜赶往平川里。一路上,战士们看到的是敌人轰炸后留下的残垣断壁。行军途中,还时不时遭到敌机的袭扰。远处的枪炮声断断续续,仿佛时刻在提醒大家,这里是危险无处不在的战场。

部队到达中线一带后,战争的气氛陡然增强。轰隆隆的炮声震得大地都在发抖,空气中弥漫着浓重的硝烟味。终于有机会和美帝国主义的军队正面较量了,战士们个个摩拳擦掌,战斗热情十分高涨。这段时间以来,邱少云时常回忆行军途中看到的一幕幕悲惨景象,心里充满了对美帝国主义的仇恨,恨不得马上把满腔怒火发泄在敌人头上。

一天,连长召集全连集合,向大家宣布了一个重要消息,敌人被我军神出鬼没的迂回穿插行动吓破了胆,企图收缩部队回撤,避免被我分割包围,师、团首长刚下达命令,要求9连迅速强攻罗家山,粉碎敌人的撤退计划。听到这个消息,大伙儿群情振奋,邱少云不由得攥紧了拳头。紧接着,连长开始点名,他一口气点了10名战士的名字,邱少云也在其中,他心中正猜测是不是被选入突击队了。"刚才点到名字的同志,到公路右侧集合,其他人由各班带开进行战斗准备。"连长的话音一落,各班带回的口号声此起彼伏。邱少云和其他几名战士站在集合地点,焦急地等待着连长布置任务。看着大家焦急的样子,连长平静地告诉大家,团首长决定从各连抽调一些同志组成集训队,边学军事技术边执行战斗保障任务,以备将来更好地对付敌人。听到这里,邱少云心里一下子慌了,自己是准备上前线和敌人真刀真枪拼命的,怎么现在倒成了后方人员了?他心里有些不解,但想到这是命令,必须服从,就把到嘴边的疑问又咽了下去。

到集训队后,邱少云等人的任务主要是向前方输送弹药,这可不是一件轻松的差事,但却是一件攸关战斗胜败的重要工作。为保证前线有足够的弹药,邱少云和战友们组成的运输队冒着敌人的炮火一趟趟地往阵地上背送弹药。一次,一箱弹药滑落到河水中,邱少云二话没说就跳入了刺骨的河水中,摸索了半天才把弹药箱从水中捞起,冻得直发抖。为尽量给前线的战友们多运送弹药过去,邱少云每次都给自己加码负重,后来身体渐渐吃不消,走起路来都不稳了,运输队的同志们让他先休息,但邱少云咬牙也要坚持到底。终于,在志愿军将士们奋勇进攻下,罗家山被胜利攻克,邱少云也从集训队回到了9连。回到连队后,一个不幸的消息让邱少云痛不欲生,他十分敬重的老连长朱斌在这次战斗中牺牲了。由于前段时间高强度的运输工作,加上老连长牺牲带给他的过度悲痛,邱少云病倒了。

经过一段时间的休养,邱少云重新走上战斗岗位,他在连队见到了新连长程子英和熟悉的指导员。随后,指导员告诉邱少云,鉴于他的战斗表现,连队决定让他担任3班第二战斗小组的小组长。听到指导员这么一说,邱少云连忙推辞,但指导员坚定的眼神不容他再说下去,想到连队对自己这么信任,邱少云决心一定好好干,决不让大家失望。

罗家山战斗后,战事暂时缓和下来,其实那是敌人在为进攻做准备。为做好抗击敌人反扑的准备,志愿军部队转入了大规模坑道作业。在邱少云带领下,他的战斗小组也开始加紧构筑坑道。邱少云是个工作热情高、责任心很强的战斗骨干,他在进行坑道作业时常常加班加点,从不畏难叫苦。坑道作业接近尾声时,超负荷的体力消耗,加上长期的新鲜食物匮乏,很多战士们得了夜盲症,这令大家焦急万分。如果这种情况得不到扭转,我军夜战传统优势就会丧失,后果将是灾难性的。对上述紧急情况,邱少云看在眼里,急在心里,他向卫生员咨询后,尝试用喝松枝水来缓解症状,经大家试用,果然有效。

投身紧张的战前准备

战事持续到1952年秋,敌我双方的攻防作战相对缓和下来,停战谈判也因为美军顽固态度而搁置。然而,随着下半年美国第34届总统竞选和联合国第七次大会的即将开始,美军开始蠢蠢欲动,妄图通过军事行动捞取更多谈判资本,敌人发动秋季攻势的可能性不断增大。为预防敌人可能发动的突然进攻,中朝联合司令部要求各部队做好防敌进攻的各项准备工作。

9月18日,准备工作就绪后,志愿军开始在全线发起战术反击作战。经过十几天的作战,我军攻克了敌人部分阵地,歼敌8 000余人。10月8日到21日,为进一步打击敌人,我军按计划对敌人实施了第二次反击作战。其中,第15军奉命攻击上佳山西北山、381东北无名高地、399.8高地南山、391高地、391南峰、275东无名高地等6个敌人战术支撑点。邱少云所在的第29师87团3营(含9连、8连、7连)和167团主攻391高地。

391高地位于上佳山东厢,距离平康20余公里,与上甘岭主峰相距3公里,全长1 200多米,是这一带的制高点。美军在这里配置了一个加强连固守阵地,并且在前沿构筑了13座地堡、12道铁丝网,在开阔地带埋设了大量地雷。391高地两侧的高地被我军攻占后,这个高地就像一个凸出的楔子插在我方阵地之间,美军经常居高临下侦查我军动向,并频繁对我进行火力袭扰。因此,拔除这个钉子,早已成为我军指战员的普遍想法。

作为主攻部队的一部分,邱少云所在的9连责无旁贷,大家都握紧了拳头随时准备啃下这块硬骨头。对于这次作战行动,部队首长高度重视,用29师师长张显扬的话说,这是一场"面子之战",兄弟部队都完成了攻击任务,15军必须得有更大的战果。所以,战前,师长、团长亲自来到9连阵地坑道里,首长把战士们喊来开"诸葛亮会",请大家一起讨论,摆困难、出主意。军事民主,是我军的优良传统,这也是激发指战员们作战热情的重要方式。邱少云加入人民军队后,对这样的会已经十分熟悉了,每当首长和大家一起讨论时,他都深深感受到一种暖意涌上心头,这既是部队首长对战士的尊重,也是战士享有的崇高权利。

首长的话音刚落,邱少云微微向前倾了下身子:"要问有啥子困难?我先摆一条。要拿下391,最大的障碍是那片开阔地。"邱少云的话还没说完,就有人提议直接冲过去就行,"不行!开阔地有3 000多米。要冲过它,不仅体力难以支持,更严重的是会遭到三面敌人火力的夹击。这两天,山上加紧了防备,架起十几道铁丝网,布了地雷区,设置了明暗火力点,还搞了能四面独立作战的子母堡和上下两层的核心堡。"邱少云边在地图上比画边说,把敌人的火力情况说得很清楚。大家围绕如何通过开阔地带展开了讨论,提出了很多点子,但经过论证都不合适。最后,作战经验丰富的连长提出用"藏起来"的办法缩短攻击距离,这一下子引起了师长的兴趣。

经过一番思考,师长把自己的考虑和盘托出:"敌人是惊弓之鸟,害怕失去这个战术支撑点,每日惶惶不安。开阔地上飞起一只鸟他们也要调动机枪、火炮扫射、轰击半天。而要保持进攻的突然性,我们必须在前一夜把几百人的部队一声不响地潜伏在敌人眼皮下,等待第二天黄昏对敌发起攻击。万一攻击失利,还可乘黑夜撤回阵地,减少伤亡。这就是说,部队得在敌人眼皮下待上整整一天一夜。"

师长话音刚落,战士李士虎就咋呼开了:"没问题!咱们趴在草丛中,睡他一天一夜。""不行!"邱少云一把按住了李士虎,"你睡觉又踢腿又咬牙,打起呼噜震天响。"邱少云的话惹得大家一起笑了起来。师长说:"一天一夜不睡觉,熬住熬不住?吃饭怎么办?喝水、咳嗽、解大小便、通信联络,还有伪装、包扎救护、紧急情况的处置……"师长一口气说了不少潜伏遇到的难题,大伙听了,又不禁都皱起了眉头,一些战士开始对潜伏计划表示了怀疑。邱少云一直在细心听着,看着大家开始沉默,他心里一急站起来说道:"'藏'的办法要得。虽说拔'毒牙'是敌人意料之中的事,可用'藏'的办法拔'毒牙'却在敌人意料之外。他们做梦也不会想到我们敢用这一招。只要几百个战士一条心,咬咬牙,啥样困难挺不过去?前天我和排长摸情况时遇到意外,拂晓前没赶回来,硬是在草丛里待了一天。"

邱少云的话引起了首长们的兴趣,纷纷询问他当时是怎么隐藏的,邱少云就把当时如何克服蚊虫叮咬、打瞌睡、咳嗽等困难的情形描述了一遍,大家听了觉得有道理,但又担心大部队去潜伏不好办。邱少云说:"一两个人能成,大部队为啥子不成?拿下391是为了胜利,为了胜利啥子困难克服不了?大家想胜利都想得心焦了。"他的一席话道出了大家的心声,大家意见渐渐统一了。最后,师长起身告诉大家:"好!你们提的办法可以考虑。以后这样的会,还要经常召开。"就这样,一个具有创造性的作战方案慢慢浮出水面。

不久，29师的潜伏计划被上级批准，负责执行潜伏任务的部队开始紧张地临战准备。和9连其他战士一样，邱少云一有空就携带武器钻进坑道附近的小树林里练习各种战术动作，奔跑、匍匐前进、跃进等不一而足。这段时间以来，整个小树林里到处都是战士们龙腾虎跃的身影，为了战斗胜利，大家都拿出了全部热情投入训练中。邱少云的膝盖磨破了，皮肉从裤子破洞中露出来；一向怕蛇的小黄整天把花蛇、毛毛虫放在脖子上练胆……同时，为减少进攻时敌人的火力封锁，大家还想方设法破坏敌人的前沿工事，将整个前沿地带的地形地物牢记在心。由于训练特别投入，大家有时连饭都顾不上吃，一心想着把战术本领练得更高。

很快，9连迎来了上级组织的战前实战演习。为增强演习的针对性，演习场所被选在一个与391高地相仿的山坡上。演习开始时，战士们早已借助各种伪装方式悄悄在山坡上潜伏起来。当日，天气晴朗，能见度很高。首长反复观察9连的潜伏状态，效果非常好，整个山坡一片安静祥和，单凭肉眼根本无法发现任何异常。为了考验大家的定力，首长先后出了几次情况，但整个山坡始终没有任何动静。"好啊，伪装得很巧妙。凭我这老侦察员的眼睛，也看不出一点破绽。潜伏这一关验收通过了，下面看看冲击部分。"师长刚吩咐完，程子英连长就让司号员吹响了冲锋号。

伴随着嘹亮的号声，早已铆足了劲的战士们一把掀掉伪装网，承担爆破任务的3班同志们纷纷手持炸药包、爆破筒、手雷等爆破器材冲向山头。冲在最前面的是李士虎，他用极快的速度用手雷摧毁了一个碉堡。紧接着，邱少云也快速向另一个地堡匍匐过去，仅用6分钟就通过了地堡前的一片空地。接近地堡后，他迅速拉开导火索将炸药包推进地堡，然后一个转身滚向地堡一侧的洼处。

谁知，他一个滚翻没做完，身体却猛一抖动，好在他又快速做了两个滚翻，终于在规定时间内完成所有动作。远处观察攻击情况的连长看在眼里，急在心里，他对邱少云的战术能力很有信心，没想到演习中动作有些拖沓。

虽然师长对演习很满意，但连长还是忍不住批评邱少云："这样的速度，能给全连打开通道吗？非把自己先炸死不可！"听了连长的话，邱少云默默低下了头。这时，卫生员站了出来，"报告连长，邱少云大腿上长了个疖肿，都有拳头大了。"卫生员说完，大家都愣住了，连长从战士堆里挤过去，走到邱少云身边，蹲下身捋起邱少云的裤腿，看到他右腿根部果然肿起了一个拳头大小的疖肿。有点难为情的邱少云对连长说："连长，你说得对，你对我严格要求，正是对我生命的爱护，敌人不会因为我腿上长了疖子就不打我。"听了邱少云的话，连长既内疚又激动，他一把握住邱少云的手，正要说话，却感觉邱少云的手十分粗糙，松开一看，他的手心已经掉了皮。

"你的手怎么了？"连长关切地问。"是扎训练器材磨的，这些日子，他一个午觉也没睡，天天往平康车站跑，锯废钢管，卸瞎火弹，解决了不少训练器材。"李士虎接过连长的问话，战士小黄则说邱少云最近一直在忙着搓麻绳给大家扎裤腿。听了这些话，连长铁青着脸说："我刚才的话有点武断，不过现在看来还是不能撤销，从现在起，你不要参加战术训练了。"听连长这么一说，邱少云急了："离反击391的日子只剩20天了，不练习咋行？"连长根本不听他解释，命令他在坑道里接受卫生员的治疗。

正值战前训练的节骨眼，自己却因为一个疖肿不能参加训练，这让邱少云急得像热锅上的蚂蚁。卫生员过来给他换药，他一把拉住卫生员的手，问卫生员有没有让疖肿快点好的办法，可卫生员告诉他,除了按时换药吃药,没有更好的办法。情急之下,邱少云脱口而出:"那就把这鬼东西给我割掉。"卫生员坚决不同意,可邱少云铁了心要割,他从自己床下摸出一把做针线活的旧剪刀,捋起裤腿就要自己动手割。卫生员吓坏了,只得同意给他做割除的小手术。没有麻药,卫生员一面割疖肿一面掉眼泪,邱少云则咬着牙坚持了下来。做完手术不久,邱少云就开始忍着疼痛偷偷进行各种适应性训练了。

几天后的一个中午,连长去团部汇报工作,返回时发现坑道附近的小树林里有个人影在做战术动作,而且整个过程十分连贯娴熟。马上就要实施作战行动了,连长特意命令战士们要保存体力,尤其是中午要睡午觉,以便执行潜伏任务时不会打瞌睡。正是午睡时间,竟然有人不听招呼还在训练,太不像话了。连长走近一看,是邱少云。

这家伙不是被关进坑道养伤了吗?怎么几天不训练反而战术动作这么娴熟?连长边看边给邱少云计算战术动作完成时间,"6分钟,"连长脱口而出,"完全符合规定要求。"听到连长的喊声,邱少云快步跑到连长面前。"谁批准你参加训练了?你腿上的疖子好了吗?"连长虽然板着脸,但言语中透露出关切。"全好了。"说着,邱少云捋起裤管让连长检查,"肿块是消了,可伤口还需要恢复。你不要参加这次潜伏作战了。"连长拒绝的语气中显然带着犹豫。一心要参战的邱少云堵在连长面前,诚恳地说:"让我参加吧。入朝后,我没打过像样的仗。上次罗家山血战,我进了集训队,说是保留骨干。现在战斗来了,又让我旁观?"想想邱少云这些天的努力,连长拍拍他的肩膀说:"好,我批准你参加这次潜伏作战,但必须严格遵守纪律。"听到连长这句话,邱少云一颗悬着的心终于落地了。

光荣领受潜伏任务

从连长那里得到参加潜伏任务的批准后,邱少云倍感兴奋,早把腿上的疼痛抛到九霄云外。接下来的几天,他加倍训练,进一步提高了执行爆破任务的战术水平。终于,领受任务的日子到了,邱少云和战友们精神抖擞地等待着这个神圣的时刻。

1952年10月11日,上级批准即日实施反击391高地的作战行动。这天上午,9连接到了来自祖国人民馈赠的慰问品,一封封热情洋溢的慰问信,一枚枚象征荣誉的纪念章,一件件饱含情意的日用品……战士们每人手里都发了一份慰问品,看着这些来自祖国大后方送过来的物品,大家心潮澎湃,一种为祖国、为人民血战到底的激情在每个人心中升腾着,"祖国万岁""胜利万岁"的口号在阵地上此起彼伏。

正当大家小心翼翼地整理收藏慰问品之际,连长走进了坑道,对大家喊道:"同志们,我们把抗美援朝纪念章戴在胸前吧,我们戴着它去夺取胜利。"听连长这么一说,大家纷纷把纪念章取出来,庄重地戴在各自胸前。是啊,戴上纪念章,不就可以让祖国人民亲自见证我们夺取391的神圣时刻了吗?邱少云用手轻轻抚摸着胸前的纪念章,他想起了刚参军时朱斌老连长胸前的那枚纪念章,自己终于能像英雄们那样为祖国为人民而战,这是多么令他自豪的一件事啊。

伴随着夕阳的余晖逐渐消失在天际,执行任务的时刻到了。黄昏时,执行潜伏任务的部队整齐地站在山坡上,十几面锦旗迎风飘扬。为了这一刻,大家等了很久,也做了充分的准备。此时,所有的战士们都清楚,这是一次极其危险的任务,他们潜伏的区域就在敌人眼皮底下,一旦暴露,他们将面临敌人三面火力打击,这将会使他们陷入绝境。可以毫不夸张地说,在战争史上,还没有哪支军队敢于在如此凶险的环境下执行潜伏任务,大家都做好了最坏的打算。连长把自己珍爱的钢笔、烟斗等交给了留守的孔班长。战士们也纷纷掏出自己最珍贵的物品,用笔在物品上写下自己的名字籍贯,有的还写好了留言。所有的党团员都把所有的津贴交给了党组织。这一刻每个人都默不作声,但每个人的脸上都充满着坚毅的表情。邱少云的心里也激动万分,一种慷慨赴死的神圣感油然而生。

  部队马上就要出发,师、团首长急匆匆赶了过来,首长们凝望着眼前的勇士们,眼睛里流露出赞许的目光,他们挨个检查战士们的装备携带情况。走到邱少云面前时,师长发现他胳膊下夹着一个大块头炸药包,便走过去和他交谈,邱少云告诉师长,这是他自己扎出来,足足可以摧毁一个子母堡。听了邱少云的话,师长高兴地拍着他的肩膀说:"好啊,好同志,发起总攻时就靠你们给大部队打开通道了。"随后,师长走到部队前面站定,面对着9连的战士们,他用那雄浑自信的嗓音给大家做了简短的战前动员:"我相信,这次潜伏作战你们一定能克服困难,赢得胜利,为你们的连队再添锦旗!"师长的声音在阵地上回响着,大家心里充满了必胜的信念。顺着师长手指的方向,所有人都把目光转向几面在风中飘扬的锦旗,这是9连荣誉的象征,他们都暗自决心用自己的实际行动为它增彩。

  执行潜伏任务,除了要做好伪装隐蔽外,更重要的是严守潜伏纪律,这是决定潜伏任务成败的关键所在。为此,师长在战前动员中严肃强调了这一条,他希望每个同志都要在思想上做好充分准备,不论发生什么情况,都必须确保纹丝不动,一旦遇到极端情况,即便牺牲个人也要保证全体的胜利。师长的话不多,但大家都从他的话中掂量出了纪律的重若千钧,站在队伍里的邱少云更是把严守纪律这几个字牢牢刻在了心上。最后,战士们一个接一个站出来宣誓决心。

轮到邱少云时,他跨出队列斩钉截铁地宣誓:"也对我放心吧!就是子弹打中了我,我也不动。"说完后,他解开棉衣,从贴身的衣袋里取出一张纸条,双手呈递给指导员王思明。指导员接过纸条,打开一看,原来是一封入党申请书。看着这封简短而饱含赤诚的申请书,指导员眼眶湿润了。对于邱少云这个战士,他再熟悉不过了。入伍以来,邱少云始终是个出色的士兵,完成任务很坚决,对党组织始终怀有一颗滚烫的向往之心。今天,即将要奔赴战场的关头,邱少云终于庄严地向党组织提出了申请,请党组织考验他。想起邱少云的种种表现,指导员心里十分感动,他为邱少云积极追求进步而感到高兴,并对他给予了充分的肯定。

夜幕降临,在首长和欢送群众的目送中,潜伏部队向预定目标出发了。他们从敌人阵地前沿直插过去,在经过二十余公里的隐蔽行军后,部队在凌晨1点到达预定潜伏区。执行任务的战士们身披伪装草,悄悄地在敌人阵地前的开阔地带分散隐蔽起来,一切都显得那么平静,几百人的队伍完成隐蔽后,整个隐蔽区看不出任何人为破坏的痕迹,对面高地上的敌人丝毫没有察觉。

在烈火中永生

部队在预定潜伏区展开时,邱少云所在连队就位于391高地东边最前沿处,他们距离敌人工事只有60米。邱少云卧倒的地方距离敌人阵地是如此之近,透过杂草和铁丝网的间隙,他可以清晰看见391高地那黝黑的山体,敌人的流动哨走过,连脚步声都听得很清楚,真可谓近在咫尺。

  10月份的山区天气就是这样,白天可能还热得让人冒汗,一到夜晚就骤然冷下来。邱少云和战友们事前已经做了充分的御寒准备,但到了深夜,夜风一吹,他们冷得身上还是起了鸡皮疙瘩。加之夜露的沾染,所有人的衣服都潮湿起来,不少人瑟瑟发抖起来。在深夜的荒草地上,那些生长在草丛里的小动物们并没有停止活动,地鼠们在四处觅食,它们有时会冷不丁撞到战士们脸上,昆虫似乎嗅到了人类的气息,它们肆虐地叮咬着战士们裸露在外的皮肤,在这个环境里保持潜伏姿态确实异常艰难。

  邱少云最近喉咙不舒服,常常觉得有些干痒,趴在潜伏位置上,为避免咳嗽他拼命用手捂住嘴巴,又顺手扯过一些干草,放在嘴里咀嚼。旁边的战友小黄也被这异常紧张的氛围所感染,嗓子眼阵阵发痒,他摸出了一块止咳糖放进嘴里,努力忍住不发出声音。拂晓前,连长和指导员对全连潜伏情况做了一次排查,感觉整体效果很好,便及时向师指挥部报告了情况。师长知晓情况后暂时舒缓了下紧张的心情,但他仍一刻不停地拿着望远镜观察潜伏区的情况。

  随着时间的推移,天渐渐亮了起来。整个山野上升腾起一层薄雾,将潜伏区笼罩起来。又过了一段时间,一缕阳光从天空中洒到地面上,薄雾在阳光的照射下渐渐消失,整个天地变得清澈,一切都变得清晰起来。391高地上,布满了敌人构筑的地堡和铁丝网,一个个黑洞洞的射击孔犹如死神的嘴巴一样张开着,敌军士兵不断地从射击孔向外张望。此时,高地前的开阔地带上,枯草在微风吹拂下摇曳着,与和平时没有什么两样。如此近的距离,敌人的说话声甚至都能听见,如果草丛中有一点异样,同样很难逃过敌人警惕的眼睛。令敌人万万想不到的是,就在他们的阵地前,几百名志愿军战士正像蛰伏的猎人一样在观察着他们。

临近中午时分,意外的险情出现了。一队敌军钻出地堡,看样子是要搞午间巡逻。敌人一路向我潜伏区走来,大家一下子紧张起来。由于我军潜伏区前沿就在敌人阵地附近,敌人距离我越来越近,50米、40米、30米、20米……突然,一个高个子敌军不小心踩到了我潜伏战士,他低头看到了一双愤怒的眼睛,吓得一个趔趄,慌乱中朝草丛开了几枪后撒腿就跑。其他敌人一看高个子跑了,也如惊弓之鸟一样往自己阵地上跑。敌人发现了潜伏的志愿军部队!一旦他们跑回地堡,我军潜伏计划就会彻底失败,几百名战士甚至根本来不及撤回就会被敌人炮火覆盖了。潜伏区这惊险一幕,早已被我前敌指挥所看得清清楚楚,敌人刚一转身要跑,我军支援火炮就快速瞄准了他们。一瞬间,几十发炮弹呼啸着飞向逃跑的敌人,一阵巨响后,五个企图逃跑的敌人就被送上了西天。真是有惊无险。

轰隆隆的炮声过后,阵地上恢复了平静,但这只是短暂的。很快,敌人开始不安起来,他们似乎从刚才我军的炮击中嗅出了危险的气息。半小时后,敌人开始对我潜伏区域实施火力试探,呼啸的炮弹和子弹一起朝他们阵地前的开阔地带射过来,炮弹爆炸后掀起的泥土、石块裹挟着弹片四处飞舞,潜伏的志愿军战士丝毫不为所动。一阵猛烈的炮击过后,敌人出动了4架飞机在阵地上空盘旋,它们降低飞行高度,肆意俯冲下来朝着开阔地带用机炮和火箭弹进行漫无目标的轰击,一时间把地面搅得天翻地覆。其实,这是敌人对我们的试探,如果我们承受不住这种轰击带来的心理压力,只要有一名战士沉不住气,可能我整个潜伏部队都有被暴露的危险。邱少云和其他战士们一样,心里暗骂着敌人,但都把脸贴在地面上,一动不动。

  过了一会儿,敌人的飞机飞走了,阵地上空暂时平静下来。在刚刚过去的敌人火力侦察中,邱少云的心一直随着枪炮轰鸣而起伏,他从不畏惧死亡,但最怕因为这意外的情况而导致潜伏任务失败。这是他第一次在朝鲜战场参加如此重要的攻坚战,对胜利的渴望太强烈了。敌机飞走后,战士们都长舒了一口气,但轻松的氛围没持续多久,敌人的枪炮声再次响起。原来,惊魂未定的敌人对阵地前方的开阔地带不够放心,他们又开始第二轮炮火侦查。这一次,凶恶的敌人发射了燃烧弹,妄图用最野蛮的方式确保自身安全。

  轰!轰!几声沉闷的爆炸声在潜伏区响起,远在前敌指挥所密切观察情况的师团首长心头一紧,坏了!敌人用的是燃烧弹,潜伏区到处都是蒿草,如果大面积燃烧起来,后果不堪设想。大家都攥紧了拳头,不敢往下想。紧接着,敌人又打出一排燃烧弹,炮弹爆炸后,在开阔地燃起一个个冒着浓烟的火柱。

  在潜伏区担任指挥员的程连长被敌军的凶狠惹怒了,他担心一旦着火点扩散,烧到战士身上,疼痛难忍的战士只要一动,整个潜伏部队就会陷入灭顶之灾。因此,连长向营指挥所发出请求,希望不要等到傍晚,白天就对敌人发动攻击。营长听到程连长愤怒的声音,连忙让他保持冷静。就这样,各级指挥员都目不转睛地盯着潜伏区,心里都捏了一把汗。

  轰!又一声沉闷的爆炸后,一颗燃烧弹落在距离邱少云2米远的草地上,燃起一团火光,燃烧弹爆炸后飞溅的燃烧液掉落在邱少云的左腿上,引燃了他脚上的蒿草。猛然间,邱少云感受到一阵刺痛,他意识到,自己的脚上着火了。由于天气晴朗,火势蔓延很快。因烧灼而引发的剧烈疼痛几乎让他痉挛,但邱少云的头脑无比清醒,他知道,如果自己打个滚就可以让火焰熄灭,但那样就会把整个潜伏区暴露给敌人。想到这里,为避免因腿部痉挛引起剧烈抖动,他用脚死死蹬住地面,把头埋进土坑,双手牢牢地抓在泥土里,希望能让自己身体保持不动。

邱少云被火烧到的第一时间,他的战友们就发现了。然而,潜伏的特殊纪律不允许他们过去帮助灭火,甚至连说话都是禁止的。他们只能用约定的动物叫声和眼色传递自己的关切,邱少云感受到了大家的焦急,为了不影响大家情绪,他索性不去看别人。战友们目睹着罪恶的火焰在邱少云身上蔓延,短短几分钟,邱少云已经被大火覆盖了,大家满含热泪不忍去看,但又忍不住去看,还有什么比这更让人心碎的呢!

距离邱少云最近的战友后来回忆说:"燃烧弹的油液特别臭,是浓缩的,一炸开就四处飞溅。当时,燃烧弹炸开后,立刻溅到了邱少云的腿上和身上。那火太大了。我看到少云的全身抽动了一下,他的手使劲插到了土里。我不敢说话,就用眼色一次再一次地示意他,赶快打个滚,把身上的火弄灭。邱少云没理会我,他那会儿疼得把头埋在他挖的坑里。火苗每抖动一下,他的身子就抽搐一次,我们的心都揪紧了。"

邱少云被火引燃的消息很快传到了各级指挥所,所有的同志都被这一突然情况给惊呆了。对于死亡,大家早已置之度外,但被大火生生吞噬,这个过程却是常人无法忍受的。即便我们的战士有足够的意志不使自己因剧痛而喊出声来,但人体因疼痛引发的本能抽动却很难控制,如果邱少云身体晃动的话,敌军哨兵就能马上发现异常情况,那导致的将是整个潜伏部队的灭顶之灾,夺取391高地的任务也将无法达成。这一刻,无数指战员们的心都提到了嗓子眼,大家既难过又紧张。

此时,被烈火吞噬的邱少云到底在想些什么,没有人能够知道,或许他脑海里浮现出亲人和故乡的模糊影像,或许他在回忆自己与战友们的深厚友情,但他想得最多的一定是严守纪律,决不能因为自己而影响战斗的胜利。1分钟、2分钟、3分钟……时间一分一秒地过去,他咬紧牙关忍受浑身的剧痛,趴在那里一动不动。半个小时后,与烈火顽强抗争的邱少云永远地闭上了眼睛。靠着钢铁般的顽强意志,他用血肉之躯创造了挑战人类生理极限的奇迹,用自己的悲壮牺牲保证了潜伏计划的胜利。

下午5时30分,冲锋的号声响彻阵地上空,早已铆足了劲儿的志愿军战士们满怀对敌人的刻骨仇恨,在"为邱少云烈士报仇"的怒吼中一跃而起,冲向391高地,发动攻击。远处,志愿军的火炮也满载战士们的怒火向敌人阵地上猛射,面对从天而至的志愿军部队,391高地的敌人吓得目瞪口呆,他们无论如何也想不通志愿军是怎么冒出来的。

在志愿军的猛烈攻击下,敌人很快溃不成军,仅仅用了半个小时,敌人就被全歼,志愿军的军旗在391高地上空胜利飘扬。这一刻,邱少云虽然已经不在了,但这份胜利的荣光永远属于他。

"**为整体、为胜利而自我牺牲**的伟大战士邱少云同志永垂不朽!"朝鲜金化以西邱少云牺牲的391高地,一座高高耸立的石壁上镌刻着的红色大字分外醒目。邱少云**以血肉之躯与熊熊烈火相搏的英勇无畏,有力地诠释了意志就是力量、纪律就是生命**。走过战火硝烟,经历时代变迁,今天我们面对的虽然不是枪林弹雨、生死存亡,但前进的道路不会一帆风顺,往往荆棘丛生、充满坎坷。因此,顽强的信念意志、坚强的纪律观念,是我们实现伟大梦想、成就个人理想不可或缺的品质。凝望邱少云的身影,感悟邱少云的壮举,我们一定能够汲取无穷力量,从而在劈波斩浪中开拓前进,在披荆斩棘中开辟天地,在攻坚克难中创造业绩。

雷锋（1940—1962） 平凡而伟大的共产主义战士。湖南望城县（现望城区）人。中国人民解放军工程兵工兵第10团运输班班长。1960年参军，共产党员。他刻苦学习毛泽东著作，热爱共产党，热爱社会主义，热爱人民群众，把有限的生命投入到无限的为人民服务之中。1962年8月15日因公殉职。他的模范事迹和崇高精神在全国产生了极大影响。共青团中央追认他为全国优秀少年先锋队辅导员。中华人民共和国国防部命名他生前所在班为"雷锋班"。毛泽东主席亲笔题词：向雷锋同志学习。邓小平、江泽民等中央领导同志也先后题词，号召全党全军全国人民向他学习。

雷 锋
把有限的生命投入到无限的为人民服务之中去

3月5日,一个具有特殊寓意的日子,这一天,是和一个光辉的名字——雷锋紧密联系在一起。"学习雷锋好榜样",这首中国人耳熟能详的歌词,道出了人民对雷锋精神的热情讴歌。

雷锋,1940年12月18日出生在湖南长沙市安庆乡简家塘一个贫苦农民家庭,乳名"庚伢子",原名雷正兴。雷锋高小毕业踏上工作岗位后,无论在地方还是部队,都表现优异,先后多次被评为"劳动模范""先进生产者""节约标兵""模范共青团员",在部队期间荣立二等功1次、三等功3次。

1963年1月7日,为表彰雷锋先进事迹,国防部将其所在的班命名为"雷锋班"。1963年3月5日,毛主席发出"向雷锋同志学习"的伟大号召,由此揭开了延续至今的全民学雷锋活动的序幕。半个多世纪以来,雷锋早已成为国人心中永恒的英模先锋,雷锋精神更是成为内化于国人血脉中的崇高追求。

"最大的荣幸和光荣的日子"

雷锋是一个苦命的孩子，他出生在黑暗的旧社会。6岁时，由于极度的贫困和沉重的压迫，爷爷、父亲、哥哥和弟弟就相继去世。从此，雷锋和母亲相依为命。1947年秋季的一天，靠在地主家做工的母亲也因忍受不了地主家的凌辱和迫害，忍痛将小雷锋托付给本家六叔奶奶后悬梁自尽。不满7岁的雷锋回家看到眼前一幕，感觉天都要塌下来了。旧社会的残酷无情，在雷锋幼小的心灵里打下了深深的烙印。

失去亲人后，雷锋成了一个可怜的孤儿，好心的本家六叔奶奶收养了他。由于生活的极度贫苦，雷锋竭尽所能地帮奶奶做事，希望能分担些家庭重负，这使得他从小就在思想上成熟起来，坚强起来。后来，雷锋在日记中这样写道："我出身于贫苦家庭，在旧社会过着缺衣少吃的苦日子，那种被奴役、被欺凌的仇恨，我永远铭记在心。"

1949年8月，解放军解放了雷锋的家乡，当他看到这支纪律严明的新队伍时，心中萌生了当解放军的强烈愿望。队伍在雷锋的家乡停留的短暂时刻，雷锋大胆地向部队领导提出了要当兵的愿望。望着雷锋一脸的热切劲儿，部队领导勉励他先好好学习快快成长，等长大后再参军保卫新中国，并送给他一支钢笔。在新中国成立前后的革命斗争中，雷锋参加了儿童团，积极投入到剿匪和土改斗争中，进一步提高了自己的思想政治觉悟。

新中国成立后，雷锋以饱满的热情投入到学习中，他由衷感谢党把他从苦难中解救出来，因而在学习生活中特别用心。1954

年,雷锋在家乡清水塘小学加入了少先队,他不仅自己学习刻苦,而且乐于助人,是老师和同学们眼中的模范学生。高小毕业后,考虑到农村缺少知识青年,雷锋放弃了去县里读中学的机会,向乡政府彭乡长提出自愿留在农村,乡里决定让他留下来当通信员。参加工作后,雷锋除了完成好本职工作,还积极承担了其他工作任务,由于表现十分出色,乡里推荐他到望城县(现望城区)当公务员。到县里以后,雷锋一如既往地努力工作,得到了大家一致好评。

1957年2月8日,雷锋成为一名共青团员,并被评为县委机关的工作模范。之后,雷锋主动申请去基层锻炼,经常参加义务劳动。在治理沩水的工地上,雷锋既当通信员,又当战斗员,为抢救物资器材奋不顾身。

1958年,鞍山钢铁公司派人到湖南省望城县招工人,为在更广阔的天地里大展身手,雷锋毫不犹豫报名参加,并将自己的名字由雷正兴改为雷锋。与雷锋一同报名的县委机关原交通班通信员张希文看到"雷锋"这个名字,有点丈二摸不着头脑,雷锋郑重地解释说:"你不知道,其实我早就想改名了,特别是这个'锋'字,我想了好久,是用山峰的'峰',还是用冲锋的'锋'。现在我想好了,干脆,就用冲锋的'锋'。这次我们到鞍钢,就是去打冲锋。"

雷锋到鞍钢后,马上投入到火热的生产实践中去,他不仅工作热情高,而且肯钻研、能吃苦,很快就成为生产骨干。1959年夏天,鞍钢决定在弓长岭矿山新建一座焦化厂,考虑到新厂子条件比较艰苦,领导专门召集工人开了动员会,雷锋二话不说就报名参加。不久,雷锋和其他工友就投入到创建焦化厂的紧张劳动中,他很快成长为工厂的工作骨干。

1959年11月中旬,根据国家征兵工作计划,原沈阳军区开始部署征兵工作。为做好征兵工作,地方兵役部门在各学校、厂矿、农村针对适龄青年开展了充分的动员宣传。雷锋所在的弓长岭焦化厂也召开了隆重的动员会。12月3日下午,焦化厂党总支书记李欣荣给青年工人做动员,他向大家深入地讲解了国家安全面临的严峻形势,启发大家认清踊跃参军保家卫国的大道理。听了李书记的动员,雷锋心中要当兵的热情再度被激发出来,他第一个举手表达要参军的热切愿望。

后来在日记中,雷锋激动地写道:"当我在焦化厂工地听了李书记的征兵报告后,我的心激动得无法平静下来。夜深了,我翻来覆去睡不着,从床上爬起来,跑到车间办公室,叫醒了李书记,问他我能不能报名参军?李书记说:'怎么不能?像你这样年轻力壮的小伙子,参加解放军是顶呱呱的哩!'他仔细看我一眼说:'哎呀,你怎么没穿棉衣就跑来啦?外面正下雪,不冷吗?'李书记顺手把一件棉衣披在我身上,告诉我天亮就报名,让我先回去休息。我回到宿舍,就坐在桌旁写起入伍申请书和决心书。第二天,天还没亮,我想到车间报头一名,哪知道青年工人马守华比我去得还早,头一名让他报上了,我只好报了个第二名。参军,这是我从小就有的愿望。人民解放军不仅是团结友爱的大家庭,而且是培养革命青年的大学校。我的愿望就要实现了,怎么叫我不高兴呢!"

令雷锋意想不到是的是,参军的事并不像他想的那样顺利。由于雷锋是焦化厂的生产骨干,厂领导很舍不得让他离开,便给厂里征兵办公室打了招呼,想办法把雷锋留下来。然而,对上述情况,雷锋并不知晓,他满怀希望地等待着穿上军装的那一刻。

12月22日,雷锋按照程序到辽阳小屯体检站参加体检,负责接兵的部队某团军务参谋戴明章第一次见到了雷锋,并对他留下了深刻印象。戴明章后来回忆起当时的情景说:"一大伙人围着一个不太高的小伙子,听他挥舞着小拳头,大讲过去家庭如何贫困、怎样受日本帝国主义的压迫,表示参军是为了保卫祖国、为阶级弟兄报仇等等,慷慨激昂。当他见我凑拢过去之后,便靠近我,并用手拉着我的衣襟,死命地纠缠住我,非要我批准他当兵不可。"雷锋高涨的参军热情,让戴明章很受触动,他很快就把雷锋作为应征典型上报给军区工程兵司令部。

实际上,雷锋参军的强烈意愿,自从他小时候第一次见到解放军时就升腾了起来。早在他高小毕业前的1954年冬季征兵时,还是小学生的雷锋就鼓起勇气找到家乡的彭乡长,自告奋勇地应征入伍,但因年龄太小未能实现梦想。这次征兵体检通过后,雷锋焦急等待着被批准入伍的消息。

1960年1月2日,体检合格的青年被集中起来,雷锋也在其中。第二天,大家陆续领到了崭新的军装,但雷锋却被列入复查对象,未能穿上新军装。满满的希望一下子又落空了,心有不甘的雷锋找到了辽阳市兵役局政委余新元,反复向他诉说自己要当兵的强烈意愿。听了雷锋发自肺腑的诉说,余新元被打动了,他亲自找到戴明章,请求能够给予帮助。戴明章打心眼里也喜欢雷锋,加上余政委这个"老红军"亲自出面,就让雷锋先留下来再看看。

能够留下来,就说明当兵还有希望,雷锋听到这个消息后十分高兴,他抓住一切机会向接兵的领导表达自己要当兵的意愿。在此后的几天里,雷锋除了逮住机会向领导汇报思想外,还积极主动承担起各种勤务工作,这令负责接兵的几位同志十分感激,更加喜爱上这个懂事能干的小伙子。

为了能够帮助雷锋实现参军梦,戴明章直接向部队所在团的吴海山团长汇报了雷锋的情况,希望团领导能够允许雷锋以机动名额补录入伍,吴团长对此表示首肯。随后,戴明章又和一起来接兵的同志作了沟通,将雷锋列入新兵花名册,并获得了地方兵役局的支持。按照新兵入伍程序,雷锋缺少政审表,戴明章又亲自到辽阳为其办理各种手续。直到这时才得知,雷锋之所以没有政审表,是因为焦化厂舍不得放他走而故意不给出具。

1月8日,雷锋如愿穿上了新军装,成为一名光荣的解放军战士。这一天,对雷锋而言太重要了,他的人生由此踏上了新征途。当日,雷锋将满腔的激动之情诉诸文字,写在了日记里:"这天是我永远不能忘记的日子,这天是我最大的荣幸和光荣的日子。我走上了新的战斗岗位,穿上了黄军服,光荣地参加了中国人民解放军。我好几年来的愿望在今天已实现了,真感到万分的高兴和喜悦,这是我一生最大的幸福。在党的正确领导下,在革命的大家庭里,我一定要好好地锻炼自己,在入伍的这一天,我提出如下保证:一、听党的话、服从命令听指挥,党指向哪里,我就冲向哪里。二、加强政治学习,多看报纸和政治书籍,按时参加部队各种会议和学习,积极宣传党的政策,密切靠近组织,及时向组织反映各种情况,不断提高自己的政治思想觉悟。三、尊敬领导,团结同志,互帮互爱互学习。四、严格遵守部队一切纪律,做到虚心向老战士学习,刻苦钻研,加强军事学习,随时准备打击敌人。五、克服一切困难,发扬长辈优良的革命传统,我要坚决做到头可断,血可流,在敌人面前决不屈服、投降。我一定要向董存瑞、黄继光、安业民等英雄们学习。六、我要努力学习政治、军事、文化,我要好好地锻炼身体,我一定要在部队争取立功当英雄,我一定要做一个毛泽东时代的好战士,我要把我可爱的青春献给祖国最壮丽的事业。"

"只要我们有叫高山低头、河水让路的气概,是没有战胜不了的困难的"

雷锋出身贫穷,经过艰苦生活这块磨刀石的砥砺,他从小就养成了不向困难低头的豪迈气概。雷妈妈去世后,童年的雷锋为帮助本家六叔奶奶分担些家务,经常一个人去附近蛇形山砍柴,有一次被霸占蛇形山的地主婆娘撞到,她对雷锋一顿怒骂并抢走了砍柴刀,不甘被压迫的雷锋冲上去夺回工具,被地主婆娘恶狠狠在他手背上砍了三刀,这丝毫没有吓倒雷锋。

新中国成立后,雷锋在离家较远的清水塘小学读书,他每天要走十多里路往返于学校和家之间,从来不曾旷课。在一次学校组织的活动中,雷锋主动承担了打大鼓的任务,一个人背着好几斤重的大鼓步行几十里路。

雷锋高小毕业后,先后在乡里和县里当通信员,他不仅高标准地做好本职工作,还勇于在基层一线迎接各种挑战。在县委担任通信员期间,县里决定在团山湖开办农场,雷锋热切地希望到工地上参加战斗。经过多次申请,他被批准来到治沩工地从事工程指挥部通信员工作。治沩工程开始后,遇到了持续的阴雨天,河水水位不断上涨,为抢救堆放在河边的工具器材,工程指挥部领导让雷锋和女同志留守,其他同志前往转移器材。雷锋一心想着抢救公共器材,就一个人冒雨涉水赶到工地。后来,组织上派他到团山湖农场开拖拉机。当时,拖拉机还很少见,要把这个机器灵活开动起来并不是一件容易的事。拖拉机来到农场后,雷锋便全身心投入到驾驶技术的钻研之中。

每天清晨，他都会一丝不苟地检查拖拉机的车况，提前做好出车的各种准备工作。上工后，他一边跟着师傅当农具手，一边学习驾驶技术。每天收工后，学习心切的雷锋也把大部分时间耗在拖拉机上，他仔细回顾着师傅教给他的每个驾驶细节，每天晚上还把拖拉机技术资料拿出来认真阅读，那种认真劲儿确实让人很感慨。

一次，他正在食堂吃饭，突然想到了一些驾驶细节，情不自禁地把脚踏在桌子掌上，做着踩离合器的动作，双手拿着碗筷左右摆动，仿佛在转方向盘一样，他陶醉其中的样子惹得大家大笑起来。在他的刻苦钻研下，仅仅一个多星期，雷锋就能单独试车了。试车当天，雷锋再一次把拖拉机仔仔细细地擦拭了一遍，工友们也纷纷跑过来观看他试车。在大家的期待表情中，雷锋信心十足地坐在了驾驶座上，熟练地启动发动机，稳稳地把拖拉机开了出去，试车大获成功。雷锋终于成为一名合格的拖拉机手。当晚，激动不已的雷锋写下了《我学会开拖拉机了》的小文章，这篇文章后来被刊登在《望城报》上。

离开望城去鞍钢后，雷锋一如既往地保持着勇于克服困难的韧劲儿。到鞍钢报到后，考虑到雷锋会开拖拉机，他被分在了化工总厂洗煤车间，主要负责开推土机。值班主任告诉他，新工人入厂后一律拿学徒工资，比他原来每月少10元，问他有没有意见。雷锋回答得很干脆："我不是为了工资来的，钱多钱少一样干。"

从南方到东北，天气差异是巨大的。尤其是寒冷季节，雷锋常常被冻得面红耳赤，他驾驶的推土机机头很高，雷锋个头小，坐着开车很吃力，他常常猫着腰一站就是大半天。领导发现这个情况后，就关心地表示想给他换台小车开，雷锋反复说这点困难他能克服，愣是没有换车子。他的这种吃苦耐劳的精神让大家很受感动。

1959年夏天，鞍钢要在弓长岭矿山新建焦化厂，这是个条件比较差的新厂子，厂领导担心大家不愿主动去，雷锋却第一个表示要去。

新建的弓长岭焦化厂与其说是工厂，不如说是一个有待建设的工地。当时，工人宿舍还没来得及盖起来，大家只能暂时住在又漏雨又漏风的土屋里，十分阴暗潮湿。工地没有食堂，大伙儿就在临时搭起的大席棚里就餐；工地缺水，大家只能到距离工地两里外的村子里去挑水，工作生活条件确实比鞍钢艰苦的多。然而，这一切对雷锋而言都算不了什么，他常说："不经风雨，长不成大树；不受百炼，难以成钢。迎着困难前进，这也是我们革命青年成长的必由之路。有理想有出息的青年人，必定是乐于吃苦的人。"

在建设工厂的过程中，雷锋总是冲锋在前。运石头，他拣最重的挑；运木料，他拣大块头的扛。无论走到哪里，他都像一面旗帜，给大家以感动和鼓舞。入冬以后，弓长岭格外冷，寒风吹在皮肤上像刀割一般。为了赶工期，厂里把和泥这个最脏最累的活儿交给青年突击队承担，雷锋就是其中一员。

为了不耽误其他小组的砌墙速度，雷锋动员青年突击队成员一大早就起来和泥，但由于经验不足，和出来的泥不够细腻，使用起来很困难。要把泥和匀，最好的办法的就是搅拌充分，但工地没有搅拌机。面对这一难题，雷锋二话不说，脱了鞋袜就开始用脚踩，丝毫不顾寒冰一般刺骨的疼痛。雷锋的这一举动让大家十分感动，在他的带动下，大家马上加入踩泥中来，最终使泥的质量达到了施工要求。随着墙越砌越高，如何往上输送泥浆又成了大问题。雷锋开动脑筋想出了用土吊机的好办法，一下子大大提高了施工进程。在弓长岭焦化厂工作期间，不怕苦不怕累的雷锋由于工作十分出色,多次被评为"生产红旗手"。

当兵入伍后,雷锋始终保持着不向困难低头的韧劲儿。新兵训练期间,战士们一起练习投弹,雷锋个头小,带他的薛班长耐心地教他动作要领,可无论怎么扔总是不及格,因为自己一个人而影响全班的成绩,这让雷锋心里十分焦急。

一天,同班的战友王大个子心急之下告诉雷锋:"雷锋,不是我打击你的积极性,我看你再练也是白费力气,条件差嘛。""条件!"看着比自己又高又大的战友,雷锋笑着说,"大王,条件差怎么办?我看一靠自己练,二靠大家帮,不会白费力气的。"决不能被困难压倒,雷锋心里暗下一口劲,一定要啃下这块硬骨头。寒冬时节的操场上覆盖着冰雪,凛冽的寒风嗖嗖地吹着,雷锋咬牙坚持在操场上练习投训练弹。为增强臂力,他握着冰凉的单杠练习引体向上,直到熄灯后指导员在操场上找到他才肯回去休息。功夫不负苦心人,经过反复练习,十几天后,雷锋顺利通过了投弹考核。

雷锋在日记中曾写过这样几段话:"我们在建设焦化厂当中,住不好、吃不好和工作环境不好等,这些困难都是暂时的、局部的,可以克服的。只要我们有叫高山低头、河水让路的气概,是没有战胜不了的困难的。""在我们前进的道路上,不可能不遇到一些暂时的困难,这些困难的实质,'纸老虎'而已。问题是我们见虎而逃呢,还是'遇虎而打'?'哪儿有困难就到哪儿去',不但'遇虎而打',而且进一步'找虎而打',这是崇高的共产主义风格。""我愿做高山岩石之松,不做湖岸河旁之柳。我愿在暴风雨中艰苦的斗争中锻炼自己,不愿在平平静静的日子里度过自己的一生。"字里行间,充分展现出雷锋以苦为乐的境界风范,这也是雷锋最好的自画像。

"为党和人民的事业贡献自己的一切,直至最宝贵的生命,做一个毫无利己之心的人"

"一个革命者,当他一进入革命的行列的时候,首先要确定坚定不移的革命人生观。树立这样的人生观,就必须注意培养自己的思想道德品质,处处为党的利益、为人民的利益着想,具有大公无私、舍己为人的品格,能够为党的利益、为集体利益不惜牺牲自己的利益,否则就是个人主义者……"雷锋就是这样一个把党和人民利益看得比生命都重要的无私奉献楷模,在他短暂的人生中,他始终如一地践行着上述人生目标,真正做到了为党和人民的事业贡献自己的一切。

雷锋的童年生活是在新旧中国的转换中度过的,旧社会的残酷无情和新中国的温暖如春让雷锋印象无比深刻,他从内心里感谢共产党,从翻身解放那天起,为新中国奉献一切的想法就在他心里生发。雷锋在日记里曾经这样写出自己的心声:"我出生在一个很贫穷的农民家庭,在旧社会里受尽了折磨和痛苦。参军以后,我在党的培养教育下,深深懂了社会主义的今天是由无数革命先烈和战友的艰苦奋斗、英勇牺牲得来的。从我参加革命那天起,就时刻准备着为了党和阶级的最高利益牺牲个人的一切,直至最宝贵的生命。"

他是这么写的,也一直是这么做的。早在望城县当通信员时,雷锋就从来没有把工作局限在通信联络上,而是哪里需要哪里搬,尽其所能多做些工作。雷锋在望城县团山湖农场当拖拉机手期间,正值初夏季节,暴雨不断。一天傍晚,雷锋正和其他职工一起在田里排涝,忽然有人大喊停放拖拉机的场地进水了。听到这个消息,雷锋心里一紧,拖拉机是农场的财产,决不能被水给淹了。想到这里,他径直朝停放拖拉机的场地飞奔而去,眼看洪水快要漫过来了,雷锋跳上驾驶台快速将拖拉机开到一处高地才返回。

回到场部吃饭时,眼看着雨一直下个不停,对拖拉机放心不下的雷锋无心吃饭了,他匆匆背上工具袋,提着一盏马灯去看拖拉机。这时,地上的积水已经很深了,天也要黑下来,视线很差,这时候涉水很危险。可雷锋一心想着去守护集体财产,早已顾不上危险。他从场部搬出一个打稻用的扮桶放到水里,又找来一根竹篙子撑在水里,试图乘这只扮桶划到对面。经过一番周折,他终于把扮桶撑到了停放拖拉机的高地。从扮桶上下来后,他把扮桶拴在一块石头上,快步跑到拖拉机边,揭去油布仔细检查拖拉机,在确认机器完好无损之后才放心下来。直到第二天上午,熬了一夜的雷锋才拖着疲惫的身体把拖拉机开回场部,马上又投入到工作当中。

雷锋入伍后,火热的军营大熔炉,让他的奉献境界进一步升华。雷锋曾说:"对待同志要像春天般的温暖,对待工作要像夏天一样的火热,对待个人主义要像秋风扫落叶一样,对待敌人要像严冬一样残酷无情。"在新兵连时,雷锋凡事都先想着别人,战友学习生活上有了困难,雷锋总是竭尽全力帮助解决;每次分配公差勤务时,雷锋总是抢着干;每天早晨,雷锋都是第一个起床,等起床号一响,他已经把宿舍的火炉子生得旺旺的了;有时候,战友把脏衣服脱下泡在盆里没顾上及时洗,等空下来要去洗衣服时,发现衣服已经被人洗干净了;有的战友家里遭到了困难,正愁怎么筹钱寄回去,却收到家里来信说钱已收到。这些奇怪的事引发了大家的热议,最后大家终于搞清楚,这都是雷锋在默默地做好事。

1961年冬训,为提高部队实战能力,部队在冰天雪地里搞野营拉练,每天都要行军40公里。行军的第二天,很多战友脚上都起了水泡。一到临时休息点,雷锋就撂下背包帮助房东大娘担水、打扫院子、烧热水,并给战友们端水泡脚,帮大家挑脚上的水泡,一直忙到很晚才休息。第三天,部队一大早就踏上征程,一些身体虚弱的战友慢慢开始落在后面,雷锋不顾自己的疲惫,跑过去帮战友们背背包,又跑前跑后地为大家加油鼓劲。

　　雷锋常说:"在工作上,要向积极性最高的同志看齐;在生活上,要向水平最低的同志看齐。"有一次,雷锋带二十几名士兵上山打蒿草,准备用来搭建过冬菜窖的顶棚。为了节省时间,雷锋带大家早饭后出发,晚饭前回来,午饭就在山上吃。当时,由于国家正处于严重困难时期,粮食短缺,部队的口粮主要是高粱米,只有少量的大米、白面。早上二两馒头一碗粥,中午每人一盒米饭。一起同行的战士王延堂人高马大,胃口又好,吃早饭的时候他三下五除二地把午饭也一股脑吃掉了,然后就跟着大伙儿上山去了。到山上后,雷锋带领大家甩开膀子干了一个整上午,到了中午时分,大家肚子都开始咕咕叫,雷锋便吩咐大家吃午饭。由于干活特别卖力,雷锋也早已饥肠辘辘。他取出饭盒,米香味扑鼻而来,正当他准备大快朵颐时,瞥见了坐在一旁逗弄蚂蚁的王延堂。雷锋见他只顾逗蚂蚁,连饭盒都没取出来,便问他:"你咋不吃饭?"经雷锋这么一问,王延堂支支吾吾道:"这个……这个……我不饿,正好现在胃疼。"这时,另一个战友悄悄告诉雷锋,王延堂早晨就把中午的饭提前"报销"了。雷锋一听,毫不犹豫地把自己的饭盒递给了王延堂:"我的胃疼又犯了,这米饭又有点儿硬,吃下去胃肯定受不了,你就算帮我的忙了。"

　　雷锋曾在日记里写过:"我认为个人和集体的关系,正像细胞和人的整个身体的关系一样。当人的身体受到损害的时候，身上的细胞就不可避免也要受到损害！同样的，我们每个人的幸福也依赖于祖国的繁荣，如果损害了祖国的利益，我们每个人就得不到幸福！""一滴水只有放进大海里才能永远不干，个人只有当他把自己和集体事业融合一起的时候才能最有力量。"紧张的新兵训练就要结束了，大家面临着分配去向的问题。雷锋是个一心想冲锋在最前线的斗士，他特别愿意到前线去直接参加火热的战斗生活。但是，部队分配新兵是有原则的，其中一个重要"原则"就是照顾入伍新兵本人原有的技术专长尽量各尽其用。雷锋之前是拖拉机手，属于技术兵。按照他的技术专长，他应该被分到团技术连，那里清一色的都是推土机、刮运机、挖壕犁等大型工程机械。然而，部队领导经过考虑后，把他分到了运输连。组织让干啥就干啥，对此雷锋坚决服从安排。

1960年3月初，雷锋和乔安山、王延堂、韩玉臣等几个兵被一起送到了运输连当汽车兵。到连队报到后，第二天一早，连队突然召集各班班长开会，传达布置了上级要全团开赴抚顺执行紧急任务的指示。

雷锋听班长传达指示后，心里很激动，第一次要执行紧急任务，这不正是他梦寐以求的吗？雷锋和战友们一起开始紧张地准备物资。早饭后，部队马上就要登车出发，通信员突然找到雷锋，让他马上去连部，指导员有事找他。雷锋来到连部，指导员让他坐下后，不慌不忙地说情况有变，团部来电话指名要雷锋留下参加战士业余演出队。热切盼望去执行任务的雷锋听到这个消息不免心里有些失落。他忍不住问指导员："参加演出队后还有机会去抚顺执行任务吗？"指导员告诉他："部队去抚顺执行一项重要的工程援建任务，马上就开拔。团里组织的战士业余演出队先留下一段时间排练节目。节目排好以后,先代表全团指战员慰问驻地营口的人民群众,然后就去抚顺为施工部队演出。"既然组织让自己留下来,就得好好完成这项任务。

到演出队后,雷锋从不挑三拣四,一口气报了诗朗诵、快板两个单人节目,还报了三四个集体说唱节目。拿到台词后,雷锋起早贪黑地背词,很快就把所有的节目台词练熟了。但到了正式排练时,由于口音不标准,雷锋和大家很难配合起来,这让演出队都犯了愁,拿掉他于心不忍,不拿掉他又不好办。意识到这个情况后,雷锋找到了演出队领导,主动提出退出来去伙房帮厨,给大家做好后勤保障。雷锋到了炊事班后,在他的积极努力下,演出队的伙食改善了,每餐都能吃上热饭,大家都很感谢他。

在演出队期间,雷锋不仅千方百计为大家搞好伙食保障,还主动帮助大家解决碰到的实际难题。演出队员们排练节目,往往要一遍又一遍地重复练,个个都口干舌燥,白开水肯定是离不了的。但是,演出队只有一个热水瓶,根本满足不了这么多队员的需求。为解决这个问题,雷锋不声不响地捡来一些碎砖头,在营房外的墙根下搭起一个小炉灶,从伙房借来一把白铁壶,再捡些干树枝当柴烧,帮大家烧开水,保证了队员随时都能喝到白开水。在排练过程中,有些节目是短剧,由于角色需要便装映衬,大家寻思去哪里借几套便装来,雷锋主动表示自己有几套便装,不知能不能用?没等大家回答,他就火急火燎跑回宿舍,取来了一只红皮箱子,从里面翻出来几件衣服交给大家,帮演出队救了急。

雷锋回到运输连后,很快成为连队的技术骨干,又担任了班长。一次,雷锋开车在外执行运输任务,中途得知连队要抽调一批新车和战士赶赴福建前线执行军事任务。上前线,一直是雷锋很渴望的事情。于是,他在凌晨1点多赶回连队后就立即去向领导请战。

当时,连队的紧急支委会刚刚结束,待大家离开后,雷锋赶忙拉住连长,递上了自己精心写好的请战书,希望连队能批准自己去前线执行战斗任务。看着紧张不安的雷锋,连长说:"我正准备找你谈话。""让我去前线了?"雷锋激动地问。"我们刚刚开过支委会,上前线的人员名单已经定了,没有你。"连长缓缓地说。听到连长的话,雷锋急了:"为什么?我要求去前线!"说完,他用期待的眼神盯着连长。"这是党支部的决定。你的工作是继续带好4班,完成好国防施工的保障任务。这里同样也是战场。"连长的话平静又坚定。这是组织的决定,雷锋懂得这个决定的严肃性。"雷锋同志,党支部完全了解你的觉悟程度。也完全相信你,无论在前方还是在后方,都能坚守好自己的战斗岗位。去前线,是一种考验;在后方,也是一种考验。"连长接着向雷锋解释了要他留下的原因,并鼓励他要带领4班把国防施工保障好。

听了连长一席话,雷锋倍感自己肩负的责任之大。随后,他带领全班同志以更加饱满的热情投入到国防施工保障之中,为确保任务顺利完成作出了重要贡献。

"我是一个共产党员,人民的勤务员"

1960年11月8日,是雷锋永远不能忘记的日子。这天,雷锋光荣地加入了伟大的中国共产党,实现了自己最崇高的理想。在当天的日记里,雷锋激动地写道:"今天我入了党,我变得更加坚强,思想和眼界变得更加开朗和远大。我是一个共产党员,人民的勤务员,为了全人类的自由、解放、幸福,哪怕高山、大海、巨川,为了党和人民的事业,就是入火海进刀山,我甘心情愿,头断骨粉,身红心赤,永远不变。"雷锋出身贫寒,但他从小品性优良,对人民群众有着深厚感情,成为党员后,他更是牢记全心全意为人民服务的宗旨,始终把人民放在心中的最高位置,从点滴做起,为人民服务。

雷锋在望城县工作时,有一年春天沩河发大水,一位老大娘家的房屋被水冲垮了,临时在堤坝上搭了个席棚暂住,生活很艰难。雷锋正好过去参加抢险工作,他看到老大娘的席棚里没蚊帐,而此时正值蚊虫肆虐,雷锋赶忙把自己的蚊帐送了过来。老大娘家里孩子多,吃饭连饭碗都不够,雷锋得知后就把自己的饭钵送过来。老大娘一家对雷锋很是感激。一次雷锋陪领导过来巡查,老大娘一眼就认出了雷锋,激动地向来人诉说他的好。

"什么是时代的美?战士那褪了色的、补了补丁的黄军装最美的,工人那一身油渍斑斑的蓝工装是最美的,农民那一双粗壮的、满是厚茧的手是最美的。劳动人民那被烈日晒得黝黑的脸是最美的,粗犷雄壮的劳动号子是最美的声音,为社会主义建设孜孜不倦地工作的人的灵魂是最美的。这一切构成了我们时代的美。如果谁认为这并不美,那他就不懂得我们的时代。"雷锋这样说过。

作为一个穷苦人出身的孩子,雷锋对人民群众的爱是真挚的。入伍成汽车兵后,雷锋经常有出车任务,在往返途中他总不忘力所能及地为群众提供帮助。一个夏天的傍晚,突然下起了大雨,雷锋正拿帆布盖车,无意间瞥见雨幕中有一位大嫂正艰难前行,她怀里抱了一个孩子,手上拉着一个孩子,背上还背着一个大包袱。看到这一幕,雷锋三下五除二地盖好车,冒雨追上了那位大嫂,问她要去哪里。大嫂告诉他,要去一个叫"樟子沟"的地方,眼下赶上大雨,正发愁该怎么办呢。听了大嫂的话,雷锋决定送她们过去。他跑回连队向排长请了假,拿着自己的雨衣冲向雨中。他把雨衣给大嫂披上，又接过孩子抱在怀中。路上，孩子的衣服都淋湿了，雷锋把自己的衣服脱下来给孩子穿上，陪着大嫂和孩子走了将近两个小时，终于把她们安全送到了家。这时天已经黑了，风雨还在持续。大嫂一家人留他住下等天亮再走，雷锋谢绝了大嫂一家的好意，为了不耽误部队工作，他连夜冒雨赶回了部队。

一次，雷锋去佳木斯执行任务，结束后乘旅客列车返回。本来，雷锋买的票是有座位的，但他看到别人没有座位，毫不犹豫地把座位让给了别人，自己一路站着。在列车上，雷锋不是帮乘务员清扫车厢，就是帮忙照顾老人和孩子，要么给旅客们倒开水。看着雷锋这么热情地帮助别人，大家都投来赞许的目光。列车到达哈尔滨滨江站时，突然下起了大雨。看到有人在站台上冒雨搬运货物和行李，雷锋跳下车帮忙一起搬运，直到开车铃响才上车。

还有一次，雷锋乘车在沈阳转车时，发现检票口吵吵嚷嚷，他凑过去一看，一位中年妇女没有票却硬要上车。雷锋上前问明了情况，原来这位大嫂要从山东去东北看丈夫，票和钱不小心丢了，心急之下才硬要挤上车。看着大嫂焦急的样子，雷锋拿出自己的津贴帮她重新买了票，送她上车。大嫂感激地询问他的单位和地址，要给他寄车票钱，雷锋笑着说："我叫解放军，就住在中国。"说完就转身走了。久而久之，雷锋的事迹越来越多地为大家所发现，"雷锋出差一千里，好事做了一火车"的佳话慢慢也就家喻户晓了。

雷锋常说："我要像松树那样，不怕风吹雨打，严寒冰雪，四季常青；我要像柳树一样，插到哪里都能活，紧紧与人民连在一起，在人民中生根、长大、结果，做人民最忠实的勤务员。"

1960年秋，雷锋所在的工兵团政治处收到两封表扬雷锋的信，署名分别是辽阳市委和抚顺市望花区,两封信中都对雷锋热心为困难群众捐款表示衷心感谢。其中,辽阳市委的信中,对雷锋为灾区人民捐款表示感谢,并说党中央已经派飞机运送了大量支援物资,还把雷锋捐助的钱寄回来了。

对于这两件事,雷锋自己在日记中曾记载:"1960年8月20日,望花区成立了一个人民公社,我把平时节约下来的一百元钱,支援了他们;辽阳市遭受了洪水的灾害,我把省吃俭用积存的一百元钱寄给了辽阳灾区人民。有些人说我是'傻子',是不对的。我要做一个有利于人民、有利于国家的人。如果说这是'傻子',那我是甘心愿意做这样的'傻子'的。革命需要这样的'傻子',建设也需要这样的'傻子'。我就是长着一个心眼,我一心向着党,向着社会主义,向着共产主义。"

谁把人民放在心上,人民就会把谁放在心上。雷锋说过:"凡是脑子里只有人民、没有自己的人,就一定能得到崇高荣誉和威信。反之,如果脑子里只有个人、没有人民的人,他们迟早会被人民唾弃。"1962年春天,雷锋带战友单独到铁岭下石碑山区执行国防工程运输任务。他们所在山区宿营的地方,是一个贫穷的小山村。战士们过来后,乡亲们都十分热情,主动邀请战士们到自己家去住。

雷锋看到群众家里生活都很不容易,不愿意给他们增添麻烦,就动员战友们谢绝了群众的好意,他们向上级申领了一顶军用帐篷当住所。在这里驻扎的日子里,正赶上春耕农忙季节,雷锋带领战友们在完成运输任务后就帮助村民干农活、挑水、打扫卫生,村民对战士们的行动都看在眼里,他们真心感激解放军战士的无私帮助。

一天傍晚,雷锋和助手小乔出车回来,路过一条河汊时车轮陷入了淤泥，折腾了半天也开不出来。无奈之下，雷锋去附近村里找一位老大娘借根木头当撬杠。一个陌生人傍晚过来借东西，老大娘有点犹豫，雷锋说："您老尽管放心，我保证用完马上送还，弄坏了照价赔偿。"看着雷锋这么诚恳，大娘就借了雷锋一根木头。

回到河汊，雷锋和小乔尝试了半天，终于把车轮撬了出来，但车子刚开出来又突然熄火，发动机出故障了，黑咕隆咚光线不好，要维修就需要有灯光。雷锋赶紧把借来的木棍在河边冲洗干净，扛着送到老大娘家。雷锋敲开门，正想顺便找老大娘借盏灯用。开门的小伙子见到他惊叫起来："嗨，我当是谁呢，原来是你呀——雷锋。"原来，这个小伙子听过雷锋的报告，很受感动。他把雷锋拉进屋里，雷锋把木棍送还后，着急地表示还想借盏灯去修车。此时，旁边的小妹妹正在灯下写作业，她听到雷锋的话，麻利地把作业收起来，把灯拿给了雷锋。老大娘顺手递过来一盒火柴，让雷锋赶紧拿去修车。看着这么热情的一家人，雷锋感激地说了声："谢谢！"

有了灯光的照明，雷锋和小乔很快修好了汽车，他把借来的油灯里加满了油，把它和火柴一起悄悄地送还到老大娘家的窗台上。

雷锋在日记里写过这样一些话："我觉得一个革命者活着就应该把毕生精力和整个生命为人类解放事业——共产主义全部献出。我活着，只有一个目的，就是做一个对人民有用的人。当祖国和人民处在最危急的关头，我就挺身而出，不怕牺牲。生为人民生，死为人民死。""一个共产党员是人民的勤务员，应该把别人的困难当成自己的困难，把同志的愉快看成自己的幸福。""当我想起党的恩情，恨不得立刻掏出自己的心；当我想起我所经历的一切太平凡了的时候，我就时刻准备着：当党和人民需要我的时候，我愿意献出自己的一切。"

1961年9月11日，雷锋接到河南省巩县（现巩义市）驻驾庄公社干沟民办小学一位老师的来信，因河南省近两年遭到了自然灾害，给民办学校造成了一些暂时的困难，信中希望雷锋给予他们适当的经济援助。读了这封信，雷锋心里久久不能平静，他想："人民的困难，就是我的困难，帮助人民克服困难，贡献自己的一点力量，是我应尽的责任。我是主人，是广大劳苦大众当中的一员，我能帮助人民克服一点困难，是最幸福的。"为了尽可能多地提供帮助，雷锋想到了把自己的衣服和皮鞋拿去卖掉换些钱来，但为了不违反纪律，他最后把自己在部队一年零九个月积攒的全部津贴100元都寄给了干沟民办小学校。

"我愿永远做一个螺丝钉"

雷锋说过："一个人的作用，对于革命事业来说，就如一架机器上的一颗螺丝钉。机器由于有许许多多螺丝钉的连接和固定，才成了一个坚实的整体，才能够运转自如，发挥它巨大的工作能力。螺丝钉虽小，其作用是不可估量的。我愿永远做一颗螺丝钉。螺丝钉要经常保养和清洗，才不会生锈。人的思想也是这样，要经常检查，才不会出毛病。我要不断地加强学习，提高自己的思想觉悟，坚决听党和毛主席的话，经常开展批评与自我批评，随时清除思想上的毛病，在伟大的革命事业中做一颗永不生锈的螺丝钉。"

螺丝钉，一个再普通不过的小物件，但它给雷锋的启示却是那么的深刻。雷锋在望城县委当公务员时，一次他跟随张书记下乡巡查工作。走着走着，雷锋看见路上有一颗螺丝钉，他若无其事地一脚把它踢开了。张书记却不声不响地走过去，捡起了螺丝钉,把它当成宝贝似的装进了口袋里。张书记的这一举动让雷锋很好奇,连续几天都没想明白。几天后,雷锋要去一家工厂送信,张书记从口袋里掏出了那颗捡来的螺丝钉递给雷锋:"小雷,把它一起送到工厂去吧。咱们国家底子薄,要搞建设,就得艰苦奋斗啊!""一颗螺丝钉,别看它小,缺了也不行,就像你这个公务员,别看职务不高,我们的工作缺了你也不行!"张书记的一席话,雷锋听了很惭愧,他终于明白张书记为什么要去捡一颗小小的螺丝钉了。这件事对雷锋触动很大。从此,他养成了艰苦奋斗、勤俭节约的好习惯。

参军入伍后,雷锋一直都是勤俭节约的模范。在运输连时,雷锋用废木板制作了一个节约箱。发现了碎铜烂铁等一些尚有用处的物件,他就捡起来放入节约箱。当时,每次领到津贴后,他除了留下一角钱交团费、两角钱买肥皂,再留些钱买书,其他的都存到储蓄所。他的洗漱脸盆和杯具鞋袜,用了很久也舍不得买新的。

部队发夏装时,上级考虑到施工部队工作强度大,衣服容易磨损,就规定给每位战士发两套单军装、两件衬衣、两双鞋子。轮到雷锋领取服装时,他却对司务长说:"我只领一套军装,一件衬衣,一双鞋就行了。"司务长很纳闷,问他为什么只要一套,雷锋说:"破了补一补就行了。我现在穿的这带补丁的衣服,比我小时候穿的不知要好上多少倍呢!"。

夏天的体育运动会上,战士们冒着酷暑完成项目,一空下来就去买汽水解渴,雷锋也不例外。但正当他掏出钱来要买时,看到送开水的到了,他就把钱收起来不再买了。战友们看他这样,不理解他为什么对自己这么吝啬。面对别人的疑问,雷锋就讲起了艰苦奋斗的道理:"你算算,如果我们每人一天节约一角钱,全国一天能节约多少钱?咱们现在是国家的主人了,不算这笔账哪行!"

做一颗永不生锈的螺丝钉,就得不断加强学习。雷锋曾对螺丝钉有过这样的感慨:"有些人说工作忙,没有时间学习。我认为问题不在工作忙,而在于你愿不愿意学习,会不会挤时间。要学习的时间是有的,问题是我们善不善于挤,愿不愿意钻。一块好好的木板,上面一个眼也没有,但钉子为什么能钉进去呢?这就是靠压力硬挤进去的,硬钻进去的。由此看来,钉子有两个长处:一个是挤劲,一个是钻劲。我们在学习上,也要提倡这种'钉子'精神,善于挤和善于钻。"

雷锋是个行动派,他不仅是这样认为的,更是这么做的。雷锋知道,螺丝钉要不断擦洗才不会生锈,一个人的思想要想不生锈就得加强学习科学文化知识。在望城县委工作时,为了提高机关干部文化水平,县委机关开办了业余文化补习学校。雷锋参加学习后,每次课都自觉坚持听课,有时候工作忙,耽误了听课,就找时间补上。

同时,雷锋还是个小书虫,他喜爱读书,是县城新华书店的常客。当时,新华书店就建在县委机关隔壁,书店里开展了图书借读业务,雷锋赶紧办了个借书证。每当有空闲,他就前往书店借阅图书,尤其喜欢阅读讲述英模人物事迹的图书以及《浮沉》《钢铁是怎样炼成的》《牛虻》等经典名著。雷锋在部队期间,由于担负任务多,学习时间有限,他就经常在挎包里放上一本书,一有空闲就拿出来读。

雷锋所在的运输连附近有一个建设街小学。一天,一名姓贾的同学到部队的俱乐部看电影,他发现坐在前排的一个解放军叔叔正在聚精会神看书。贾同学悄悄走过去低头一看,这位解放军叔叔正在看《毛泽东选集》,再仔细一看,原来是雷锋叔叔。贾同学不解地问雷锋叔叔:"电影马上就要开演了,这么一点儿时间,你还看书啊?"听了小同学的话,雷锋说:"时间短吗?你看,我已经看了三四页了。别看时间短,只要你能抓紧,看一页就是一页,积少成多嘛!学习,不抓紧时间可不行啊!"这位小同学听了,对雷锋叔叔的学习劲头更加敬佩了。

做一颗永不生锈的螺丝钉,离不开钻研精神。雷锋酷爱读书,但他从不泛泛去读,而是肯钻研、善思考。在部队时,连队开展学习毛主席著作的活动,雷锋千方百计抓住空闲时间进行学习。晚上熄灯了,为了不影响战友休息,他总是喜欢去还有灯光的车场、工具房、厨房或连部看书。

一天晚上,指导员从营部开会回来时,发现大家已经熄灯就寝,雷锋却还在连部埋头看书。指导员走过去对雷锋说:"雷锋啊,学习好,也要休息好,都快半夜了,怎么还不回去睡?"雷锋本来想把书看完再睡觉,但考虑到指导员要休息,他就合上书回宿舍睡觉了。等指导员一觉醒来,发现连部的灯还亮着,他披着衣服走过去一看,原来雷锋又回来看书了。指导员发现雷锋正在用心阅读《矛盾论》,雷锋在书上的空白处写下了很多读书感受,虽然有的感受只有寥寥几个字,但看得出雷锋读书很用心,指导员打心眼里也佩服雷锋的学习精神。

雷锋常说:"只要付出了艰苦的劳动,车子就会听使唤。平时不愿下苦心,不肯做艰苦细致的工作,要想车况好,那就像坐着不动,想让苹果掉到嘴里来一样,是根本不可能的事。"雷锋爱钻研,对什么事都很用心负责。在部队当汽车兵时,他开车十分细心,不放过任何一个行驶过程中的细节,不放过任何一次学习驾驶修理技能的机会。

一次,他乘坐兄弟部队的卡车回驻地,途中发现卡车忽然自动减速。他急忙透过驾驶室后窗往里看,发现卡车司机拉了一下阻风，做了一个上坡时才用的动作，雷锋感到很奇怪。等车子停下来后，他急忙提出自己的疑问。司机告诉他，拉阻风是想判断一下自动减速的故障是出在油路上，还是出在电路上。雷锋觉得学到一个检查故障的好方法，回到连队，他就对自己班里同志讲了这个事情。后来，经过大家的实际操作，发现这确实是一个很好的办法。还有一次，雷锋和助手小韩在出车前验车时，发现一个火花塞帽不见了，两个人找了半天也没见踪影。因为有出车任务，小韩提出用新的火花塞帽拧上去就行，但雷锋不同意，他认为如果火花塞万一掉进气缸里，就会造成重大事故，一定得排除隐患。于是，两个人仔细检查了气缸，果然在那里找到了丢失的火花塞帽。

1962年8月15日，是一个让人悲痛的日子。这一天早晨8点多，雷锋和助手小乔开着车风尘仆仆从山区工地回到了抚顺驻地。由于近段时间雨水较多，车子又奔波往返于山路上，整个车身被溅得满是泥点子，雷锋想先把车子洗干净，再去看望下附近学校的孩子们。他们计划把车子开进连队营房后的一块空地上清洗。由于从车场到营房后面要经过一段比较窄的过道，雷锋下车当起了引导员，指引小乔倒车拐弯。不幸的是，汽车拐弯进入晒衣场时，汽车将距离大树最近的一根木杆从根部挤断。折断的木杆在铁线的拉力下突然弹起，正好击中了雷锋的太阳穴，一位伟大的共产主义战士陨落了。

雷锋常说："我要积极肯干，做到说干就干，干就干好，脚踏实地、实事求是地干，千方百计地干，事事拣重担子挑，顺利时干得欢，受挫折时也要干得欢，扎扎实实地干，一定要把事情办好。"雷锋的一生是短暂的，却因其把有限的生命投入到无限的为人民服务之中去，从而在他平凡人生中孕育出的精神却是永恒的。

生命的意义，不在于长度，而在于厚度。雷锋怀着满腔热情，从身边做起、从小事做起，把有限的生命投入到无限的为人民服务之中去。他的生命虽然短暂，但其一心为着他人的人生，彰显出了生命的价值、铸就了不朽的丰碑。人们常说，岁月可以冲淡一切。然而，岁月的沉淀也可以让精神更厚重，让丰碑更巍峨。生活在今天这样一个伟大的时代，每个人的人生目标都会有不同，生活方式、工作方式也有差异，孤芳自赏、脱离人民只会陷入越走越窄的狭小天地，只有到人民群众中去，到新时代、新天地中去，把自己的小我融入祖国的大我、人民的大我之中，与时代同步伐、与人民共命运，才能更好地实现人生价值、升华人生境界。雷锋，他的光辉形象和崇高精神，无论何时何地都是我们学习的好榜样。

苏宁（1953—1991） 献身国防现代化的模范干部。山西省孝义县（今孝义市）人。中国人民解放军第23集团军69师炮兵团参谋长。1969年参军，共产党员。历任战士、班长、排长、连长、营长团参谋长等职。牺牲前晋升为中校军衔。他入伍22年，热爱军队，埋头苦干，身在基层，心系全局，刻苦学习，钻研和掌握国防现代化知识和军事技术，成为一名具有现代军事素质的指挥员。1991年4月21日，在组织部队进行手榴弹实弹投掷时，为救护战友英勇负伤，经抢救无效，光荣牺牲。1993年2月，中央军委追授他"献身国防现代化的模范干部"荣誉称号。江泽民等党中央领导题词，号召全党全军向他学习。

苏 宁
献身国防现代化

有这样一位潜心钻研的英才，他英俊儒雅、气度不凡、神情专注，他在笔记本上写下的都是对国防和军队现代化建设的深入思索……这位英才就是苏宁，在他曾经伏案的书桌上，时间永远停留在了1991年。当时，他8岁的儿子将4月21日那一页的日历撕了下来，在空白处留下了稚嫩的笔记："爸爸永生"。

"我喜欢这一行"

1953年12月，苏宁在南京出生。当时，他的父亲苏醒，解放军第三军骑兵团的政委，正在解放军南京军事学院学习。苏宁就是这个时期父母爱情的结晶。因为出生在南京，苏宁的父亲便用了南京的简称"宁"来为他命名。

苏宁的父亲原名任克良，1927年参加革命后，改名为苏醒，一是避免敌人追根溯源迫害自己的家人；二是表明自己灵魂已觉醒，走上了革命的人生新道路。苏宁不仅继承了父亲的红色姓氏，而且继承了老一辈革命者的红色基因。

在位于哈尔滨市的苏宁烈士纪念馆里有这样一张照片，那是1957年苏宁的母亲冯静轩抱着手拿玩具的苏宁在朝鲜的合影。那时的朝鲜，战争的硝烟虽已消散，但解放军的英勇事迹仍然在那里传唱。奇袭白虎团、邱少云烈火烧身岿然不动、黄继光舍身堵枪眼、血战上甘岭……这些英雄的壮举，常常使小苏宁双拳紧握、小脸通红，他懵懵懂懂地感受到了军人的使命和责任。

在朝鲜期间，苏宁常常跑到营地附近的山上玩耍。山上有许多栗子树，每棵树下都有一个手榴弹箱子，这些箱子里装满了志愿军捡的被风吹落的栗子。苏宁很好奇，为什么志愿军叔叔不把这些栗子直接拿回营地做成美食呢？

后来叔叔们告诉他，这是因为中国军人的军纪严明、作风优良，不拿朝鲜人民的一针一线，爱护朝鲜的一山一水、一草一木，把朝鲜人民的事看作自己的事。不仅如此，志愿军官兵还坚持借物送还，损坏赔偿，自己动手砍柴担水；行军路上互相监督，注意不踏毁庄稼；到宿营地借住民房时，主动帮助房东打柴、担水、割草、喂牛、推磨、起粪、打扫院子，临走时检查群众纪律、向群众告别道谢；在与朝鲜人民的接触中，和气待人、敬老爱幼、尊重妇女。

听着叔叔们的话，小苏宁虽然似懂非懂，但中国军人的模样已在他幼小的心灵深深印刻。甚至可以说早在那时，苏宁就已经立志要像爸爸妈妈一样做一名军人，献身国防事业。

1969年初，中国和苏联北部边界的岛屿冲突日趋激烈，冲突中，珍宝岛的军事冲突从开始的言语交锋，到互相推搡，继而升级为棍棒相加，战争有一触即发之势，战争的阴云即将笼罩于东北人民的上空。

此时，苏宁还是一名初三的学生，再过几个月即将毕业了。面对国家安危,热血青年苏宁在教室一刻都坐不住,他渴望参军入伍,奔赴前线,保家卫国。可是,还不满16岁的他不够当兵的年龄。苏宁恳求爸爸出面帮忙,可爸爸却劝他:"你还小,等你到了当兵的年龄再说吧。"

少年苏宁为此苦恼不已,既然爸爸不帮忙,那就找妈妈。最终在苏宁的软磨硬泡之下,妈妈把苏宁的参军梦告诉了苏宁爸爸的老上级、时任23军政治委员的傅奎清。傅政委很赞赏苏宁为国效力的志向,他对苏宁的妈妈说:"宁宁是个好孩子,我要他了。"

1969年2月27日,苏宁的参军梦终于实现了,他成为23军某炮兵团的一名新兵。苏宁的妈妈在回忆这段经历时,说了这样一段感人至深的话:"人家是走后门往外调孩子,我是走后门往前线送孩子,我觉得这样做是对的。"

刚入伍的苏宁个子不高,团里一时没有小号的军装,需要向上级特别打报告申领。于是,苏宁依旧穿着他的那身黑棉衣,和那些穿着崭新绿军装的其他新兵形成鲜明反差,有人开玩笑说他是"土八路"!管他是"土八路"还是"洋八路",能当上兵就行。苏宁终于实现了自己的夙愿。

1969年3月2日,就在苏宁参军后的第四天,震惊中外的珍宝岛战斗打响了。对于还是一名新兵,而且连军装都还没有穿上的苏宁来说,前线是遥不可及的,这让苏宁内心充满了不甘。

虽然不能像前线的战友那样冲锋陷阵、保家卫国,但是苏宁把这种遗憾化为巨大的动力,他暗下决心,决不给父辈丢脸,一定要全身心地投入到军营生活的每一分、每一秒,用出色的表现来向战友们证明像他这样的干部子弟同样能吃苦。

新兵集训结束之后,苏宁被分入了榴弹炮2连,当上了一名侦察兵。在连队,除了搞好日常的军事训练,苏宁还专爱找别人不爱干的脏活累活干。为了解决连队厕所卫生状况不佳的老大难问题，苏宁干脆向连队立下军令状，承包了打扫厕所的任务，每天都早起半小时把厕所打扫一遍，卫生状况因此大为改观。

对苏宁来说，抢脏活累活干，是作风养成的最好途径。对此，有少数不理解他的战友就问他："你是想入党、提干吧，要不怎么这么累死累活地干？"苏宁摇摇头，真诚地回答说："当兵就应该不怕苦、不怕累，只有平时能吃苦，战时才会勇于流血牺牲，为国奉献。三百六十行，唯有军人是用鲜血和生命为祖国服务的，我喜欢这一行。"

"笨鸟先飞"

苏宁虽然早早地圆了参军梦，但有一个无法回避的问题，那就是苏宁是一名初中生，他的知识文化水平距离部队的实战要求还有较大距离。因为在那个"停课闹革命"的特殊年代，他并没有系统学习的机会，说白了，苏宁的文化底子基本是小学水平。

然而炮兵侦察兵是炮兵射击中最具技术含量的工作之一，在炮兵部队的"观、通、炮、驾、炊"五业当中，侦察兵被列为五业之首，也被称为是炮眼。地面炮兵射击通常是看不到敌人目标的，要准确命中几公里乃至几十公里外的目标，只能靠炮兵侦察提供的射击诸元标尺和射击方向来完成射击任务。

文化底子差的苏宁要如何才能当好一名炮兵侦察兵呢？勤学苦练是唯一出路！

一天夜里，熄灯号刚刚响过，2连连长像往常一样开始查铺查哨，走到苏宁的铺位时，发现苏宁正在蒙头"大睡"。再走近一看，隐隐有光亮从被窝里透出来。原来，苏宁没有睡，他正照着手电筒做侦察兵的计算习题。

连长心疼地说道："小苏，早点休息吧，别累坏了身体，明天还要训练、劳动呢。"

苏宁小声说道："连长，我给自己规定每天必须做够100道试题，今天还没做完呢，加加班。要不，我睡觉也不踏实。"

谁会不喜欢勤奋好学的兵呢？连长没有命令苏宁关手电筒休息，小声地叮嘱了两句，便去检查下一个班了。

这就是苏宁日常，他深知"笨鸟先飞"的道理，于是把大量精力用在学习上。他争分夺秒，节假日也不休息，别人休闲娱乐的时候，他还徜徉在知识的海洋，永不知足地吸收着知识的营养。

一有机会他就独自跑到野外去研究瞄准目标在各种条件下的变化情况。他先对着阳光测了几个目标，用脚步一量，普遍误远。他又背着阳光测几个目标，普遍误近。他记下每个目标的误差，然后仔细地把全部目标看了又看，想了又想，找出了其中的规律：向阳目标，因为看得清晰，所以觉得近；背阴目标，看起来很模糊，所以觉得很远。苏宁马上根据这个发现，重新目测了几个目标，果然比前几次准多了。

炎炎夏日，苏宁会顶着火热的太阳，或者迎着忽然而至的暴雨，一步、两步、百步、万步，量定一个目标，又量另一个目标。冷风凛冽的冬季，炮兵团要到野外作业，戴手套计算不方便，苏宁索性把手套摘掉，几个小时下来，手冻得又红又肿。

功夫不负有心人，在做侦察兵的一年多时间里，苏宁将困难一次次地踩在脚下，懂得了一名侦察兵的重要性，掌握了扎实的基本功，成为全团知名的侦察专业计算兵尖子。

1970年9月，17岁的苏宁被任命为2连侦察班的班长。班长是兵头将尾,也是"军中之母",要当好一名班长,既要在业务知识、能力素质方面成为战士的榜样,也要在训练和生活中站得直、走得正、干得勤,最重要的是还要当好引路人,帮助和督促战士们成长成才。

一次,炮兵团进行侦察兵技能比赛。苏宁志在夺冠,满怀信心地带领全班上场了。可是,比赛结果一公布,苏宁傻眼了,他们班排名很不好。原来,由于受到"文革"的影响,军队中出现了军事干部不敢抓训练、战士不敢学技术的普遍现象,苏宁带的这个班尤为明显。

难题再次出现在苏宁面前,怎么办？苏宁想起了自己"笨鸟先飞"的经历,他决定带领全班战士"一起飞"。

苏宁首先分别找班里的战士谈心,从履行军人职责使命的高度,帮助他们提高认识和觉悟,督促他们端正训练态度,努力提高军事技术。另外,苏宁针对个别新战士接受能力差、适应能力弱等实际情况,通过以身作则、真诚感召,从铺床叠被、打扫卫生、穿衣戴帽等细节入手,使每名新兵真切感受到部队"军中之母"的温暖,逐渐形成凝聚力和向心力。

苏宁还抽出业余时间,尽自己所能,辅导本班的战士学习军事。他的方法就是勤学勤练,全班战士业余时间每人每日都要做一道题。做题不难,难在坚持,难在持续进步。为此,苏宁用牛皮纸制成六个书本大小的纸袋,写上姓名,每人一个,用订书机订在一张大白纸上,像收发室里的信袋一样,再将大白纸贴在墙上,用来放每个人的习题。每天晚上,翻书、查笔记、找资料,根据本班战士的不同情况,出不同类型的试题,写在纸条上,分别放入各自的纸袋里。第二天,战士们把做完的试题交给苏宁,由他批改,当面指出答题的对错。如果战士答得不对,苏宁就不厌其烦地反复讲解,直到弄懂弄通为止。

功夫不负有心人。如此循环往复,全班战士的军事技术知识也像装满的纸袋一样,充实了、丰满了。第二年,侦察兵比赛,苏宁所在班荣获全团第一名。

正是因为有了苏宁这样的好班长,战士们才能飞得更高、更远。苏宁所有找苦吃的行为,源于他对一个标准职业军人的不懈追求。

"就吃剩饭"

1976年8月,苏宁被任命为炮兵团5连连长。连队是一线战斗堡垒,各级组织的决策部署,各级领导的指示要求,以及部属的期望诉求,矛盾困难,都需要连队来推动落实。"上面千条线,下面一根针",作为连队主官,连长要具备一呼百应的能力,说话有人听,办事有人跟。

被任命为连长的那一年,苏宁才23岁,是全团最年轻的连长。年轻的苏宁能一呼百应吗?

当时,连队主官如果没赶上饭点,炊事员会为他们另做一份。一次,苏宁因工作原因没能集合吃饭,炊事员专门为他重新准备了一份伙食。苏宁坚决不吃,非要炊事员换成没吃完的大锅菜。这下把按"规矩"办事的炊事员弄得很尴尬,苏宁拍拍炊事员的肩膀解释说:"你不要多想,我知道你也是好意,我这样做就是想立个规矩,今后我误了饭一律不准再做新的,就吃剩饭!"炊事员以为新来的连长装模作样假客气,没想到"就吃剩饭"从此成了5连的铁规矩。这条规矩一下子拉近了苏宁和全连战士的距离,战士们都感叹:"这个连长不一样,他和我们一样!"

这就是革命军人的样子啊!正如粟裕同志曾风趣地说,那时对于白军最有号召力的宣传就是"红军官兵平等""红军不打士兵"。当时,红军所到之处皆流传着这么一首歌谣:"当兵就要当红军,处处工农来欢迎,官长士兵都一样,没有人来压迫人。"

官兵一致,关键靠官。年轻的苏宁继承了中国共产党人在革命战争年代的优良作风,始终把"战士第一"装在心中,与战士们一块过、一块苦、一块干,还设身处地感知他们的冷与暖、苦与乐。

不论白天多忙多累,苏宁夜间都要到哨位走一走,到战士宿舍转一转。一天深夜,他到油库查岗,发现只有一名哨兵。油库是军事重地,夜间执勤一直实行的是双岗制,还有一名哨兵去哪了呢?苏宁有些恼火,以为战士擅离职守,询问过后获知原来是接岗哨兵迷迷糊糊地接过哨又睡了过去,于是哨位只剩一名战士了。

这种情况下,苏宁去把漏哨的战士喊过来就可以了,但是苏宁心疼战士,他告诉哨兵:"你回去叫岗,我替你站哨,然后你就赶快睡觉吧!"当下一班哨兵赶来时,他已经在哨位上站了一个多小时。苏宁挺拔的身姿仿佛在告诉漏哨战士:"站岗值勤是保卫国家,为了祖国和人民站岗执勤,不能偷懒,更不能怕苦怕累。"

在部队中,有一句这样的俗语:"当兵不当排头兵,站岗不站二五岗。"说的就是夜间值岗的辛苦,特别是寒冷的冬季,没有顽强的意志力和过硬的身体素质,是很难把岗站好的。苏宁很清楚站岗的辛苦,每次冬季野外驻训,他都会在夜间去替岗,有时一站就是三个小时。这样用真心真情爱护士兵的好连长,哪个战士不爱戴呢?

苏宁和战士打成一片,不摆官架子,也有人不理解,还有人劝他:"连长就要有个连长的样儿!"

何出此言呢？原来这是一段有味道的对话。

厕所是每一个军营必备的公共设施，但是在那个年代的军营，绝大多数的厕所都是旱厕。由于旱厕没有冲水设备、下水道和能分解处理粪尿的设备，所以军营厕所的贮粪池、蹲坑和粪缸里面的粪尿必须及时清淘。这种脏活累活往往都是战士们利用周末去干，连队干部少有亲自淘粪的。但是苏宁知道多一个人就多一份力量，早点清理完粪坑，战士们就能多一些时间休息放松，写写家书，读读家信。

一年夏天，苏宁正在臭气熏天、蚊蝇横飞、蛆虫乱爬的公厕淘着粪，这时兄弟连的一位连长来上厕所，一看是苏宁在淘粪，很不理解："我说苏连长，学雷锋也不用自己干啊，带个头做个样子就行了，你还真下苦力气呀？是不是战士不听你摆弄，你叫不动啊！"

苏宁头都没回地说道："战士们忙了一周，好不容易盼个星期天，让大家轻松一下。这点活我一上午就干完了，反正我也没啥急干的大事。"

那位连长颇不以为然："苏宁，我可不是早当几年连长给你当老师。你会不会当连长？连长就要像个连长的样！如果事事都是自己干，那还要兵干什么？要学会组织战士去干，而不是自己干，要是都像你这样当连长，就把这帮战士惯得不会干活喽！"

这话刚说完，远远看见几个战士跑过来。他们边抢过苏宁手里的淘粪工具边"埋怨"道："这点活还用你连长动手吗，我们一会就干完了，你快回去洗洗休息吧！"

苏宁当然不走："我们一起干吧！"

平时不与战士同甘苦，战场谁与你赴汤蹈火？看着苏宁和战士们真能亲密无间，那位连长陷入了沉思："看来苏宁这个连长真不一样。"

"笨拙"的约会开场白

有些缘分似乎上天早已注定,在不经意间遇见的那个人,谁也不知道竟是陪伴一生的人。

武庆华,苏宁的爱人,是将门之后,从大连军医学院毕业后做了一名军医,正值芳华,周围从不缺乏追求者,也有"红娘月老"为她牵线搭桥。忙于工作的她一一拒绝了,这其中就有苏宁。

在见到苏宁之前,对于武庆华而言,苏宁只是又一个相亲对象,而且条件还挺一般,特别是苏宁初中没毕业就去参军,让她觉得苏宁的文化水平不高,如果见面肯定没有共同语言,与其尴尬,不如不见。

苏宁这边却很想和武庆华见上一面,因为他的择偶标准就是军人、党员、医生这三条,武庆华一个不落,简直是"量身定做"。奈何对方没音讯,苏宁也只能干着急。不过还好苏宁在武庆华身边安插有"间谍",这个人既是武庆华的同事,又和苏宁是同一个大院的邻居,这样苏宁能时刻掌握武庆华的最新动态。

正所谓,缘,妙不可言。一天,苏宁连里一名排长要住院,巧的是,负责诊治的医生正是武庆华。得到"情报"的苏宁就这样在看病号的时候"巧遇"了武庆华。四目相视,彼此都有心动的感觉。特别是武庆华,对温文尔雅、谈吐不凡的苏宁留下了很深的印象。从此以后,只要连里有病号,苏宁都会出现在医院。终于有一天,他鼓起勇气向武庆华发出了约会的邀请:"武医生,今天晚上六点在黑龙江大学门口见!"

没有谈过恋爱的苏宁,邀请女孩子就跟下军令似的,既不温柔也不浪漫,武医生会赴约吗?

对于这次约会,苏宁万分期待也非常重视,特意提前半小时就来到黑龙江大学的门口,等待武庆华的到来。可是,半小时过去了,约定的时间已经到了,武庆华的身影却没有出现,这让苏宁有些焦躁和不安。苏宁在黑大门口来回踱着步,频繁地看手表,六点才过去几分钟,他却感觉仿佛有一个世纪那么漫长。就在望眼欲穿的苏宁几乎要打退堂鼓的时候,他看见武庆华正在不远处向他招手。

刚松了一口气的苏宁却立刻又紧张了起来,待会和她说些什么呢?还没想好,武庆华就走到了他的面前。紧张的苏宁情急之下说了这么一句话:"你是军人,怎么能迟到呢?"

多么"笨拙"的开场白呀,不会把武庆华吓跑吧?

同样是军人的武庆华反而很欣赏他的直爽,向他解释了原因,原来是出门的时候碰上一个熟人,硬要拉上她聊天,结果就来晚了几分钟。

就这样,苏宁和武庆华边走边聊,他们聊着理想聊着人生。身心完全放松下来的苏宁一点都不"笨拙",他不仅是一名出色的军人,还是懂生活、懂爱情的好男人。

武庆华曾经回忆说:"苏宁非常健谈,我和他处上对象不久,他就和我们家的人都熟了。结婚后,每次回家(当时我们住在我妈家)他都能找到话题。他跟爸爸讲军事,跟妈妈唠家常,跟弟弟谈为人处事,跟保姆谈做菜做饭……所以我家上上下下十几口人对他的印象特别好。我爸爸对他的喜欢超过我弟弟。"

在武庆华和苏宁10年的婚姻生活中,夫妻二人曾有一次特殊的结伴旅游。这次旅游,不是蜜月,而是在苏宁赴长沙炮院学习的第二个暑假。由于第一个暑假学校没有放假,未能见到日思夜想的妻儿,苏宁格外内疚。因此在第二个暑假即将到来时,他特意为妻子设计了一系列大胆、热烈且颇富浪漫创意的出行计划。

苏宁在给妻子的信中是这样描述的："A.南下线：广州—海南—深圳，此为第一方案。B.北上线：西安—兰州—敦煌，此为第二方案。第三方案由你选择。"武庆华选择了第三方案，而在这份匠心独具的爱情出行图上，苏宁完全采用军用图标作业，红蓝铅笔手绘，亦不无得意地向武庆华展示自己出色的参谋技能。

那个炎热的1984年的夏天，难得空闲的苏宁和难得空闲的武庆华玩得非常开心。苏宁一路上既当大学者，又当大导游。

到浙江嘉兴时，他们住在一个阿姨家里，这位阿姨和武庆华的爸爸是老战友。到嘉兴第二天武庆华就患了热伤风，身体非常难受。第三天一早武庆华就要急着赶路，因为当时也玩了十多天了，她很想儿子，儿子才一岁多点，怕保姆带不好。

苏宁哄着妻子，让她等病好了再走。但武庆华执意要启程，苏宁只好去隔壁收拾东西。不一会儿阿姨过来了，她把苏宁也叫来了，劈头就说："苏宁你有没有点爱心啊，你看看小华病成这样你还要赶路，急什么呀？"阿姨越说越严厉，苏宁只是低着头听任训斥也不辩解，像个犯了错误的孩子。武庆华一看把苏宁冤枉成那样，心软了，就又住了一天。后来她才知道，那是出"双簧"，苏宁偷偷求阿姨演的。

这就是苏宁和武庆华的爱情，美好、纯粹。

"我们对他很服气"

1987年12月，苏宁被任命为营长。自从苏宁担任营长之后，营里面的几位连长一下多了很多"烦恼"。那是什么样的烦恼呢？

1988年，哈尔滨市政府决定开始建设外环北路，并向社会各界发出积极支持外环北路建设的号召。当时,驻哈尔滨部队纷纷伸出援助之手,苏宁也带着三个连队前往施工路段,负责完成部分下水管线土建挖掘任务。在分配好各连队的施工任务并再三叮嘱各连连长注意安全问题之后,苏宁撸起袖子,拿上工具,和全营战士一起挖起了土。由于要赶工期,这次援建任务强度大、节奏快,营里面的年轻战士都吃不消,更别说已经三十多岁的苏宁了。连续几天高强度的体力劳动干下来,他的气色都不太好了。这样下去不是个办法,虽然苏宁坚持与大伙同甘共苦的精神让各连长很感动,但他身体垮了,这个营也就垮了。

怎么办呢?几个连长一合计,想了个"妙招"。

如果他在1连干活,2连就去叫他,说有事要汇报;等他去了2连,3连再去叫他,说连队有事要商量,这样一来二去,他就可以得空休息了。可这办法很快就被苏宁识破了,后来只要一叫他,他就打发通信员先去一探究竟,除非事情紧急,否则苏宁是绝对不会放下手中的工具的。"妙招"行不通,那只能用"笨招"了。全营战士为了让苏宁能少干一天活,都拼了命地干,结果硬是提前好几天完成了施工任务。

这样的营长,全营对他很服气。除了以身作则,身先士卒,苏宁让人服气的地方还有很多,特别是他用真心、诚心和耐心教育帮助"后进兵",让几位连长印象最为深刻。

俗话说,"林子大了,什么鸟都有"。任何集体中,都难免有刺头,就是不好好干活、专门捣蛋的那些人。这种人,一向是管理者讨厌和烦恼的对象。2连战士小辛就是这样一名刺头兵,从来都不干活,叫他干点什么都很费劲,而且训练成绩也跟不上,思想上还有些不思进取,甚至经常和连队骨干顶撞,与其他战士打架斗殴,一被批评,就私自离队回家。小辛的所作所为严重扰乱了连队的日常管理工作,特别是对连队的纪律建设、作风养成造成了不良影响,破坏了连队的内部团结。

乘着新营长上任,2连的连长和指导员找到苏宁,把小辛的情况向他作了详细汇报,并请求苏宁把小辛除名。了解到事情的来龙去脉,苏宁迟迟没有回应,从连队的汇报来看,小辛确实"劣迹斑斑",把这样一名战士除名,既能让军营里多一分清静,又能赢得连队人心,何乐而不为呢?但是苏宁并没有这么做,他语重心长地对连队干部说:"除名很容易,但我们带兵人难道就问心无愧吗?我们就忍心让自己的战友背着被除名的包袱回家吗?都说要爱兵如子,为什么一遇到具体问题就忘了呢?"他建议连队成立帮教小组,继续深入做小辛的思想工作。当时2连干部信心不足,认为小辛人生观、世界观已经基本定型,继续做思想工作未必会有效果。苏宁很坚定地告诉他们:"只要功夫深,铁杵磨成针,何况是个'刺头'?你们放心,我会帮助你们一起做小辛的工作。"

多年的带兵经验让苏宁知道,管教小辛这种兵,讲大道理是没有效果的,他只会听一套做一套。如果以营长的身份命令他遵守纪律,也只管得了一时,甚至会激发他的逆反心理,闹得更凶。怎么办呢?苏宁的办法很简单,给他"糖"吃。

一天下午,体能训练,2连组织抓单杠,小辛却在一旁只热身不上杠。排长问他为什么不上杠,他说:"连里没人拉得过我,我还练什么?"排长被他气得够呛,正要罚他站军姿,苏宁走了过来,对小辛说:"咱俩比比。"小辛这个愣头青,见是营长要和他比,不但不怵,反而来了劲,把脖子一梗:"营长,我可不会让你。"

说比就比,结果营长居然拉的比小辛要多,小辛还不服输,想着营长耐力肯定不如他,厚着脸皮和营长说:"第一把是热身,咱们三局两胜。"小辛哪知道苏宁虽然是营长,但这个营长可不一样,入伍那么多年,从来没有在军事体能训练上放松过要求,他的百米成绩12秒;单杠、双杠在八练习之外还自己创造了一个"九练习"——双手握杠,身体成90度角稳稳地悬在半空;全团万米通信赛跑,他可以进入前十名。

比赛的结果可想而知,小辛连进行第三局的机会都没有。当然,苏宁并没有借此机会在全连战士面前教训小辛,反而拍拍小辛的肩膀,开玩笑地说:"幸好是三局两胜啊,要是五局三胜我就比不过你啦。"这一下就拉近了苏宁与小辛之间的距离,也让小辛很不好意思,红着脸说:"营长,我服你了。"苏宁趁热打铁,"你这种拼劲、冲劲、闯劲我很欣赏,战场上就是需要你这样的'牛兵',但真正的'牛兵'不是到处挑刺找存在感,而是要练就能打胜仗的硬功夫。"小辛动情地说:"营长,我以前只知道干活靠力气,在外靠拳头,却从没听过像你这样讲处事做人的道理,我要是早遇上你就好了。"

就这样,小辛慢慢变了,训练也积极了。半年之后,还当上了指挥班的班长。复员的时候,他拉住苏宁的手久久不放,流着泪说:"营长啊,是你教我学会了怎样做人,我这一辈子都不会忘记你的。"

22年的"包袱皮"

1988年,苏宁走上了团参谋长的领导岗位。尽管职位变了,可他始终坚持身体力行、身先士卒,用自己的模范行动来感召部属。

有一次,炮兵团参加哈尔滨至依兰煤气管道的挖沟任务。时值寒冬,冰天雪地,施工作业中有很多困难,苏宁每天布置完任务后，就脱掉棉衣，同战士们一起抡大镐，一干就是几个小时，汗水浸湿了头发，胡茬结满了冰霜。在他的带动下，上级交给10天的任务，8天就完成了，炮兵团被施工总指挥部评为"先进单位"。

苏宁是一个高标准、高素质的军事指挥人才，他认为伟大祖国需要优秀的军人去保卫，实现国防现代化建设光靠上级不行，需要全军指战员共同努力。他是这样想的，也是这样做的。在团参谋长的领导岗位，他更加如饥似渴地学习科学知识，刻苦钻研军事技术理论，取得了突出的成果，先后撰写了数十篇军事学术论文。他的研究成果，有的在全军属于首创，有的填补了我军军事科学领域的研究空白，有的被一些专家论据引证。而这些论文都出自苏宁所居住的那间背阴的小屋里。在这里，苏宁度过了无数个不眠之夜，为了国防现代化，默默奉献着自己的年华。

当时，团领导的办公室和寝室都分在阳面，苏宁的也不例外。但苏宁考虑到白天自己要么在训练场，要么在办公室，只有晚上会用到寝室，于是便"命令"团里的公务员搬到了阳面，而自己住到了背阴的一面。本来营房部门要为苏宁重新配备寝室用具，但苏宁坚决没让，仍然使用漆面斑驳的旧办公桌。桌上竹壳暖瓶的表面都形成了一层包浆，刷牙杯上还贴着一块防漏胶布，窗台上放的是辣椒酱、方便面、挖野菜的小刀。

苏宁的床上，是单薄的黄军被、白床单，还有那当战士时用的包着衣服的白包袱皮。当兵的都明白，这便是军人的枕头。在2006年解放军配发制式枕头之前，中国的军人都是使用这种不是枕头的"枕头"。当年与他一道工作的指导员、教导员、公务员、医生都证明，苏宁军旅生涯22年，就是枕着这个小包袱入睡的。

一个战士用这样的小包袱，很正常。而一个连以上军官用它，已不多见。毕竟随着改革开放之后我国经济的快速发展，人民生活水平不断提高,物质条件日益丰富,部队的条件也越来越好了,军人们吃好一点、住好一点、过得舒服一点也是人之常情。而作为一个团参谋长用当战士时配发的包袱皮当枕头,且一用就是22年,何其罕见啊!当过兵的都知道,那上衣的硬扣子,正好叠在包袱的中央,每天晚上枕在上面毕竟是不舒服的呀!

苏宁为何节省到这种程度,家人有些难以理解,只有他身边的战友清楚其中的原因。苏宁的战友陈吉忠回忆道:"我母亲去世,苏宁来安慰我,然后就跟我说,返乡的车票已经给我买好了,临走的时候他又从兜里掏出1 000块钱。当时我眼泪就下来了,感觉到很亲。"

这就是苏宁,不忘初心,不变兵样,始终保持着吃苦耐劳的军人本色,磨炼以苦为乐、甘于奉献的意志品格。

苏宁牺牲后,他的母亲冯静轩来到了这间小屋。她深情地摸摸桌子、暖壶、茶杯,摸摸床单、被子、大衣,那是亲生骨肉用过的东西啊!当她看见苏宁用了二十多年的枕头包时,再也忍不住,泪水夺眶而出。她紧紧抱住苏宁的枕头包,就像抱着小时候的苏宁一样喃喃自语:"我的好宁宁,妈妈该做些什么,才能弥补这终生的遗憾?"

"我们的国防现代化,人人有责"

在苏宁军腰带的背面,画有火炮、坦克、飞机、军舰、导弹等14种兵器,这些兵器都是苏宁一个一个刻画上去的。每当有代表世界军事科技前沿技术的重大武器装备问世,苏宁都会刻在自己的军腰带上,以此激励自己为国防现代化建设贡献力量。

虽然苏宁不是军事科学家,也不是国防科技领域的专业技术人员,但他始终把个人理想与国防建设、个人奋斗与强军兴军紧密联系在一起,矢志不渝地把炮兵事业作为报效祖国的舞台,不断发挥个人智慧,用小发明、小创新助力部队战斗力的提升。

在部队,苏宁是远近闻名的小发明家,有许多研究成果。当战士的时候,没有计算器,苏宁就在几块塑料板上刻上密位,制成计算盘。计算盘体积小,可以揣在口袋里,使用很方便,很受战士们的欢迎。

当侦察班长时,苏宁制造了一种"射击捕捉器",射击时可以快速、准确地抓住炸点,并且能迅速、精确地修正偏差,有效地提高了训练水平。

当作训参谋的时候,苏宁在训练中发现土质的抗力对火炮射击有影响,他抓住这一课题不放,和军械修理所的同志一起反复研究,设计研制出了能够适应各种地面土质条件的综合驻锄板,从而提高了射击的精度。苏宁还发明了一种野战爬犁,是自己掏钱买木材做的。这种爬犁可以携运炮弹、行装以及其他用品。但是,木头爬犁比较沉,苏宁进行了改进,买来合金铝做成爬犁,轻便结实。

炮兵团驻守寒区,冬季的黑龙江雪花飞舞,冰天雪地。作为团参谋长的苏宁每次野营拉练回来,都会思考一个问题,就是冬季拉练的取暖问题。

士兵们拉练时都是打雪洞过夜,早上起来,一个个眉毛上都挂着霜,有些战士还冻坏了手脚。看到战士们冻伤的身体,他深感忧虑。苏宁把他的忧虑告诉了岳父武守端,武守端这位老兵当然懂得严寒对部队战斗力的影响,他问苏宁:"就不能想想办法吗?"苏宁叹了口气:"国家穷,靠上级解决,眼下不可能,不过……我想试验搞一种帐篷,总的原则是功能多,保温性能好,体积小,拆装方便。""这个想法很好嘛,我们应该为国分忧,你可以设计图纸,我们给你帮忙。"有岳父的支持,苏宁更加坚定了解决部队冬季拉练取暖问题的决心。于是,岳父的家便成了苏宁研制多用帐篷的实验场和加工厂。

帐篷的支架倒容易解决,团里的修理所就能焊,问题是制作帐篷可是门手艺活,尤其需要技术好的缝纫师傅一道道工序精心缝制。这下难倒了苏宁,团里上下都是大老爷们,到哪去找心灵手巧的裁缝呢?岳母孙爱芹看出了女婿的难处,就提出由她用家里的缝纫机做。苏宁本不想劳累岳母,但岳母坚持要贡献一份力量,硬是不顾辛劳,帮助苏宁完成了帐篷内帐、外帐与帐底的裁剪和缝制。经过一家人反复的研究、修改,一顶冬季用的多用帐篷制成了。这种帐篷功能多,能保温,体积小,拆装又方便。

经部队试验,支起一顶帐篷,3个人只需1分钟;当室外温度是-30℃时,帐篷里是20℃,最高时达到27℃。行军时可以罩在汽车上,随用随取,野营行军取暖的问题解决了。苏宁研制的多功能帐篷成功了,被命名为"90式多用野战帐篷"。

苏宁还经过反复钻研,把计算机引入作战决策系统,经过三年的艰苦努力,于1984年完成了《摩步师攻防作战计算机辅助决策系统》的设计方案,受到上级重视。

当时,电脑刚刚兴起,整个哈尔滨市只有几家大学和科研机构才有。而苏宁入伍前初中都没毕业,可想而知,研究的难度是很大的。但是,苏宁刻苦学习,虚心求教。那段时间,他兜里面总是揣着小纸片,有了新灵感就及时捕捉住。他的床上、桌子上常常摆满各种书籍,经常跑大学、研究所,多方学习,就连妻子的书信背面也写满了计算公式。

苏宁还和哈尔滨工业大学的教授共同研制了一种激光测速系统,用激光测试炮弹的初速。

有人劝苏宁:"课题这么大的难度,科研单位都拿不出解决的办法,你不是自寻烦恼吗?好则无功,坏则有过,何必担那么大的风险呢?即使成功了,对你又有什么好处和实惠呢?"苏宁回答:"我什么也不图。作为基层指挥员,这个难题我完全可以不去考虑。但我总觉得,我们的国防现代化,人人有责。"

"有生之年不为国家、军队做点事,那还有什么意思!"

1991年1月17日,海湾战争拉开帷幕。战争在42天的空袭和100个小时的地面作战后结束,美军及其盟军仅付出微不足道的人员伤亡。

借由当时已经普及的电视节目,中国人第一次直观地感受了一场高科技战争。来自美国海军航母战斗群的战斧巡航导弹和美国空军的F-117隐形轰炸机,不断冲击着中国军人的视线与内心。"不对称作战""超视距作战""信息化战争"这些陌生的名词,比激光制导导弹更"轰炸"着中国军人对战争的认知。

望着电视里七零八落的伊拉克军队,苏宁心里生出一个大大的问号:如果敌人现在挑事,国家有难,人民军队能否上得去、打得赢?晚上,他常常彻夜难眠,苦苦思索。一个不容回避的课题始终萦绕在他的脑际:如何打赢未来的战争?他深知,牺牲精神很重要,但如果没有科学的头脑和现代技术的武装,在未来的战场上照样难打胜仗。

苏宁认为,伊军指挥、通信手段落后,是导致惨败的一个原因。

他琢磨着炮兵群群长的一个口令如何直接下达到每一门炮,于是便想创造一种小型、灵敏、抗干扰能力强的无线电话,甚至画好了草图,并一遍遍地给在北京工作的哥哥打电话,托他购买有关材料。

苏宁观察到这场战争,在地面上主要是装甲部队的对抗,因而将反坦克武器的研究列入了他的研究日程,并且几近痴迷的程度。

在一次上级首长视察炮兵团导弹连的活动中,集团军首长无意中说了一句:"咱们这种反坦克导弹在南疆作战时,不知为什么,在距离测得很准确的情况下,只要在山地发射,常常打不到目标就落下来,特别在两山夹沟的情况下更是这样。"说者无意,听者有心,苏宁决心攻破这个难题。通过大量的研究及实地考察,苏宁找出了在山地影响导弹命中精度的三个原因:一是射手在战场条件下的心理因素对命中精度有影响;二是丛林造成的射击距离误差;三是山林地带对有线制导的耗线。可究竟哪种原因更主要呢?

苏宁把曾在导弹连当过检修工、熟悉导弹性能的李红旗叫到自己那间小屋。苏宁把近一段时间研究导弹的有关问题向李红旗说了一下,着实使李红旗吃了一惊,想不到苏参谋长看了不少这方面的资料,已经快成"导弹通"了。在这间小屋里,两人苦苦探讨,终于找出了原因,原来是导弹在飞行中导线不断往下坠的缘故。如果是平地,地面就把导线托住,可以达到规定的射击距离。如果是山沟,导线都坠到深沟里去了,就比平地射击时消耗导线,所以达不到规定的射击距离。根据这个推断,他写出了《反坦克导弹山地高差耗线现象的研究报告》,这一研究得到了军首长的称赞。

海湾战争还促使苏宁以一种全新的视角去审视过去所进行的军事理论研究。他明白战争不仅是综合国力的较量,也是军事理论的较量,没有高超的谋略,就会在未来的战场上被动挨打。

他这个军事运筹学会、军事统筹学会、经济数学研究会和总参炮兵射击学会的会员,撰写和发表了60多篇论文,共50余万字。其中《对现代作战中"非物质战斗力损耗理论"的探讨》一文,在全国军事运筹学会和军事系统工程学会年会上一经发表,立即引起强烈震动。全军军事运筹学会秘书长陈庆华教授认为,这个理论填补了军事运筹学研究的空白,为动态地研究军队作战能力提供了一条崭新的途径。总参炮兵部的领导对此也给予了充分肯定和鼓励,并建议他们进行深入的研究和实验。

一个基层指挥员在理论研究上达到这个高度,可以说是难能可贵。可也正是因为醉心于军事技术,苏宁错过了不少提升的机会。某个深冬的一天,转业到地方的一位战友到国外留学,苏宁去送行。临别前他劝苏宁:"这年头都去挣大钱啦,别鼓捣你那些玩意了,在部队没啥发展,靠你老父亲的关系赶快转业吧,凭你的聪明和拼劲,到地方肯定能混出个样儿来!"

回家路上,他和妻子武庆华默默无语。妻子悄声道:"你也不能在部队待一辈子,趁年轻到地方找一个好位置,也好管管这个家。"苏宁抬起头,握住妻子的手,缓缓说道:"个人生活安逸,那是一个小家庭的事,可我所从事的职业关系到国家的安危。一个人有生之年不为国家、军队做点事,那还有什么意思!"

正是这拳拳爱国之心和对国防事业的热爱与执着追求,才使苏宁这个普通党员急祖国之急,在基层指挥员的岗位上研究国防现代化的大课题。

扑向"死神"

1991年4月21日,破晓的光线伴随着嘹亮军号升起,激昂的起床号音划破炮兵团的黎明。没多久,军营的靶场上,出现了苏宁忙碌的身影。

这天上午,按预定计划,炮兵团要进行轻武器实弹射击和手榴弹实弹投掷作业,苏宁第一个前往靶场勘察投掷场地。训练开始后,苏宁抢着去组织危险性较大的投弹训练。作为团首长,他完全可以吩咐机关干部组织实施,也可以在下达命令后退入安全地带监督。可是,他深知炮兵这方面训练少,每年难得有一次手榴弹实弹投掷作业,安全起见,苏宁坚持进入投掷点监护。

13连投完,该12连了。突然,意外情况发生了,12连连长投弹时由于挥臂过猛,弹体碰撞在堑壕的后沿,手榴弹滚落到他身旁担任监护人的13连连长的脚下。已经拉掉保险的手榴弹,将在3.5秒内爆炸。死神正在向两名连长挥舞着镰刀。

"快卧倒!"苏宁一个箭步扑过去,奋力将紧靠手榴弹的两位战友推拉开去。接着双手急速拿起手榴弹……可是弹体尚未出手,突然一声巨响,手榴弹爆炸了。

两名战友与死神擦肩而过,苏宁却倒在血泊里。

整个炮团处在难以抑制的震惊和悲痛之中,战士们心急如焚地朝医院奔去,争着为苏宁做一切能做的事。一名战士拉住医生的手,不停地说着:"求求你,救活参谋长吧,只要救活他,要我的什么器官都行。"

此时此刻,保卫股股长吴树森呆滞地站在参谋长身边,泪流满面,哽咽不止,心里说:"老连长啊,哪儿危险,你总是抢着上哪儿。"苏宁一生中五次抢险救战友,光是当连长期间,吴树森就碰上两次。

营区附近的群众得知苏宁负伤的消息,纷纷朝医院跑来。人们无比牵挂这位助人为乐的军人,谁家农忙缺少劳力,苏宁准派人去帮忙;哪位乡亲要是病情严重,苏宁准出现在眼前,还想着法子帮助联系住院。

哈尔滨第七职业中学的教导主任带领学生和老师赶往医院。孩子们爱戴"军民共建"中的这位校外辅导员。他们没有忘记,在少先队日、在夏令营、在课堂,苏宁一丝不苟地帮他们操练,讲解军事知识,介绍雷锋、保尔、刘文学等英雄的故事。

听说苏宁负伤,交通民警来了,几位汽车售票员来了,他们感激苏宁,更惦念苏宁。苏宁平时上街,遇上交通堵塞,又无警察,便站到马路中央疏通车辆。每次乘坐公共汽车,他总给群众让座。当他发现抱小孩的妇女没座,就说:"哪位同志让个座?"没人让座,他就主动过去,替人家抱孩子。

医院外热血沸腾,医院内万分紧张。211医院,黑龙江省医科大学第一、第二附属医院纷纷派出最权威的专家,全市的医疗部门准备了一切抢救药物和器械。医院的专家迅速进行了会诊,初步诊断为重度颅脑开放性爆震伤、脑干损伤、创伤性休克加双手离断伤。苏宁的伤太严重了!

晚上8时,全国著名脑外科专家、哈尔滨医科大学杨玉春教授匆匆赶来,直奔手术室。杨教授的诊断意见与此前的诊断完全一致,苏宁生还的可能不超过百分之一。即使如此,杨教授还是竭尽所能,仔细交代了许多抢救和护理苏宁的注意事项,直至午夜最后一次进手术室看望了苏宁以后,才不甘心地离开医院。

原沈阳军区派直升机将军区总医院战地创伤医学专家王辉教授送到哈尔滨,直升机则原地待命,如果苏宁的情况允许移动的话,随时准备带回沈阳抢救。王教授一下飞机,便驱车直奔手术室,立即为苏宁做了详细检查。他情不自禁地自言自语:"太严重了,太严重了!"

由于伤势过于严重,苏宁不能做手术,只能通过医疗器械维持生命。多么冰冷的事实啊,苏宁从死神手中救下了两名战友的生命,却让自己直面死神,在生死边缘苦苦挣扎。

苏宁在手术台上躺了八天八夜,心跳极其微弱,但仍在顽强地延续着生命。他还有太多未竟的事业,他还有太多的人割舍不下啊……

苏宁的妻子武庆华赶来了,她不顾一切地扑向自己的丈夫。她无法相信头部被纱布紧裹着的这张面容就是自己的爱人。作为军医,对这一切既清楚又束手无策。她只能颤栗着去抚摸爱人的手,那只是一双浸透着鲜血的圆纱布团。她绝望地呼喊着:"宁宁,你的手呢?手呢?"

苏宁的哥哥苏峰从北京赶到医院,一遍一遍地请求医生再想想办法,哪怕跟宁宁说上一句话。他一会儿轻轻地将自己的耳朵贴在弟弟的胸部,一会儿去抚摸弟弟的脸和手。他泣不成声地说:"宁宁的心脏还跳,体温还有,就该活呀!他前几天还写信给我谈他对海湾战争的看法嘛。"苏峰就这样每天每夜伴护在弟弟的身边,俯在他的耳边讲着海湾战争,讲着孩提时的往事,讲着他们每一分每一秒的共同记忆。他整整讲了八天八夜,他想要唤醒弟弟,他要弟弟醒过来。

然而,苏宁的伤太严重了,1991年4月29日18时8分,苏宁的心脏停止了跳动,一切抢救措施都无法让这颗顽强的心脏再跳动起来。苏宁睡着了,永远地睡着了……

苏宁牺牲后，人们在清理他的遗物时，从他的办公桌抽屉里找到十多个蜡烛头。战友含泪说，在苏宁牺牲前，连续几天，夜里都停电，苏宁并没有因此停下探索的脚步。夜很宁静，烛光微弱，但苏宁脑海中却是广袤天地中金戈交错、铁马驰骋，苏宁以**砥砺奋斗**的姿态不断地发起一次次冲锋。**热爱军队、不忘使命、身在基层、心系全局，一心为公、舍己为人**……苏宁身上展示出来的精神品质让我们感动，更需要我们传承。鲁迅先生曾说，青年"所多的是生力，遇见深林，可以辟成平地的，遇见旷野，可以栽种树木的，遇见沙漠，可以开掘井泉的"。今天，我们的生活条件好了，但奋斗精神一点都不能少，永久奋斗的传统一点都不能丢。苏宁走了，但英雄永在，他的事迹我们会世代传唱，他的奋斗精神我们会永远铭记，他未完成的事业由我们来完成。

李向群（1978—1998） 新时期英雄战士。海南省琼山市（现为海口市琼山区）人。中国人民解放军第41集团军121师361团9连战士。1996年12月参军，共产党员。在1998年伟大的抗洪抢险斗争中英勇献身。李向群生长在一个改革开放后富裕起来的家庭，他家富不忘报国，具有崇高的人生追求、强烈的进取意识、高尚的道德情操和无私的献身精神，用灿烂的青春书写了壮丽的人生凯歌，是继雷锋之后我军涌现出的又一个具有鲜明时代特征的先进典型。1999年3月，中央军委追授他"新时期英雄战士"荣誉称号。江泽民主席亲笔题词"努力培养和造就更多李向群式的英雄战士"，号召全军广大官兵向他学习。

李向群
胸怀远大志向　追求高尚人生

　　他,曾是改革开放大潮中的一名"小老板",但却毅然抛弃安逸生活,参军入伍。从入伍的那一刻起,他就将"保卫祖国、保卫人民"作为自己的座右铭。他全力以赴,立志当一名好兵。

　　他,曾经参加军事训练考核,五个项目中三个不合格。流血流汗不流泪、掉皮掉肉不掉队,作为"塔山守备英雄团"这支有着光荣历史的部队中一员,他挑战自我、挑战极限,不但成了"合格兵",成了"尖子",更成了"标兵"。

　　他,在党和人民最需要的时候,主动申请加入突击队。面对自身病痛,从未犹豫,始终冲锋在前;面对湍急水流,从未退缩,勇敢跳进洪流,将个人生死置之度外。一不怕苦、二不怕死,这种战斗精神烙印在他心中,直到生命的最后一刻,他用一腔热血谱写出了壮丽的青春之歌。

　　他,就是"新时期英雄战士"李向群。

"做一名解放军战士才是我最大的理想"

1978年9月21日,李向群出生于海南省琼州市的一个普通农家。十一届三中全会召开后,改革开放的春风使得海南经济特区建设如火如荼。在党的政策支持下,李向群的父亲李德清干起了个体运输,母亲王立琼做起了服装加工。几年之内,李家的服装加工厂规模不断扩大,生意十分红火,李家过上了富裕的日子。

李向群初中毕业时,得了疟疾,没能考成高中。而李德清生意上正缺帮手,便让儿子随他一起做生意。这样,李向群成了一个带车跑运输的"小老板"。

然而,李向群并不满足于"小老板"的安逸生活,与在部队的儿时好友彻夜长谈后,坚定了参军入伍、报效国家的信念。1995年9月21日,适逢李向群17岁生日,他趁机向母亲表达了参军的意愿。面对刚满17岁的儿子提出的这个要求,心疼儿子的王立琼有些不知所措,但看着儿子对部队强烈的向往,思索片刻后,同意了李向群的请求,并叮嘱他:"你要当兵就当一个好兵,如果入不了党,就别回来见妈。"

1995年底,李向群报名参加了征兵体检。在得知自己没有被录取后,李向群急忙跑到征兵办公室,跟武装部副部长梁昌宏软磨硬泡起来,不停地表达自己想要成为一名解放军战士的强烈信念。最终,梁昌宏被这位年轻人坚定的态度和心中的伟大理想感动了,决定让他先参加镇上的民兵营,提高身体素质,等下一年再推荐他入伍。

回到家后,为了李向群来年能够成功参军,家里人都想尽了办法帮助他。父亲让他一心一意锻炼身体,不要考虑家里的琐事;哥哥更是给他买了一副哑铃,时常陪他锻炼身体。

终于,功夫不负有心人,在1996年秋天民兵营的军事考核中,李向群取得了第三名的好成绩。11月,李向群再次前往武装部报名入伍,与上一次不同,这一次李向群的政治考核和体检都合格,他如愿以偿地通过了各项审核。

12月7日,李向群收到了入伍通知书。这一天,李向群格外兴奋,家里的亲戚也为他骄傲,母亲为他做了一顿丰盛的晚餐送行。但是,这同样也是李向群即将离开家的日子。夜里,母亲来到李向群的房间,满含泪水地叮嘱李向群一定要照顾好自己,更不要忘了在部队好好干、争取入党。这一夜,李向群和家人们都难以入眠,李向群憧憬着参军后一定要有一番作为的场景,父母则担心自己的儿子能不能适应部队生活。

1996年12月,一辆辆"东风"牌军用卡车将李向群与战友们送到了位于桂林的"塔山守备英雄团"。李向群被分配到3营9连1排1班,正式成为一名中国人民解放军。

通过参观部队的荣誉室、纪念馆,李向群对这支部队有了初步的了解。这支英雄部队创建于抗战时期的山东文登,一次次作战胜利为胶东的解放作出了重要的贡献。解放战争时期,在辽沈战役的塔山阻击战中,部队与敌苦战六昼夜,歼敌6 000余人,成功阻击了敌军11个师的进攻。塔山阻击战的胜利,为东北野战军主力攻克锦州赢得了宝贵时间,战后该团被授予"塔山守备英雄团"荣誉称号。

参观团史馆时,李向群看到了战斗英雄任常伦的故事。1944年,任常伦所在的部队与进攻胶东的日军在长沙堡激战,担任副排长的任常伦在子弹打光后,用刺刀连杀5名敌人后壮烈牺牲,年仅

23岁。当晚,李向群在日记中写下了曾锋曾说过的那句话:"我愿在暴风雨中艰苦的斗争中锻炼自己,不愿在平平静静的日子里度过自己的一生。"在参观师史馆时,战斗英雄李培江的故事更使得李向群坚定了要当一个好兵、要为人民作贡献的信念。

对初入军营的李向群而言,部队的光荣历史既是入伍第一课,更重要的是潜移默化间起到了很好的教育和鼓舞作用,战斗英雄的事迹激励着李向群时刻牢记自己是英雄部队的一分子,要将英雄们留下来的宝贵精神财富传承和发扬好。

1997年1月29日,是连队举行授枪仪式的日子。对李向群来说,这一天既神圣又格外兴奋。

"李向群!"

"到!"

从连长手中接过钢枪后,李向群感受到了这支钢枪背后的意义。这不仅仅是可以作战的武器,更是党、国家和人民对一名军人的信任。宣读完军人誓词后,李向群暗暗地在心里发誓:一定要掌握好手中武器,履行好保卫祖国和人民的神圣职责,努力学习,刻苦训练,让党和人民放心。

仪式结束后,李向群牢记着连长的话,"要像爱护生命和眼睛一样爱护武器",对自己的枪爱惜不已。这一天过后,李向群成了一名真正意义上的军人,在这支英雄部队中开始了自己不平凡的军旅生涯。

不仅要当"合格兵",更要当"标兵"

争当"合格兵",既是李向群入伍后给自己设立的首要目标,也蕴涵着家人的期望。军事训练考核达标则是成为"合格兵"的基础要求之一,但是对于从小生活富裕的李向群来讲,却成了令人头疼的事情。

进入新兵连两个月后,营里对刚入伍的新兵进行了五项军事训练考核。成绩公布了,李向群只有400米障碍和投弹两项考核刚过及格线,其余三项都不及格,这个成绩让李向群成了新兵连里的最后几名。李向群心中五味杂陈,充满了愧疚,感觉自己辜负了家人和班长的期望。在新兵排排长的安慰与鼓励下,李向群重新树立起了信心,决心刻苦训练,当一名"合格兵"。

为了提高自己的军事训练成绩,李向群制订了详细的训练计划,从阶段目标、每日目标到射击环数、5公里每圈速度,都进行了严格的规定。他在日记里写道:"五公里,我一定要再下一点决心,达到优秀以上。"

为了提高5公里成绩,李向群主动提高训练难度,将自己缝制的沙袋绑在腿上进行负重跑步。除去日常的体能训练时间,李向群常常利用午休和晚饭后的时间一个人在操场上加练,每当战友们约他去打球时,他也总是拒绝,沉浸在自己的"跑步世界"中。

周末和节假日对于战士们来说,是一个减小训练量、放松身体的好时机。但对李向群而言却并非如此,为了提高自己的耐力,他进入了"疯狂"模式,利用周末和节假日来到距离连队几公里远的山坡上练习800米冲刺。为了节省时间,李向群还自带干粮,饿了就吃馒头,尽可能地利用一切时间加紧训练。终于,一个月后,5公里越野这个"敌人"被成功消灭了,李向群的成绩有了质的飞跃,由原先的29分钟缩短到22分钟。

除去5公里越野,手榴弹投掷也是李向群的短板。刚开始时,李向群只能投二十几米,与其他战友相比还有很大差距。于是,李向群暗暗发誓：一定要优秀！为了加强练习，李向群自制了挥臂器，每天中午都坚持挥臂100次，投掷教练弹100枚。高强度的训练使得李向群的胳膊开始发红，继而肿胀，但他没有因此放弃，依然咬牙坚持练习。但训练结果却不尽如人意，在十多天后的考核中，李向群只比上次提高了1.5米。

反思过后，李向群认为是自己的训练方法出了问题，只靠提高训练强度是徒劳的，更重要的是要掌握正确的投掷方式。于是，李向群便积极地向连里的训练标兵请教。在新兵连排长郭秀磊的讲解、示范和动作纠正下，李向群掌握了正确的投掷方法。果然，在之后的训练中李向群进步明显，成绩也达到了五十几米。

功夫不负有心人，在新兵连结束后的五项军事训练考核中，李向群全部达到了良好以上，还有三项成绩达到优秀，总成绩位列第一。三个月的训练没有白费，李向群也因此获得了连队的嘉奖。

但要立志成为"合格兵"的李向群没有满足于此，他将新兵连的结束看成一种新的开始，向着成为一名训练标兵出发。

为提高自己400米障碍的成绩，李向群一个障碍一个障碍地突破，尽可能地缩短通过每个障碍物的时间。在进行翻越矮墙训练时，由于起初采用先两手扶墙、再抬腿迈过去的方法，十分浪费时间。李向群主动加大训练难度，在矮墙上方立起一根木棍，以逼迫自己跳得更高，尽力克服心理上的恐惧，可以直接抬腿飞越过去。在训练过程中，由于400米障碍危险性较高，李向群经常受伤，但仍然坚持着。一段时间下来，李向群的400米障碍成绩有了质的突破，由起初的两分多钟缩短到了1分32秒，成了连里的第一名，也进入了团里的前十。

日复一日的训练终于换来了优异的成绩，在团里的军事训练等级评定中，入伍仅半年多的李向群在20个课目中取得17个优秀,被评为"训练尖子";在年底的评奖中更是被评为"优秀士兵",李向群成为一名真正的"合格兵"。

在部队中,队列水平的高低既能反映一名军人的作风是否过硬、是否时刻保持良好的军人形象,更是部队正规化建设的重要内容。

一次,团里组织新兵队列比赛,各单位都十分重视,纷纷加紧训练,有些单位甚至组建了示范班。李向群所在的9连也加班加点细抠各项队列动作,力求"出腿如风、落地有声",但李向群却一个人默默地只练习踢腿。原来在前几天的双杠三练习训练中,李向群不慎从杠上跌落下来,右手腕扭伤了。按照医生嘱托,李向群本应全休半个月,但一听到团里要组织队列比赛的消息,李向群坐不住了:"这种为集体争荣誉的事情我怎么能落下,一定要和战友们一起训练。"就这样,李向群坚持参加连里的队列训练,手不能动,就先从腿练起。队列场上,班长下令进行正步摆臂练习时,李向群条件反射般抬地起了自己手上的手臂,瞬间,一阵钻心的疼痛使他不禁龇牙咧嘴。班长和其他战友都劝他伤好了再训练,但李向群依然咬牙坚持训练,强烈的疼痛从右臂辐射开来,虽是严冬,但豆大的汗珠顺着他的脸颊流了下来。

半个月后,李向群的手腕痊愈,他也如愿以偿地加入了示范班。一次,在训练过程中,班长杨利民被连长叫走后,队列里传来阵阵讲话声,一名战友还不时地搓手取暖。李向群心里想,比赛在即,现在本应是加紧训练的时候,班长不在,就是考验大家自觉性的时候。于是,他对大家说:"既然出来了,就多练一会儿吧,不然怎么参加比赛!"听到李向群这番话,那名搓手取暖的战友不耐烦起来,觉得李向群一个新兵,凭什么管这些事。李向群旁边的另一名战友说:"不要管他们,我们练吧!"但李向群认为这关乎9连的集体荣誉，"任何人都不能给连队抹黑。"听到李向群这样说，班里的同志认识到问题的严重性，都停止了小动作，开始认真训练。

从此，9连示范班的队列训练再也没有出现浑水摸鱼的现象，稍息、立正、摆臂、踢腿……一段时间过后，各项队列动作变得更加规范，班里同志之间也变得更加默契。终于，在月底的比赛中，9连示范班凭借整齐划一的动作斩获第一名，李向群也被评为"队列训练标兵"。

从刚入伍时军事训练考核成绩垫底，到被评为"训练尖子""队列训练标兵"，李向群用自己的实际行动践行了入伍前争当"合格兵"的誓言。无论条件多么艰苦，环境多么恶劣，李向群都时刻牢记自己是一名军人，一心扑在训练场上，不仅要当"合格兵"，更要成为"标兵"！

劳动模范、法律顾问、生产能手……

军营就像一个大熔炉，容纳着来自祖国四面八方的儿女们。部队要加强各项建设，要打胜仗，自身必须要有高度的凝聚力，每名官兵都必须要牢固树立以连为家的思想，视战友为亲人，视连队如家庭。自从入伍以来，李向群"身兼数职"，用实际行动为连队建设倾注了自己的感情和心血，从小事做起，为部队建设作贡献。

1998年6月的一天下午，太阳炙烤着大地，地面像被一个巨大的蒸笼罩着似的，让人无精打采。一阵风吹过来，空气里弥漫着一股难闻的味道，原来是9连的厕所管道堵塞了，发出的气味令人作呕。当连队的值班排长还在思考怎样疏通管道的时候，李向群已经拿着木棍、铁锹等工具走进了厕所。排长看到本应在休病假的李向群后,很是诧异,劝他回去休息。但李向群却说,自己的身体没有问题,不能闲着,不管什么时候都要牢记自己是连队的一员,有责任和义务为这个家出力。听完这番话,值班排长频频表示赞许,和李向群还有当天的值日员朱天军一起干起活来。

他们强忍着难闻的气味,将溢出的秽物一桶一桶地挑走。管道口露出来后,又将木棍伸进去疏通。但由于管道口径太小,一时间无法完全将堵塞的秽物清除,李向群二话不说,卷起衣袖将手伸了进去。朱天军看到后,连忙说:"这么臭,恶心死了。"劝他不要直接把手伸进去。但李向群却说:"怕苦不成人,怕累不是汉,怕死不当兵。咱当兵的死都不怕,还怕臭?"说完,就把手继续往里伸,用力一拉,扯出了一件沾满脏物的衬衣。随即,堵在管口的脏物流了下去,管道疏通了,大家都兴奋不已!李向群也露出了喜悦的笑容,他环顾四周,决定给厕所来个"大变身"。

几个小时后,整个厕所的瓷砖都被擦拭了一遍,白的让人眼前一亮。其他战友进来后,接连感叹9连的厕所是五星级标准,李向群也被战友们笑称为厕所"所长"。不久之后,李向群又将自己的"业务范围"扩大到了大操场的厕所。

某个周六的晚上,战友们都在连队俱乐部唱歌休息,却唯独不见李向群的踪影,便四处寻他。当他们走到大操场的厕所时,听到里面传来阵阵响声。走近一看,李向群弯着腰,正在奋力打扫厕所。面对战友疑惑的眼神,李向群边干边解释,看着大操场的厕所脏了,大家训练的时候上厕所不方便,就主动来打扫了,还说这也是一种锻炼。班长王绍听完,调侃李向群是一个称职的厕所"所长",说完也和他一起打扫起来。

"家富不忘报党恩",这种思想深深地印刻在李向群的脑海里。入伍之后,他更是时时刻刻关注着连队的各项建设,想用自己的行动报效党、国家和部队。除去厕所"所长"，李向群还是连队的"法律顾问"。

1997年7月，李向群在《中国青年报》上看到跨世纪青年的四项基本技能后，便给自己制订了年度计划，首先要"会法律"。随后，李向群报名了"西南军用两地人才培训中心"的法律函授班。收到培训中心寄来的学习材料后，李向群如获至宝，给自己制订了详细的学习计划，发誓一定要将法律这块硬骨头消化掉！

由于连队训练任务重，李向群并没有可利用的完整的学习时间，只得通过零碎的时间看书学习，周末和节假日成了李向群学习的良机。每逢周末，其他战友都在放松休息，而李向群却坚持看法律书，不浪费点滴时间。为了完成自己的学习计划，熄灯后李向群就窝在被子里用手电筒"偷偷"打光看书。部队在广西潮田驻训期间，纵使天气炎热、环境恶劣，李向群也学得津津有味。

半年过后，李向群完成了七门课程的学习，以高分获得了《结业证书》，并被评为了优秀学员，随后凭借撰写的文章又被《军地纵横》杂志社聘为了战士特约记者。

除此之外，李向群还积极利用自己所学帮助身边战友解决一些涉法问题。

一天，他看到8班班长康敏情绪低落，便主动上前询问，原来康敏的哥哥遇到了法律问题，因此而发愁。康敏的家境不错，但哥哥迟迟没有结婚。后来邻村的一个姑娘表示愿意嫁给康敏的哥哥，先是问康家要了几万元彩礼，看到康家出手大方，一个月后便嫁到了康家。然而好景不长，一个月后这个姑娘的真实目的显现出来了，要求离婚，同时还要平分康家财产，这让不懂法律的康家不知所措。李向群得知原委后，连忙向康敏说明这件事一定要靠法律解决，并将《婚姻法》的有关规定通过康敏向其家人说明。

随后,康敏家里请了律师介入,最终赢得了离婚官司,没有落入"圈套"。

经过此事,李向群的名声在连里传开了,成了名副其实的"法律顾问"。一次,在得知战友小刘家中因宅基地纠纷导致父亲和哥哥被打伤住院的事情后,李向群对小刘进行了详细的说明和劝导,打消了小刘原本想用武力为父亲和哥哥"报仇"的想法。李向群运用自己所学的法律知识,积极为小刘出谋划策,将这件事通过连党支部向上级政治机关反映。了解到小刘家中情况之后,团里一边给小刘家乡的政府和武装部去函,一边派专人前往帮助解决问题。

半个月之后,小刘得知家中的事情已经圆满解决了,打伤他父亲和哥哥的人也已被拘留。经过这件事,小刘和连里的其他战友都意识到了法律的重要性,遇到问题纷纷向李向群请教。正如李向群所说:"革命军人可不能当法盲!"

部队农副业生产一贯是我军的优良传统,也是部队建设的重要内容。既能减轻国家的财政负担,也能发扬部队自力更生的好传统。李向群所在班级也被分配了几垄菜地,但是不管怎么施肥浇水、悉心栽种,就是长势不好、产量不高,这可愁坏了班里所有人。

偶然间,李向群脑海里浮现出了小时候母亲种菜苗的场景,想到自家菜地里长势旺盛的菜苗,李向群便给家里拨了电话:"妈,你还好吗?……我们晚饭后还要进行农副业生产,但我们班的菜地一直长势不好,产量不高……"

不久过后,李向群收到了一个来自海南的小包裹。班里的战友以为李向群收到了家里寄来的海南特产,纷纷凑上前来。李向群不好意思地说:"真不是什么好吃的。"边说着边打开了包裹,战友们看到后都十分不解,竟然是大包小包的菜种。李向群自豪地说:"这可是我们海南的优质菜种,地地道道的海南特产。"

原来,李向群在和母亲通完电话后,想起家乡的蔬菜一颗颗都长得十分水灵,但连队菜地里的长势就很差,抗病虫害能力也不高,投入了很多资金和人力也收效甚微,可能是品种不好的缘故。想到这里,李向群萌生了把家乡的优质菜种拿到连队来种植的想法。随后,他写信给家乡种菜的同学,让他邮寄一些菜种过来。排长周文建听说李向群的想法之后,十分支持,并且从一班的菜地中专门划了一块出来,让李向群搞试验。

得到连队的支持后,李向群干劲十足,心想一定要让大家吃上自己种的菜。但种植过程却并非一帆风顺,当地石灰岩的地质使得泥土多为颗粒状,易板结,不利于种子的生长,这让李向群播种下去的种子迟迟不发芽。思考了几天过后,李向群决定用最原始的办法,用手为种子松土。一到空闲时间,李向群就蹲在菜地里给种子除草松土,用塘泥和土杂肥改良土质。他还给菜地盖上防雨防晒的稻草,可谓是把菜地当作连队的"一份子"来照料。

每天晚饭后,李向群都要去菜地掀开稻草,让种子吸收养分,早日发芽。三天后的早晨,李向群出操结束后,突然听到炊事班有人在喊:"李向群,菜发芽了!"听到这里,李向群飞速下楼,直奔菜地。看到一颗颗嫩芽破土而出,还沾着晶莹的露珠,李向群的眼眶不禁红了。在李向群悉心照料下,菜苗茁壮地成长着。战友们将培育出的菜苗移植到其他菜地里。不负众望,各个菜地的蔬菜都长势喜人,连队的蔬菜实现了自给自足,有时还能将剩余的卖给团生活服务中心。

1997年底,团里进行农副业生产评比,不出所料,9连夺得了第一名,李向群也受到了团里的表彰。

"谁养成了艰苦奋斗的优良作风，谁就拥有一笔宝贵财富"

艰苦奋斗是我们党在长期建设中形成的优良传统和作风，是我们党永葆先进性和纯洁性的重要法宝。坚持艰苦奋斗的优良作风，也是部队永葆政治本色、防止腐化堕落的重要保障。"来自特区不当'特殊兵'，家有万金不做公子哥"，这是李向群入伍之后时常告诫自己的话。

在部队日常生活中，李向群为自己制订了详细的每月"10元津贴计划"：牙膏1.5元，香皂2元，洗衣粉1.5元，卫生纸1.5元，信纸1.5元，机动2元。为了严格执行计划，李向群尽力地节省每一分钱，精打细算地过着每一天。

一次，李向群与战友一同前往服务社购买日用品，挑来挑去，李向群买了一瓶最便宜的洗发精，同行的战友十分不解地问："不是刚发津贴吗，怎么买这么便宜的东西？"李向群却回答说："钱不能乱花，东西能用就行。"

两人走出服务社后，看到路边的电话亭，想起已经许久没有和家里人联系了，战友提议给家里打个电话。李向群拿起电话，正准备拨号时，突然犹豫起来，打电话最少也要五六元钱，但是一个月的信封和信纸也用不了3元钱，写信的话还便于保存，时常拿出来读一读。想到这里，李向群又放下了电话，回到服务社买了10个信封和1本信纸。

李向群在日记中写道："艰苦奋斗是一面精神旗帜。谁养成了艰苦奋斗的优良作风，谁就拥有一笔宝贵财富。"1997年3月，李向群的父亲来部队看望他,两人就在一家路边的桂林米粉店吃了碗米粉,看到儿子这样节俭,父亲不禁十分心疼,提议换一家好点的餐厅。李向群却觉得米粉店已经很好了,很有特色。当父亲提出要给他些零花钱时,李向群一口拒绝了。父亲看到儿子入伍后变化如此之大,再也不是昔日花钱大手大脚的"小老板"了,心里顿时十分欣慰。

改革开放之初,邓小平就指出:"艰难奋斗是我们的传统,艰苦朴素教育今后要抓,一直抓六十至七十年。"李向群一直将艰苦奋斗作为自己的基本要求,在连队事务上也是如此。为了使连队一些损坏的设施再次利用,李向群在连队里设置了一个用来修理基础设施和存放用具的修理箱,他也被战友们誉为"兼职修理工"。

一次,李向群同战友们从菜地往营区走,一只破旧的粪桶引起了他的注意。也许这只木桶补一补还能继续使用,想到这里,李向群就把它带回了连队,身边的战友十分不解:"这只桶已经破烂成这样了,把他捡回去干吗?"李向群却觉得:"买一只新桶要十多块钱,这只桶补一补还是能发挥余热,而且指导员常常教导我们要艰苦奋斗,那就得体现在实际行动中啊。"李向群边说边拿出钳子和铁丝干起来,他把桶用铁丝缠绕三层进行加固,又把桶重新清洗了一遍,刷上一层黑漆,宛若一只新桶。

1998年3月,正值新兵下班排之际,但排里还缺几张小板凳。等上级统一配发的话时间又太长,开会的时候就必须有几人得坐地板,十分不便。李向群思来想去,突然想到营里家属区的工地上还有些废旧的木材,把它们稍作加工,不就能做成小板凳了吗?想到这里,他立即找到排长周建文,将自己的想法告诉了他,并请求派两名同志打下手。

排长正一筹莫展,听到李向群这样说,便爽快地批准了。李向群和两名战友到工地上挑选了一些旧木板和木条,按照板凳尺寸锯好,又用刨子打磨的十分光滑。不到两个小时,李向群就和战友们做好了4张小板凳,排里缺板凳的问题终于解决了。

在连队生活中,李向群不仅自身始终坚持艰苦奋斗的优良传统,更是用实际行动感染着身边战友,连队的风气也越来越好。

1998年6月的一个星期天下午,太阳火辣辣地烤着大地,连队安排搞农副业生产,李向群和新兵温宝添分到一组,负责到营区附近积肥。两个人沿着牛吃草的草丛,边走边拾牛粪。炎热的天气让人十分心烦,温宝添抱怨起来:"都什么年代了,当兵还要拾牛粪。"并提出要到老乡那里买一担牛粪交差。听到这里,李向群笑着说:"小温,你知道为什么连队让我们捡牛粪吗?积肥只是其一,更重要的是培养我们勤俭节约、艰苦奋斗和不怕脏不怕累的作风。要是买的话,就失去了劳动本身的意义。我看书的时候曾经看到过,一些从部队转业或复员的人,即使成为经理、厂长之后,最怀念的还是在部队的那段既艰苦又锻炼人的岁月啊。"

听到这里,温宝添意识到了自己和身边这位老兵觉悟相差甚远,顿时觉得十分羞愧,便拿起铁锹拾起了牛粪。一路上,两人挑着牛粪边走边聊,李向群给温宝添又讲了许多故事,温宝添深受启发。回到营区后,两人的肩上都被担子压出了一道道红印,但看着自己的劳动成果,不禁露出了欣慰的笑容。

严守纪律,总在细微处

李向群是一个将纪律视为生命的人,始终铭记着党旗下所发过的誓言,时刻以"铁的纪律"严格要求自己,决不会因环境条件的变化而改变自己的原则。因此,无论是在军营内外,亦无论是集体活动还是单独自处,他都能始终如一地恪守纪律,为大家作出表率。

在军营内,纪律就像是一条"看得见"的"高压线",从"特区"来到部队的李向群从不搞"个人主义",不做"特殊兵",而是迅速地学习条例规定,认真遵守纪律,坚决不触"高压线"。

刚从地方来到部队时,李向群对部队的一切都既陌生又好奇。很快他就熟悉了环境。融入集体后,他便迫不及待地打电话给家人报平安。电话一接通,李向群便兴高采烈地大声喊道:"是海南琼山么?这里是……"正当李向群即将要把部队所属的地址与番号全盘托出时,从旁经过的排长立即冲上前去,一把捂住李向前的嘴,及时制止了他。

事后,排长将新兵们召集在一起,进行了一次隆重而严肃的保密教育宣讲会。排长讲述了几则秘密潜入我国间谍的事例,以及因泄密给国家造成严重的经济、政治、科技危害的案例,深入浅出地宣讲了我军十条保密守则,让这些刚到部队的"嫩芽们"深深地记住了保密纪律的严肃性与重要性,在心中竖起了保密"高压线"。李向群为自己差点犯的错误愧疚不已的同时,暗下决心,绝不再犯。他将保密守则认认真真地抄写下来,时常拿出来阅读、学习。

他在将保密守则烂熟于心的过程中,也渐渐地把保密这根神经紧紧地绷紧在脑海中。他的日记就体现出了这一点:"我要把严守秘密作为自己的光荣义务和神圣职责,始终保持警觉性与敏锐性,绝不给敌人有可乘之机,坚决同泄密和窃密行为作斗争。必须十分注意保密,九分半不行,九分九也不行,非十分不可。"

出了军营,纪律则成了"看不见"的"高压线",在没有直接监管的情况下,仍能一如既往地坚守纪律的准绳,更能考验出纪律观念的养成结果。

入伍三个月后,李向群的父母千里迢迢地来到部队探望他。两位老人为黑了许多也瘦了许多的儿子感到心疼的同时,也为他的成熟与懂事感到骄傲与欣慰。看到孩子能安心地在军营里生活、学习,两位老人也放下了心,准备启程回海南。连长陈海武在问清车次与时间后,便批准了李向群陪送父母到桂林站乘车。临行前,陈连长特意叮嘱道:"火车是晚上6点50的,送完站后记得抓紧时间回来,最迟不能超过8点30哦。在营区外也要注意遵守纪律,维护好军人的形象,注意保护人身财产安全。"李向群点点头,牢记在心里。

李向群陪父母坐公交车到达桂林南站,相互叮嘱宽慰、依依惜别后,看着父母乘坐列车离去,怀着不舍与依恋之情,李向群走出了车站。这时,他才突然发现,时间已经到了晚上的7点零5分,错过了来时所乘公交车的末班时间。

这下可糟了!出门着急忘带钱包的他,现在身无分文,连出租车的起步价都支付不起。可如果要步行回营区,时间又来不及,必定会超假。这时,常在营区附近村庄开摩托车拉客的李大叔刚好经过,因为同姓的原因,李向群以前常同李大叔拉家常。李大叔听李向群说了遭遇,便热情地邀请他坐车回去。看着一分一秒过去的时间,李向群有些心动,可部队多次强调不许官兵搭乘地方摩托车。李大叔对为难的李向群说:"天这么晚了,坐车这么小的事不会被领导发现的。况且,你是为了不超过归队时间,领导们肯定也能理解的。"

李向群清楚李大叔是一番好意,可最后还是决定在军营之外也不违反部队的纪律规定。于是,谢过李大叔之后,李向群迈开腿向军营方向跑去。他在心里默默地进行了一个大致的计算规划:

"营区在12公里以外,自己徒手5公里的成绩在20分钟左右,那么大概需要50分钟到1个小时,目前是7点10分,全程越野速度跑步回营区,大概8点10分左右就可以达到营区,这样的话,就既不会违纪违规,也不会超假了。"想到这儿,李向群的步伐更加强健有力了。

8点20分,一声"到!"响亮地出现在了陈连长的办公室门口。陈连长抬起头,看到浑身湿漉漉的李向群不禁大吃一惊,可仔细一想,便明白了过来。市区过了6点30分便没有回营区的公交车了,这名从特区来的战士一定是跑步归队的,心中的愧疚与赞赏之情交杂,感慨良多。"这是块优秀士兵的料。"陈连长默默地点了点头。

在军营中,纪律是命脉,是战斗力的测量器,也是团结内部的轮带和锁钥,只有纪律严明,共同遵守,才能人人生活愉快,各尽所能。1997年的9月,李向群在灵川县留村组织的勤务课日训练中,担任潜伏哨的哨长,他负责带领组员在村里的一片橘林中开展潜伏训练。他深知这是一项考验耐力的消耗性任务,会面临诸多折磨与考验,因此他格外谨慎与重视。

9月正是果实成熟的金秋时节,一颗颗沉甸甸、金灿灿的果实挂在枝头,风吹动枝头,"胖娃娃"们摇摇欲坠,整个树林里都弥漫着甜香味。潜伏组小心翼翼地钻行在橘林中,生怕碰掉百姓的劳动成果,这是李向群在任务出发前曾反复向组员们叮嘱要求的。战术作战任务在行动中固然重要,然而群众纪律也是我军一贯坚持的优良传统,不可顾此失彼。大家牢记纪律,谨慎地拨开枝头,进入各自的哨位潜伏下来,顺利地完成了任务。

可就在准备撤出时,突然"咚咚"的两声,仿佛"平地一声雷",惊得所有人朝一个方向看去——只见两只圆圆的橘子在地上滚动,组员们不知所措。一阵沉默后,有人说:"不要管它了,我们快走吧。"有人说:"它一定是自然长熟掉下来的,别管了。"还有人说:"这也不是什么大不了的事,就算是碰掉的,也不是故意的,没事的,快走吧。"一时间,大家几乎统一了意见,准备离开。

这时,李向群脸色凝重地说:"当年我们团在守塔山时,宿营在百姓的苹果园中,口干得冒烟,也没有摘一颗老乡的苹果,我们团是当之无愧的威武之师。可如今我们碰掉了两个橘子,却想逃避地一走了之,这样对吗?我们应该像前辈一样,尊重老乡们的劳动成果,自觉地遵守三大纪律八项注意,千万不能给我们的部队抹黑呀!"说完,大家都陷入了沉思。

李向群从怀中掏出小本撕下一页,写道:"老乡,因搞训练不小心碰掉了两个橘子,现暂赔两元钱,如若不够,请找驻桂林塔山守备英雄团9连战士李向群。"他将两元钱附着纸一起压在橘子下,带队离开了。

纪律之于部队,犹如空气之于生命,离开了空气人就无法存活,离开了纪律,军队就无法生存。"没有纪律,我们会像散沙一般,被敌人一粒一粒,很快地踩碎。"严明的纪律是我军的传家宝,而军队之所以有力量,也正是因为他是由无数像李向群一样具有自觉纪律的人组成。

向雷锋看齐,为人民服务

雷锋曾经说过:"人的生命是有限的,可是,为人民服务是无限的,我要把有限的生命,投入到无限的为人民服务之中去。"雷锋用自己的实际行动践行了他的誓言。李向群从小就把雷锋当作偶像与模范,努力向雷锋看齐。进入部队成为一名人民子弟兵后,他更是将为人民服务奉为自己的行为宗旨,坚持把"学人民、爱人民、为人民"作为行为准则,坚决不变。

幼年的小李向群坚毅、勇敢、有担当,能够积极参加公益活动,扶贫救困,扶弱助残,以实际行动促进社会进步。

1987年7月的一天,李向群就读的东山圩小学组织向雷锋同志学习的动员大会。在大会上,校长郑重地向同学们介绍了雷锋同志的诸多事迹,并作了动员报告。小李向群听了校长的报告,非常激动,一直以来他都无私地做着许多小事,立志要像雷锋一样,做更多服务人民的好事。可面对现实中许许多多想做的事,他有时却是心有余而力不足,如果能够借此机会找到更多志同道合的伙伴,不是就能一起做成更大的好事了吗?

想到这儿,李向群赶快把自己的想法告诉了几个要好的小伙伴们。这些小将们在听了校长的动员后本就已经摩拳擦掌地想要投入实践了,听到李向群的想法后,更是举手称赞,纷纷同意。很快地,李向群便组织成立了东山圩小学第一个学雷锋小组,组员六人,由李向群担任组长。

身为组长的李向群认真负责,在小组成立后的第一时间便联系了镇里的一位孤寡老人五保户王阿婆。阿婆没有子女,年龄大、耳朵聋、身体也不好,没有亲人在身边照顾,只能靠着政府的救济金勉强过日子,非常可怜。李向群很同情王阿婆,他带领组员们将零花钱节省出来贴补阿婆,一个小小的号召迎来了大家的热烈响应,没几天大家便捐出来了七十多块钱。李向群带领成员们一起将钱送到阿婆家,组员们第一次体验到了帮助别人后心中留下的充实与快乐,从此以更大热情投入学雷锋活动中。

几天后,李向群又提议给王阿婆送些生活用品,大家积极参加,纷纷从家里带上大米来到王阿婆家,帮着王阿婆扫地、劈柴,将阿婆家整理的窗明几净、井井有条。王阿婆看着小家伙们忙前忙后，欢声笑语，感动得眼含热泪，她抚摸着李向群的头，对大家说："好孩子，你们都是好孩子呀。"李向群看了看同样眼含热泪的大家，眼神坚定地说："阿婆，您放心，有我们在，我们都是您的孩子，以后有什么事就找我们。"

从此以后，王阿婆家成了学雷锋小组的"第二家"，大家定期抽空去王阿婆家照顾她。这件事被学校知道后，校领导在全校大会上表扬了李向群学雷锋小组。李向群从小便培养了善良担当的良好品德，这个美好的品质在他之后的成长中，一直如影随形。

进入军营后的李向群能始终保持对人民群众的深厚感情，坚持以人民为中心，时刻把人民利益放在高于一切、重于一切的位置。

1998年1月，李向群跟随部队一起到广西贺州参与光缆施工，他所在的排被安排住在工地边上会灵村的莫大妈家。莫大妈家的院子和住房都比较宽敞，如今却只有莫大妈一人住。莫大妈的老伴早年间已经过世，两个孩子又早早离家外出讨生活，房子都空了出来，于是莫大妈将左边两间厢房收拾出来给部队暂驻，以便他们从工地下工后能得到及时的休息。然而，从前从未驻扎过部队的会灵村却流传着一些"部队驻扎后村里人家开始丢东西"的谣言，因此，莫大妈每次外出前都把其他的房间门锁得严严实实，每次回家后还要重新清点一遍家里物品、牲畜的数目，才能安心地打开门锁回到房间。

细心的李向群发现莫大妈的奇怪举止后，仔细一想便大致明白了大妈的顾虑与担心，他对自己说："这是大妈不够相信部队，我一定要用自己的实际行动来重新树立子弟兵在群众中的良好形象，不能让拥有优良传统的人民军队被人民不信任。"于是，他将早晨起床后、中午下工后、晚上熄灯前等一系列细碎的时间都利用起来,主动承担起了莫大妈家的家务活——挑水、劈柴、扫地……一件件小事他都抢着干,不让莫大妈插手。战士们也纷纷在下工之余主动帮大妈干些力所能及的农活。

在一天天的相处中,大妈也越来越了解这些比自己孩子年纪还小不少的兵娃娃们。透过这些热心、善良的娃娃们,莫大妈也越来越了解人民军队,流言不攻自破。人心换人心,见到这些娃娃战士住得拥挤,莫大妈也于心不忍,主动将右边厢房收拾出来给他们住。她逢人便说,人民军队好,这帮兵娃娃好,比自己的亲仔还亲嘞!

身为人民子弟兵的李向群始终坚持人民军队拥政爱民的光荣传统,主动承担起社会责任,热诚关爱他人。

1998年3月,李向群跟随部队来到湖南沅陵县叶口村施工,他所在的9连驻扎在一条六十多米宽的河前。一天傍晚,下工返回驻地的李向群在河边洗手时发现了河岸边的几名小学生。看着湍流的河水和嬉戏的小孩子,他不禁担心了起来,便喊道:"小朋友们,你们放了学怎么不回家呀?"见到解放军叔叔,小朋友们一下子都停止了嬉戏打闹,乖乖地指了指河水,回答道:"我们在等爸爸妈妈背我们过河。"

原来这条河一直还没有修桥,水浅的时候大人们可以踩着石墩过河,水深的时候就要蹚水过河了。上学的孩子们还太小,为了防止水流大时发生意外,学校要求家长们早晚必须到河边接送孩子过河。可目前是春耕的农忙时节,白天的一分一秒都很金贵,因此小朋友们总是在河边玩耍,很晚才能等来父母。

李向群搞清楚事情的来由后,对小学生们说:"孩子们,以后叔叔来接送你们过河,好吗?"对解放军叔叔充满着好奇与憧憬的孩子们自然高兴地答应,都异口同声地叫:"好!"从那以后,无论艳阳高照或是刮风下雨,李向群都准时出现在河边,等待着孩子们的到来,耐心地将孩子们一个一个地从河的一岸背到另一岸。他对自己说,自己背上背着的是国家的花朵,是人民的希望,一定要小心再小心,谨慎再谨慎。在背孩子们过河的途中,他还会给孩子们讲人民军队的故事,讲英雄雷锋的光荣事迹,无形间在孩子们的心中播撒下善良与正义的种子。孩子们都很喜欢这个解放军叔叔,并亲切地称他为"渡船叔叔"。

危难时刻显身手

1998年8月,长江告急!嫩江告急!松花江告急!中华大地上的三条大江及其流域同时面临百年不遇的洪涝灾害。

自6月底,三大江水洪峰便已形成,到了8月初更是水位暴涨,汛情的每一次变化都牵动着全国人民的心。党中央也高度关注,作出重要指示:要把长江抗洪抢险工作作为当前的头等大事,全力以赴抓紧做好。要坚决严防死守,确保长江大堤的安全,不能有丝毫的松懈和动摇。人民解放军要按照中央军委的命令,继续投入抗洪抢险第一线。武警部队和公安干警也要积极参加抗洪抢险,要动员一切人力、物力、财力进行抗洪抢险!

若有战,召必回!这是中国军人对听党指挥的有力实践,更是中国军人拳拳爱国心的展现。洪水就是命令!洪水就是召唤!正在家乡探亲休假的李向群,看到了新闻中关于部队驻地桂林漓江的水位持续不断地上涨,全国三江沿岸发生了洪涝灾害的报道后,决定即刻返回部队,参加抗洪抢险活动。于是仅仅休假8天的李向群又收拾行装,告别家乡向部队驻地出发,可没想到的是,这一别竟是永别。

李向群回到桂林,看到漓江水位暴涨,一片汪洋,他马不停蹄地向指导员申请,要求立刻参加抢险任务。经过一番争取,李向群如愿来到水库堤坝执行任务。在坚守堤坝期间,他一边巡堤查险,一边争着干最重最累的活。在大家的不懈努力下,终于暂时完成了漓江地区的抢险任务。

8月5日,广西桂林某部的孔见师长接到"全师尽快开赴湖北武汉参加抢险救灾任务"的命令。在这抗洪抢险的紧急时刻,早一分钟到达,人民的生命财产就多一份保障。于是,李向群所在的部队仅用40分钟,便打好行装、编好梯队、定好车辆、搞好保障、集结完毕,以最快的速度和最强的战斗力,投入了长江抗洪前线的斗争中。

万里长江,险在荆江。

荆江是长江自枝城至城陵矶的一段,因其蜿蜒曲折,极易漫溢成灾。荆江大堤保护着武汉等城市,以及京广铁路等交通干线。李向群所在的部队便是要守住这个屹立在鄂西南地区180多公里长的荆江大堤,不让浑浊汹涌的洪水越过堤岸伤害沿江的荆楚人民的人身财产安全。然而,汛情危急,沿江地区已有5省被滔滔洪流所侵蚀。

兵贵神速,三军将士们几乎一夜之间便布满了湘鄂到赣苏的江岸,开始了夜以继日的鏖战。李向群所在的"塔山守备英雄团"此刻也在荆江大堤柳林洲和荆江支流虎渡河地段,如火如荼地装沙包、扛沙袋……片刻不停地紧急抢险。来不及休息,下午,李向群和他的战友们又转移至弥市镇,投入荆州市公安县的保卫任务。

8月8日凌晨,荆州干堤马浩段出现大面积散浸,部分堤段还出现了滑坡,情况危急。荆州防汛指挥部的汛情通报与师部命令同时到达营区,即刻出发,火速前往!李向群接到任务后,立刻穿好救生衣，扛上铁锹与战友们飞速赶往大堤。看到江水肆意地奔流，李向群心急如焚。他感到热血在自己胸腔沸腾，肩扛手提，三步并作两步地冲着抢运沙包，别人扛一袋，他能扛两袋。

在荆楚闷热潮湿的环境中，巨大的体能强度下，战士们不到半小时便已大汗淋漓、气喘吁吁。就在这样的强度与环境下，李向群和他的战友们一刻不停地抢修了两个多小时，才暂时稳定。

结束了一天的战斗回到营区，战友们才发现，扛了几十趟沙包的李向群早已双肩破皮，血染红了迷彩，可他却连一声哼哼都没有，这钢铁般的意志和战斗热情感动并鼓舞了大家，一扫大家劳累了一天后的疲惫与困顿，像一颗小小的火种点燃了全员的战斗热情。

一切只是刚刚开始。长江沙市段涨至44.94米的水位在时刻提醒着荆江沿岸军民，随时都有重大灾情出现的可能！堤岸经过长时间的浸泡，上游一旦继续降雨，随时都有特大洪峰出现的可能，届时堤岸坍塌，洪水肆虐将成为人们最大的噩梦。

8月8日晚11时，面对如此严峻的险情，9连指导员胡纯林决定集结全连干部、党员和骨干成员，成立抢险突击队。李向群一次又一次地提出恳切的申请，他说："我虽不是党员，但我已经交了入党申请书，这正是组织考验我的时候，我保证完成组织交代给我的一切任务。就请让我在突击队里接受考验吧！"面对一名士兵如此强烈的请战愿望，面对一名青年的拳拳爱国之心，组织最终通过了他的请求。

书写"大我"，书写壮丽

面对这场波涛汹涌、泥泞遍布、没有硝烟的特殊战争，广大官兵们奋勇抗争，用血肉之躯在长江沿岸搭起了一座又一座牢固的"人堤"。

8月9日下午，新堤村出现了近100米的渗漏和管涌，合兴堤出现了近300米的散渗与内滑坡险情。李向群所在的抢险突击队紧急出动。他们挥铁锹、装沙石、扛麻袋、堵管涌的身影，出现在了最危险、最需要他们的地方。被沙石磨破了肩膀，被鲜血染红了军装，没有人在意，有的只是马不停蹄、争分夺秒，再多一袋，再多一袋吧！就这样，新堤村堤和合兴堤终于在"塔山守备英雄团"战士们5个小时的无休奋战后，取得了阶段性的胜利。李向群所在的9连装运沙包5万多袋，加固大堤70多米，垒堤筑土近百立方。正是官兵们的努力构筑，帮助大堤阻挡了凶猛的洪峰，挺过了洪水的冲击，获得了短暂的安宁。

8月10日凌晨2时，荆江沿岸的弥市镇大口村100多米长的长江干堤又出现了直径达20厘米的管涌，紧接着，周围4 000平方米的范围内又出现了10多个管涌群，随着时间一分一秒的推移，管涌呈现逐步扩大的态势。一旦没有及时堵上，洪水通过管涌汇入，巨大的压力将使得大堤顷刻间坍塌，后果将不堪设想。上级领导第一时间下达了"迅速排险"的命令。于是，刚刚喘了口气的部队又再次出发了。

茫茫黑夜中，李向群和他的战友们借着手电筒和应急灯的微弱光芒向着洪灾区进发。他们的目标是找到堤坝上的管涌水源，然而直径20厘米的管孔于百米长的堤坝而言，简直如蚁穴般渺小。10分钟过去了，20分钟过去了，他们仍然一无所获。要知道，时间就是胜利，时间就是生命！灾情在前，总指挥作出"围堰灌水反压法"的决策。李向群和战友们迅速排好队形，用人体构成一道"沙包传送带"。投入近一周战斗的战士们早已筋疲力尽，可是面对危机,他们在铁锹不够的情况下,硬是用手扒出了上百只沙袋来垒砌围堰。3小时后,围堰终于筑成,险情得到了控制,天亮了。每个人的脸上、身上虽然泥泞不堪,心中却有着说不出的高兴。

8月12日,长江第5次洪峰再次逼近沙市,水位也随之暴涨。上午10时,荆州市江南防汛指挥部告急:弥市镇太坪口的幸福闸发生大面积的散浸,需要迅速查清漏洞。李向群所在的部队接到命令后,再次火速赶往现场,此时四米多深的江水不断向堤岸迅猛扑来,周围无数的百姓踌躇焦急。部队到达后迅速投入抢修,最有效的方法便是下水排查渗水洞。这是一项极其危险的任务,稍有不慎便是万劫不复。在这危急关头,李向群站了出来,主动请缨下水排查。

第一次下水,由于水流太急,无法控制身体而失败。紧接着,他又用背包绳捆住6只沙包投入江中后,顺绳下水。这一次,他成功地找到了闸口渗水的位置,然而脚却被沙袋和闸门挤住了关节,划开了一道5厘米的大口,血流不止。

可这也无法阻止他继续抢险的脚步,他不顾自己的伤情,坚持同战友们一起扛沙袋,堵渗洞,排险情。他说,情况危急,多一个人就多一份力量,多扛一袋沙袋,大堤就多一分安全,自己决不能休息。

由于李向群出色的表现与公而忘私的精神,8月14日上午,在弥市中学召开的9连党支部会议上,全体党员一致通过了一班战士李向群的"火线"入党决定,李向群成了全团抗洪抢险第一批"火线"入党的战士之一。李向群终于实现了从小以来的梦想,成为了一名优秀的共产党员。

8月16日,长江第6次洪峰抵达了荆江,沙市水位涨至了历史最高值——45.23米。此时,集中了县里的工业、变电站、粮食储备站以及13万灾民的公安县南坪镇危在旦夕。南坪镇位于分洪区的下游,一旦上游分洪,水位暴涨,南坪20万人民的财产将悉数付之东流。不幸的是,南坪大垸处两公里长的堤岸已经出现了漫堤,部分堤段甚至出现了内体滑坡,三面邻洪水的南坪镇已是风声鹤唳,每个人的心都提到了嗓子眼儿。

16时30分,"塔山守备英雄团"接到了保卫南坪的命令,李向群所在连火速转战南坪。然而,突然的暴雨阻断了军车的行进,团长当机立断:"带上工具,下车集合,跑步前进。"就这样,冒着暴雨,踏着泥泞,这个铁一般的部队按时抵达灾情现场。

面对已经漫过部分堤坝的洪水,战士们怒吼道:"荆堤有我,人在堤在!誓与大堤共存亡!"他们用实际行动实践着他们的铮铮誓言。李向群和战友们顶着狂风暴雨,坚持修筑堤坝6小时,顽强地与洪水作斗争。

可天不遂人愿,到了17日清晨,暴雨不停反增。狂风卷着暴雨,暴雨助着洪水,它们疯狂地向还未修好的堤坝扑来。9连作业区南侧300米处的一段残堤,由于无法抵挡巨浪的猛烈袭击,出现了内层泥土脱落。李向群看见后,来不及多想,当即一个纵越跳进了江中。其他战士见状也纷纷跳入淹没大半个身子的水中,在水中构成两道坚不可摧的人墙,以血肉之躯抵挡冲击。

经过两小时的生死鏖战,在各方支援的配合下,这场与洪水之间的特殊战争终于取得了胜利。在这场保卫战中,李向群和他的战友们先后排除了13处险情,加固了12公里的堤坝,使洪峰顺利通过了6次,成功地保卫了南坪人民的生命财产安全。

然而,在南坪保卫战取得胜利之时,李向群却病倒了。经过了3小时的雨中抢险后,他感到一阵阵头晕、发热,经卫生员检查发现,这名坚强的战士已经发高烧。可当李向群得知伤病员一律不得上堤的规定后,却坚决不签字拿药,还试图隐瞒病情。他说:"我不能休息,有那么多的战友和群众都在大堤上抢险,我这个刚入党三天的新党员怎么能在一边休息呢?"卫生员拗不过他,只好答应让他服药的同时帮他隐瞒病情。于是,只休息了一晚的李向群再次回到了抢险大堤。

19日,营连干部见到连续多日发烧已经意识模糊到难以辨别方向的李向群,强制要求他输液治疗。可刚恢复意识的李向群,听到紧急集合的哨声后,却拔掉还有大半瓶的吊针,溜出卫生队,投入了开赴天兴大堤的队伍中。此时的他,顾不上脑袋剧痛,以最快的速度投入到构筑子堤的战斗中。

由于水位的暴涨,堤坝要不断加高,因此垒沙包也愈发困难,李向群便将沙包放置于肩头,顶上堤坝。感觉有些力不从心的李向群无法跟上运沙包的队伍,便主动加入扛沙包的行列。此时,他的心里早已没有了病痛与疲惫,只有多一包,再多一包的呼喊。就这样一上午过去了,脸色铁青的李向群在看到自己和战友用沙袋构筑的围堰将管涌群牢牢圈住后,终于松了一口气,再次晕了过去。

8月21日,南坪段再次出现部分堤基坍塌、滑坡的险情。对此处已经有了战斗经验的"塔山守备英雄团"紧急出动,再次奋力抢险。李向群躺在卫生队的临时病床上,可是他的心早已飞到战友们正挥汗如雨的南平中剖堤上。越想越急的他,再次拔掉针头,加入抗洪大军。他装填沙土,搬运沙包,纵使头晕目眩,手脚无力,也不愿少装一铲沙、少扛一个包、少跑一段路。

就这样,李向群坚持着,努力着,奋斗着。但还是因为体力不支,晕倒在地,鼻孔出血。经过群众与战友的抢救,苏醒过来后的他,又爬起来,继续战斗。扛着沙袋的李向群,每一步都在打颤,每一步都如此艰难。可他咬牙坚持,他坚信多一个人就多一份力量,多一个沙袋就多一分安全。扛了二十多包后,身体达到极限,李向群倒在他奋力拼搏的大堤上,再也没醒来。

> 8天的党龄,20个月的军龄,20岁的韶华,**李向群始终牢记入伍初心,为了党和人民的利益不惧牺牲**。一位英雄,就是一面旗帜。**李向群用无畏的壮举实践了"家富不忘报国,舍生忘死为民"的人生追求**,用短暂的青春谱写了壮丽凯歌。正是因为有了千千万万像李向群一样的钢铁战士,有了他们无怨无悔的负重前行,我们才能安享岁月静好。向英雄致敬、向英雄学习,前进的道路上,他们的精神永远是激励我们前进的最宝贵的财富。

杨业功（1945—2004） 新时期保持共产党员先进性的典范，我军新型指挥员的杰出代表。湖北省应城市人。中国人民解放军第二炮兵副参谋长。1963年参军，历任战士、排长、参谋、作训处长、旅长和基地副参谋长、副司令员、司令员等职，少将军衔。他入伍40多年特别是担任领导干部以来，忠于职守，勤奋工作，勇于开拓，严以自律，模范践行党的宗旨，出色履行职责使命，为我军导弹部队建设作出了重要贡献。2004年7月，因积劳成疾病逝。2005年12月，中央军委追授他"忠诚履行使命的模范指挥员"荣誉称号。胡锦涛主席号召全军官兵学习杨业功奉献、创新、务实、自律的精神，更好地履行新世纪新阶段我军历史使命。

杨业功
忠诚履行使命的模范指挥员

"……首长和同志们，我对党的事业无限忠诚，我以毕生精力践行'三个代表'，我感到非常欣慰。手术方案尽管完备，但天有难测风云，人有旦夕祸福。此时此刻我更加怀念基地的领导班子，怀念朝夕相处的战友，怀念部队的山山水水。常忆起哪些工作没有干完，哪些工作没有干好。请同志们放心，病魔只能摧垮我的身体，摧不倒我的钢铁意志。我们都应该相信，在科学技术面前，死神也会望而却步。一旦康复出院，我还要和战友们一起驰骋在保卫祖国的最前线！"

这名军人，躺在病床上完成了一份特殊的述职报告。病情发作时，他用桌子顶住自己的腹部，痛得实在受不了时，他就吃片止痛片，在床上躺一会，再爬起来继续写。凭着顽强的毅力，他赶在手术之前完成了一份6 000多字的述职报告。报告中字字真情，句句肺腑，充满了他对生活的无限热爱和对事业的无限眷恋。

这名军人，把工作看得比生命更重要，即使身上癌细胞已大面积扩散，仍然牵挂部队建设。他多次谈到，要再到每个阵地看看，和大家交代一下要注意的问题，一定要把军事斗争准备搞得扎扎实实。他几十年如一日,求真务实,真抓实干,直至生命的最后一刻。

这名军人,意志铁一般刚强,信仰铁一般可靠,对党铁一般忠诚。42年的军旅生涯,从东南到西北,他把心血与足迹洒在祖国的山山水水。从士兵到将军,从一名农家子弟到党的高级领导干部,他把生命与忠诚奉献给了党和人民。弥留之际"一二一""出发",成了他最后的遗言。

这名军人,就是新时代共产党员的楷模,第二炮兵某基地原司令员——杨业功。

"位不在高,廉洁则名;权不在大,为公则灵"

杨业功深深懂得"自古为将廉生威"的道理,他曾亲自填词,仿唐朝诗人刘禹锡的《陋室铭》亲笔写下一首《公仆铭》:"位不在高,廉洁则名;权不在大,为公则灵。斯是公仆,惟吾德馨……"熟悉杨业功的人都知道,这是他的座右铭,也是他一生的自画像。

杨业功把生活俭朴、廉洁奉公,化为人生信仰的罗盘。身为号令千军的将军,杨业功的"将军府",给人的第一印象是一抹大白灰墙壁,简陋陈旧的桌椅,每个房间的天花板上都吊着老式的日光灯……

他担任军师职领导干部十几年,一直坚守着简朴的习惯,过着简单的生活。用他自己的话说:"穿有绿军装,住有一张床,吃有大米饭,足矣!"他家的房子十多年从未装修过,墙壁斑驳,工作人员几次提出将房子装修一下,都被他拒绝了。家里厨房的灶具碗柜也都用了好多年,有人提出换一下,也被他婉拒。艰苦朴素,不少人把它当成一种标准,但在杨业功那里却成了一种习惯。

杨业功家中的家具大多是"老古董"。餐桌、柜子是20年前他当处长时自制的；沙发是十几年前他当旅长时买的；用了几十年的床是由4个大箱子拼起来的，那是30年前他任团副参谋长时自己设计打做的。生前，他曾多次向来人展示自己的这一"得意之作"。他说："这张床，打开可以放衣服，合起来可以睡觉，多好啊！"

作为一名将军，用箱子当床的有几个？有位老战友到他家中拜访后感慨地说："这可是我见到的最简陋的'将军府'！"

"衣能遮体，食能果腹，足矣！"这是杨业功常挂在嘴边的一句话。他一生俭朴，吃饭穿衣避繁就简，很多物品他用了十几年甚至几十年也舍不得扔掉。在他的日常用品中，有一只既特别又普通的搪瓷碗。说它特别，是因为它用的时间长。从杨业功当排长到当将军，三十多年，它一直陪伴他走完人生之路；说它普通，是因为这只浅蓝色的搪瓷碗三十多年来，没有装过山珍海味，装的全是粗茶淡饭。它见证了杨业功一生的俭朴与清廉。杨业功的爱人杨玉珍说，这只搪瓷碗是他1969年提干当副排长时买的。

1983年，杨业功调任基地作训处处长。搬家时，爱人想把这只已经用了三十多年的搪瓷碗扔掉，就没有带走。没想到杨业功自己却又悄悄地把它带了回来。后来吃饭时看到这只碗，还真是让爱人吃了一惊。好多次，杨玉珍想给杨业功买了一只新碗，他都幽默地说："它是跟了我多年的老朋友了，还不到退休的年龄，谁要敢动它，我跟谁急！"后来几次搬家，家人都主动给他装起来带走。

几十年来，搪瓷碗变旧了，搪瓷也变得斑驳不堪，很多地方已经露出铁黑色。但只要杨业功在家吃饭，他用的总是这只碗。就连他手术出院后过的59岁生日，吃爱人专门为他烧的最爱吃的红烧猪蹄，品尝孩子们为他买来的生日蛋糕，用的还是这只搪瓷碗。

杨业功把不谋私利、以身作则，化为严以律己的标准。儿子杨波涛一直是杨业功的骄傲。杨业功时常觉得，自己亏欠孩子太多。他工作繁忙，在家里待的时间非常少，孩子从出生到成长，几乎没有时间顾及他。但是，儿子十分争气，凭借自身的努力，一步一步地成长起来，如今已成为一名优秀军官。

结婚是人生的大事，也是做父母的骄傲。眼看儿子结婚的日子就要到了，这天，杨玉珍找到他商量儿子的婚礼准备怎么办。杨业功说："能简单还是尽量简单些吧！"爱人知道他的性格，也就没与他争论。

后来，老家亲戚得知孩子要结婚，专门打来电话："你就这么一个儿子，结婚是人生的一件大事，不能搞得太寒酸了，不然，我们这些做亲戚的脸上都没有光呀！"当天晚上，杨业功回到家里又和爱人反复商量，最后决定孩子的婚礼既要办得简朴大方、喜庆热闹，又不能和人家比排场。

2001年1月20日，是新郎杨波涛和新娘佟欣结婚的大喜日子。这一天，杨业功早早起床来到书房，把平时最喜欢用的那支毛笔洗了一遍又一遍，他要亲手书写对联，为儿子儿媳送上最美好的祝福。杨业功拿出早已准备好的红纸铺在写字台上，一口气写下了好几副对联。爱人和儿子进来，看着写好的大红对联，一家人都沉浸在幸福和喜悦之中。

杨业功对波涛说："结婚固然是人生大事，但婚礼仪式不是非得铺张才有纪念意义，还是简朴一点好！"就这样，儿子的结婚仪式只在基地文化站简单地举办了一个茶话会。会上，和杨业功一起共事的几名基地领导作为孩子的长辈，每人拿出200元钱想表达下心意，被他一一退了回去。

儿子结婚那天，杨业功为了把婚礼搞得既简朴又热闹有意义，特别提议：让这对新人共栽同心树。他亲手为儿子和儿媳选了两棵桂花树。在杨业功夫妇的注视下,一对新人在自家房前栽下了象征着爱情永远芬芳的同心树。

回忆起这些事情,儿子杨波涛十分动情。他说:"婚礼虽然简单,但我觉得这是爸爸为我举办的世界上最隆重的婚礼……"

杨业功把严以修身、严以用权,化为献身使命的自觉。爱因斯坦曾这样评价居里夫人:"第一流人物对时代和历史进程的意义,在其道德品质方面,也许比单纯的才智成就方面更大。"

杨业功常说:"人的一生,总是和'得'与'失'脱不了干系。得,追逐物质与享乐,自是人的天性,却最是时代之殇,是社会前进的阻断剂。弃,则是对人生享乐的反思、对极简生活的皈依。一个人弃得多了,个人身心清爽,社会则会清洁、向上许多。"他作为基地领导,位高权重,但从来不利用手中权力谋取私利。

1998年,杨业功年近80岁的父亲因患白内障,在基地医院治疗。父亲出院时,时任基地副司令的杨业功去结账,院领导再三推辞说:"您是首长,为我们医院作过贡献。现在医院年收入在几百万元以上,还在乎您这点钱?"杨业功说:"我父亲不是军人,看病交钱理所应当。"院领导知道他的脾气,只好收下他父亲住院的全部费用4 200元。事后,他怕别人找理由给报销,回家后,干脆当着爱人的面把发票也撕了。

还有一次,他的母校搞校庆,邀请他出席。当时,有人劝他从部队支点钱赞助一下学校。而他却说:"我手里是掌握着很多钱,但我不能动用公家的。公款姓公,一分一厘都不能乱花。如果公款私用,无异于变相腐败,与贪污何异?"结果,他从自己的工资中拿出1万元,表示了一下心意,还给学校写了一幅"为人师表"的条幅。多少年过去了,杨业功自掏腰包为母校捐款的故事仍在家乡广为传诵。

竹,因有节而挺拔;玉,因无暇而倾城;官,因清廉而不朽。作为党员领导干部的杨业功,守住了清廉与气节,守住了良知和清白,守住了忠诚与刚正。

"生命可以透支,使命不能欠账!"

"有本钱就要干革命,不然要本钱有啥用?""是军人,倒也要倒在战位上!""生命可以透支,使命不能欠账!"杨业功常常用这样的话激励自己,教导部属。42年军旅生涯,这位献身使命的模范共产党员,用他的一生向我们诠释了生命的意义,那就是"生命不息,冲锋不止"。

"纸上得来终觉浅,绝知此事要躬行。"这是杨业功特别欣赏一句诗。对他来说,与坐下来听汇报、看材料、作指示相比,他更愿意率先垂范、亲力亲为,深入一线查真情、摸实况。

20世纪90年代初,中央军委决定在杨业功同志所在基地组建我军第一个新型导弹旅,他受命具体负责筹建工作。这是一项崭新的事业,当时可谓白手起家。面对一无人才、二无装备、三无经验可供借鉴等诸多困难,杨业功却信心满满地说:"既然历史选择了我们,我们绝不会辜负历史!"

随后,他亲自带领十多名骨干到北京、南京、上海等地的科研院所和生产厂家跟班见学,全程参与新型武器研制生产,在新武器还没有装备部队之前,就熟悉掌握了系统原理、测试流程和操作技能。

为了解决"没有装备无法搞实装操作训练"的问题,杨业功学习20世纪50年代末老一辈导弹人"萝卜刻导弹、麻绳当电缆、柳条筐当仪器"创造条件搞训练的精神，派人找来一个个大小不一的硬纸箱，从中挑出37个，糊上一层白纸，再在上面画上与武器装备操作面板一样的标识。就这样，凭着无穷的智慧，因陋就简开展模拟训练。

测试台、监控台、主控台、倒计时红灯、点火按钮……37个纸箱一溜排开，指挥员、操作手各就各位。从此，我军新一代导弹健儿就面对这些价值仅有几毛钱的废纸箱，开始了新的飞天梦想。他们顶烈日、迎寒风，从"导弹"进入阵地到按下"点火按钮"，每一个动作都一丝不苟、每一步都严肃认真，硬是完成了从单装、单项到综合的全部训练内容。

为使新型号导弹早日定型和尽快装备部队，探索"没有武器能训练、有了武器能打仗"的新的组训路子，杨业功带领官兵参加新型导弹的高温、低温、淋雨、越野机动等多项极限试验。700多个日日夜夜，10 000多公里风餐露宿转战南北，低温试验冒着零下二三十度的严寒，高温试验经受四五十度的酷热，现场观察记录了数万组宝贵的技术数据。

那年冬天，杨业功率领部队奔赴西部大漠进行低温试验。那里滴水成冰，夜里戴着皮帽子、穿着皮大衣还冻得直打哆嗦。早上吹哨集合，铁哨子刚挨上嘴唇就冻在了嘴唇上，后来只好换成塑料哨。几名参谋看到杨业功连日奔波身体消瘦、面色黯淡，忍不住劝他："首长，你就留在驻地坐镇指挥，我们保证完成任务。"杨业功坚定地说："第一手资料，必须亲手获得！"就是在这样恶劣的环境下，杨业功每天零点起床，和官兵一起进行武器低温试验，一干就是半个多月。

隆冬的一天，西部高原戈壁。随着指挥员一声令下，新型导弹喷雷吐火，撕破长空，准确命中目标。

"成功了!"杨业功与官兵一起欢呼。

杨业功提议:"能不能把那枚导弹残骸找回来?"

数天后,当导弹残骸拉回营区时,杨业功流下了激动的泪水。他亲自为这枚导弹残骸披红戴花,带着全体官兵整齐列队,庄严敬礼。时任试训队队长的高津感慨地说:"那天夜里,杨司令员休息得很晚,围着导弹残骸转了一圈又一圈,摸了一遍又一遍,他分明是在静静地思考着新型导弹部队的发展和未来。"

杨业功反复强调:"这本事,那本事,善谋打仗才是真本事。"一次,他组织部队进行重大军事演练。按照计划安排,部队要全员全装穿过两个省十余个县市。偏偏不巧的是,演练第一天,就下起了倾盆大雨,路上险象环生,不是碰到塌方,就是遇到泥石流,给演练造成了很大麻烦。这时,有人向杨业功建议:"风大雨大,弄得人睁不开眼,能否等雨下小一点再出发?"杨业功斩钉截铁地说:"训练不冒险,打仗没有底。战场上,敌人不会让我们选择天候。越是风雨天,越能考验我们的意志和作风;越是风大雨大,越能检验我们的胆略和血性!"他的话刚刚说完,3颗信号弹腾空而起。风雨中,他迅速站在队伍前面,按时率队开赴预定地域。

几小时后,雨越下越大,风越刮越猛,路越来越泥泞不堪。先遣组突然报告,前方行军路线因大面积塌方受阻,需改道而行。紧要关头,杨业功沉着应对,命令大队人马临时待命,自己率两名参谋消失在风雨中。经过7小时勘察,他为部队急行军另找了一条最佳的行军路线。

第二天,大雨依然如注。经过前一天马不停蹄地奔波,杨业功脸色被淋得发青,嘴唇冻得发紫,看上去人十分疲惫和吃力,但他依然强打着精神,身穿雨衣,冒着寒风,走在队伍的最前面。工作人员在旁边提醒他少走一截路,上指挥车休息一会儿。可怎么劝,他也不听,并说:"平时训练不玩命,打起仗来就丢命。平时不与战士风雨同舟,战时怎能凝聚兵心?"

在他的严格训练和严格要求下,基层官兵的吃苦精神和实战意识有了明显增强,敢打必胜的血性和虎狼之气得到进一步强化。拉动前后持续一个多星期,没有一人掉队,没有一人叫苦叫累,所有战术课目都顺利完成,收到了很好的演练效果。此后,在基地和第二炮兵组织的训练尖子比武考核竞赛中,该旅官兵多次摘金夺银,被上级誉为"平时过得硬、战时能打仗"的虎狼之师。

在和平年代,一些单位害怕出事故,为了保安全,该动的装备不动,该训的课目不训。然而,杨业功却从不消极保安全。

2002年初,曾多次完成重大演习任务受到中央军委通令表彰的某导弹旅,在二炮率先提出每月实施全系统、全要素、全员额、全程序、全装备的"五全"拉动演练。武器装备是军人的"第二生命",导弹部队的装备都是高、精、尖武器,面对这些价值连城的宝贝疙瘩,当时不少人担心一下子动用这么多装备,风险太大,弄不好出个事故,不但会把部队多年的成绩搞砸了,荣誉搞丢了,而且谁都难以承担这个责任。更何况,这种演练以前从来没有搞过,上级也没有要求必须这么搞。

谁也没想到,这个旅在第一次夜间拉动中,一台导弹发射车就因路况差陷入了稻田里,险些酿成重大事故。旅领导的心一下子提到了嗓子眼儿。谁知,杨业功知道后,专门给旅长打电话,鼓励说:"军队是要打仗的,消极保安全,那对国家就是最大的不安全。只要对提高战斗力有利,你们就继续放手干、大胆闯。有责任我来担。"旅长听了既感动又激动,全旅上下一心谋打赢、一切为打赢的劲头更足了。

在基地党委和杨业功司令员的支持下,该旅的"五全"训练不但没有减少训练要素,反而增加了训练难度和强度,每次训练都带实战背景,并将机关组织指挥和各保障要素"捆绑"训练,使军事训练真正实现了与实战接轨,部队实战能力快速提升,装备故障率明显下降。之后,该旅多次圆满完成重大演习和实弹发射任务,成为我军第一支应急导弹部队,成为"新型导弹第一旅"。

这天,南国密林深处一场"激战"正酣:铁流滚滚,战车轰鸣,数十台装备车装着"倚天神剑",呼啸着开赴发射地域。随着"号手就位"的一声令下,各发射分队如离弦之箭,冲向战位,展开设备,起竖导弹,精确瞄准。随着"点火"指令的传出,一枚枚按导弹比例缩小、可替代实弹完成训练发射的"缩比弹",喷雷吐火,直刺苍穹。

生动逼真的模拟发射,不仅再现了训练场景,检验了训练效果,收集了发射数据,而且弹体可以回收再利用,大大地节约了训练成本。产生了非常高的军事效益和经济效益,受到军委首长的高度赞誉。这种可完全替代实弹进行发射训练的"缩比弹",正是杨业功亲自主持研制的。

第二炮兵部队没有经历过实战,实弹发射是平时历练部队战斗力的最佳途径,而由于导弹造价昂贵,部队实弹发射数量极其有限,只有很少的发射单元能够经历磨炼。其他发射单元怎样才能在实弹发射中得到检验和提高?单靠平时的训练能不能满足打仗的要求?平时模拟操作很熟练,关键时刻实弹发射行不行?……这些问题,杨业功不知在脑海里想了多少遍。作为一名共和国导弹部队的高级指挥员,他感到肩上责任和使命重大。

能不能研制出一种用于模拟训练且造价低廉的"导弹缩比飞行弹"呢? 2001年春,杨业功的这个大胆设想刚一提出,便在基层官兵中引起强烈反响。作为一线导弹操作手们,他们太清楚"缩比弹"研制成功的训练价值了。之后，经过数月论证推理，缜密思考，杨业功确定这个设想极具实用性、科学性和可操作性，可以立项。在杨业功的积极推动下，基地随即成立了科研小组，四处走访，多方求证，虚心请教有关专家，推动试验一步一步地走向成功。

只要功夫深，铁杵磨成针。经过两年多的艰辛探索，在技术室等单位的共同努力下，2003年初，由杨业功参与设计并组织力量研制的"缩比弹"终于成功问世。经过部队训练实践检验，这项科研成果大大提高了训练效率。现在，"缩比弹"已被全面引入部队训练，成为提高部队战斗力训练的新"支撑点"。

时光荏苒，杨业功在担任基地司令员的五年期间，全基地有近200项科研成果问世，其中"某型导弹仿真虚拟系统""新型导弹缩比飞行弹"等20多项成果在全军和二炮获奖。一项项科研成果，无不凝聚着"导弹司令"的心血！

"打起仗来，百备一疏，也不行，我就是来挑刺儿的！"

"想打赢、谋打赢、不辱使命"，是杨业功的毕生追求。他心里非常清楚，导弹阵地是第二炮兵部队的作战依托，直接关系到部队的作战能力和自身生存能力。无论演习还是训练，他都坚持高标准、严要求，坚决反对形式主义，弄虚作假，力戒空谈，追求实干。部队训练，只要有机会，他总要亲自跟训。大到装备出动、占领阵地，小到警卫防护、隐蔽伪装等等，哪怕是一个小符号、一个小数字，他都一一检查，力求准确无误，精益求精。

"力戒空谈，少说多做；反对形式，讲求实效"，这是杨业功做人为官的两条基本原则，他始终坚持全部心思向打仗聚集，各项工作向打仗用劲。

2003年4月,二炮工作组到杨业功所在基地某旅检查工作。现场观摩,随机提问,抽点操作。经过仔细检查考评,工作组十分满意,对该旅的军事斗争准备工作给予了很高评价。正当全旅官兵沉浸在兴奋中时,原本上午送走工作组返回基地的杨司令员,下午又驱车返回该旅,杀了个"回马枪"。

"打起仗来,百备一疏,也不行,我就是来挑刺儿的!"杨业功开门见山地对该旅领导说,"上午工作组人多,我觉得还有一些地方没走到看到,要再查查!"他对训练、革新器材、阵地伪装等逐一重新检查,不放过任何一个细小环节。3个小时后,杨业功的"火眼金睛"竟抠出27个隐性问题。紧接着,他召集旅领导开会,对每一个问题逐一进行讲评,并给出了具体的解决方案。

到了晚饭的时间,旅领导提醒杨业功,休息一会儿,吃完饭再议。"问题没落实,吃饭着啥急!"杨业功摆摆手道。那天,会议结束时,已是晚上8点多。

三个月后,杨业功再杀"回马枪",来到这个旅,对那27个问题的改进落实情况一一检查。当看到这些问题都得到了较好解决时,他的脸上才露出满意的笑容。

"空谈误国,实干兴邦。任何事情、任何工作都不是吹上去的,而是干上去的,坐而论道,不如躬身实践,所以我特别注意在群众中树立一个领导干部求真务实、真抓实干的形象。"杨业功在述职报告中的这一段话,是他几十年军旅生涯的真实写照。

杨业功始终坚持战斗力这个唯一的、根本的标准。2002年夏天,太阳炙烤得水泥地面嗞嗞作响,某新型导弹旅训练场上一片热火朝天。官兵们经过几个月的艰苦训练,终于迎来了最后的考核。对这个旅的建设发展,杨业功倾注了太多的心血。这次考核,他想亲自督阵，看看旅里到底是个什么水平。连日来，他一直在思考这次考核的相关问题。

这天，他召集机关有关同志开会，想听一听大家对考核的意见。关于考核方式，大家意见不一。有的认为，基层营连平时训练时间、内容、标准、要求都是统一的，指定一两个发射单元接受考核就行了。有的建议，采取抽考、随机考核的办法检验发射单元的训练水平，既解脱了机关，又减轻了基层负担，认为这种考核方法比较科学。

面对不同意见，杨业功没有武断下结论，而是借用"木桶理论"提出自己的观点。他说："如果把一个导弹旅比作一个大木桶的话，那么衡量这个旅的战斗力就是看木桶装水的多少，一个个发射单元就像一块块木板，哪一块都不能短了，否则就会影响整体战斗力的提高。"接着，他提出明确要求："抽考、随机考核都有可能让不合格的单元侥幸过关，必须普考，所有的发射单元全部参加，一个也不能少。"随后，由基地司、政、后、装四大部门组成的联合考核组，进驻训练场实施考核。考核组从严从难，在实战背景下对这个旅的各发射单元进行了全面拉动考核。导调组抛开原有的脚本，随机出"敌"情，时而模拟敌特袭扰、道桥被毁，时而改变射向、施放烟雾等，增设了不少突发情况，让每个发射单元都在近似实战的环境下接受考核。

杨业功全程参加，一个一个地过。这次考核，由于涉及面广，随机情况多，个别发射单元面临复杂战术背景时手忙脚乱、处置不当，暴露出整体训练水平参差不齐等问题。考核结束后，杨业功针对考核中暴露出来的问题，召集有关人员制定了改进措施。

这次考核，该旅虽然吃了不少苦头，考核成绩也不够理想，但让他们看到了今后努力的方向。之后，该旅针对各个发射单元存在的"短板""弱项"进行了强化补训,实现了整体过硬,当年年底被评为全军"军事训练一级单位"。

杨业功始终坚持瞄准打赢,求真碰硬。"隔振基座"是导弹阵地上的一个重要组成部分,导弹上精密仪器的测试工作,就是放在"隔振基座"上完成的。因此,"隔振基座"的设计施工是否符合要求,直接关系到仪器测试的结果是否精确。而仪器测试结果精确与否,又直接关系到导弹发射的精度。

2001年9月的一天,杨业功正在某旅参加工程交接验收,导弹阵地调试过程中,经仔细观察,他发现"隔振基座"的设计不符合要求,不能有效地抵消大地的微弱振动,对导弹测试的精确度将会造成影响。杨业功马上叫来工程技术人员一起研究。就在他们谈兴正浓时,有人来到他身边委婉地提醒:"首长,这个方案是专家设计的,上级也进行过论证,并且征求过有关权威部门的意见。"还有人给他直接建议:"这是上级定过的事,即使有点小问题,也不要给上级提意见,以免影响上下关系。"

专家设计、上级定过的事,该不该、能不能重新提出来?大家都在等杨业功的答案。

杨业功态度非常坚决地说:"问题虽小,但不可小视。我们不是不尊重上级,也不是不相信专家。只要是有利于战斗力提高,专家会支持我们的,上级机关也一定会支持我们的。"

之后,他组织技术人员对所有"隔振基座"全部检查了一遍,确认存在这一问题后,很快按照程序向上级作了汇报。问题上报后,上级机关很快派出了包括工程院院士在内的专家组,进行重新论证。结果证明,杨业功的判断是正确的。后来,基地所有的"隔振基座"全部按新标准进行了校正,确保了导弹测试更加精确,消除了战场建设中的"软肋"。

凡是关系到部队战斗力的事情，无论大小巨细，杨业功都要亲自过问，一抓到底。他从不留下一个死角，不放过一处隐患。

2003年初，某旅被列为阵地建设试点单位。现场会前夕，杨业功两次亲临检查，先后查出十几个问题，要求一一返工。有人提出，阵地建设大同小异，再说这些都是小问题，现场会在即，就是返工也等现场会开过再说。杨业功火了："阵地建设直接关系到战场生存能力，岂能为检查而应付！""怎么抓装备建设，就怎么抓阵地建设，两项工作同等重要！"杨业功下了死命令。

"平时要求不严格，战时就要掉脑袋"

和平时期，演习是提高部队实战能力的基本途径。然而，怎么样进行演习却有大学问。杨业功反复强调："演习不是演戏，必须贴近实战。"

杨业功任导弹旅旅长时，为了提高部队的实战能力，曾组织全旅进行过一次带实战背景的红蓝对抗演练。这是一次自导自演，规模空前，实战氛围浓厚的演练。起初，演练按部就班，倒也没有什么"特别"。当演练正有条不紊地进行时，令人意想不到事发生了。扮演"蓝军"的一名参谋，竟然组织一个突击小分队，悄悄地潜入"红军"指挥部，将杨业功任总指挥的指挥部给"端了"。

对于出乎意料的结局，参演官兵议论纷纷。有的认为，演练脚本已提前设置好了，"蓝军"这样胡作非为、不讲规则，扰乱了演练的秩序，理应受到批评。有的在私下议论，扮演"蓝军"的参谋胆子太大了，竟敢"犯上"，故意把旅长"打败"了，等着瞧，有他们好看的。

"蓝军"小分队的突袭,造成出人意料的结局,确实使担任"红军"总指挥的杨业功非常尴尬。然而,杨业功不但没有责备这名参谋"越轨",反而对其打破常规的战术大加表扬。演练总结大会上,杨业功当着参演官兵的面讲道:"演练中'红军'虽然吃了'败仗',但让我们拣了个明白,演练就是打仗,不能搞一厢情愿!"

会后,杨业功还组织官兵对演练中的戒备意识进行了全面反思,将这一"败绩"纳入了部队战备训练教材。

在杨业功看来,演习不能搞"假把式",踢"假球",玩"虚花招",只要遇到与实战相悖的做法,他就要坚决"纠偏"。

2003年下半年,某导弹旅奉命在所属作战区进行全员额、全要素、全流程的实兵实装实地演习。

这天,杨业功到该旅检查演习前期准备工作。他乘坐的越野吉普车来到营区时,眼前的一幕令他惊诧不已。不少战士正在手忙脚乱地营造氛围,有的在帐篷前用鹅卵石摆出了一长串"首战用我,用我必胜"的战斗口号;有的在道路两边插彩旗、挂标语;还有的在指挥所外面摆黑板报。远远看去,战斗氛围异常浓烈、场面颇为壮观。

如此"壮观"的景象,让杨业功心里很不舒服。战斗精神固然需要,战斗氛围也不可或缺,但一切造势必须符合备战打仗需要,凡事要把握一个度,耗费巨大的人力、物力、财力,搞"花架子"工程,不但不利于提高战斗力,反而会损伤战斗力,败坏我军的战斗作风。想到这里,杨业功让司机把车直接开到连队门口,来到战士中间,对连队官兵说:"你们布置的氛围很好,但却犯了一个致命的错误,你们把自己一览无余地暴露给了对手,成了别人的'活靶子'。"他当即要求撤掉标语横幅,把正在营造氛围的战士全部"撵"回了训练场。

接着,杨业功又在营区里转了一大圈,走遍了演练场上的每个角落,对搞"花架子"的做法进行了检查和讲评,对存在的问题进行了纠正,并就此事召集旅领导开会,讲清"平时即战时"的道理。

在后来的演习中,这个旅按照杨业功司令员的要求,迅速整改,狠抓落实,确保了各项训练更加贴近实战,取得了前所未有的成绩。

2001年的一次模拟演习。演习当天,一切准备就绪,根据演习方案,某旅导弹发射车按时开进,占领阵地。按照实弹发射的要求,导弹发射车进场准备时,必须提前测定方向定位线。也就是说,发射要实现"指哪打哪"的要求,发射车停放的位置必须事先经过精心测算,不能随便乱停,否则就会影响导弹发射的精度。

演习开始后,该旅一名操作员认为,这只是一次模拟演习,又不是真正打仗,如果按照程序测定方向定位线,需花费一定的时间。为了图省事,他便凭借以往的经验随便目测了一下,就划定了一条方位线,然后指挥发射车停放。这样一来,的确省时了不少,比其他按照流程操作的发射单元提前了十多分钟。这一情况恰好被担任演习总指挥的杨业功发现了,他快步走到这名操作员身边。

"定位精确吗?"

"差不多。"

"'差不多'是差多少?差一丝一毫都不行,必须绝对精确!"

"训练场就是战场,来不得半点马虎。"杨业功在原地足足站了一刻多钟,严肃地批评了这名操作员。然后,他下令重新操作,直到把方位线测准后才离开。

事情本身虽然不大,也没有使演习受到影响,但这件事情暴露出了个别官兵在训练中作风漂浮,这使他忧心忡忡。平时训练不认真，打起仗来就要付出血的代价，这方面的教训实在太多了！

当天晚上，杨业功躺在床上翻来覆去难以入睡。从古至今，因为细小的疏忽而造成"马失前蹄""兵败如山倒"的战例，在他的脑子里就像过电影一样——浮现，令他感慨万千。"平时要求不严格，战时就要掉脑袋。"身为一个重要战役方向的军事指挥员，杨业功认为这绝不是危言耸听。他想来想去，还是要就这件事，来个"小题大做"。

第二天，杨业功针对这件事专门组织全体参演官兵进行了讲评。空旷的训练场上，千余名官兵正襟危坐，台上杨业功表情严肃。他谈古论今，列举出许多著名战例来教育官兵，同时严厉批评了演练场上马马虎虎的行为。讲话快结束时，他掷地有声地告诫大家："我们二炮部队掌握的是高技术武器，差之毫厘，谬以千里，如果平时训练不严格，打起仗来就会吃败仗，就会葬送官兵生命，愧对党和人民，有辱国家和民族！"

会后，杨业功又让作训部门对测定方向定位线这一操作程序进行了重新规范。从此，基地所有导弹旅训练，都按实战标准测定方位线，这一细节也被作为"法规"写入了专业教程，沿用至今。

像这样较真的事儿，杨业功在抓部队训练中不知发生过多少次。

杨业功是有名的"导弹通"，基地各种型号导弹他都精通。此外，他还是有名的"阵地通"，对基地作战区内每个阵地都烂熟于心。

2003年8月，杨业功轻车简从，到某导弹旅检查指导工作。下车后，稍事休息，杨业功走进该旅作战室。

为了迎接他的到来，该旅精心准备，制作了图文并茂的多媒体课件，向他汇报新建阵地的部署情况。随着作训参谋轻点鼠标，全旅阵地部署图清晰直观、一览无余地展现在众人面前。讲解员一边用教鞭指着频繁闪烁的图标,一边流畅自如地讲解,大家犹如身临其境,仿佛被带到了茫茫大山中的阵地上。

听着听着,杨业功突然站了起来,指着屏幕上的图标说:"这个阵地的位置标错了,不在路北,应在路南。"此言一出,顿时全场人员震惊。"小小一个图标,司令员就这么肯定吗?"众人屏声静气,作战室里顿时鸦雀无声。

"不会有错吧,这个课件可是旅里几位参谋加班加点认真制作出来的?"旅领导带头打破了沉默,其他同志也纷纷摇头,表示这个点位不可能搞错。

"不可能?拿出原始资料查对一下。"杨业功的话语掷地有声,态度坚定,不容置疑。

旅领导赶忙拿来了阵地部署的原始资料,并对照多媒体课件一一核对。结果水落石出,阵地的位置的确标错了,不在路北,而应在路南。

"首长,您的记忆力真是超群!"看到杨司令员对旅里阵地的部署情况这么清楚。大家对他佩服得五体投地,纷纷投来尊敬的目光。谁知,杨业功听了这话,脸色一下子变得严肃起来,说:"记忆力并不是最重要的,关键是工作要细心,要扎实。如果是打仗,这种疏忽是致命的!"一席话,说得在场的领导脸上火辣辣的。

外人也许不知道,为了熟悉阵地,杨业功每年都有二分之一以上的时间在阵地上奔波。看到他如此劳累,有人劝他:"您都是这个级别的领导了,何苦这么拼命呢?像勘察阵地这样的事,让别人干不是也行吗?"

杨业功总是语重心长地这样回答:"不是不相信同志们,也不是说离开我阵地就建不起来。但是作为基地的军事指挥员,不熟悉阵地,将来真的打起仗来,我心里就没底呀!"

"你把战士装在心里,战士才会把责任扛在肩上"

杨业功知兵爱兵,善始善终。他常讲:"你把战士装在心里,战士才会把责任扛在肩上。你关爱战士,战士才会把你当亲人。作为带兵人,要像对待亲人一样,心里时时刻刻牵挂惦念……"对事业,杨业功殚精竭虑;对官兵,杨业功爱心无限。

1990年春天,旅长杨业功在全旅开训动员大会上提出,全旅要开展默画导弹"三路"(电路、液路、气路)图活动,号召人人争当"活三路",并确定在6月份举行全旅默画"三路"图比武竞赛。从事技术操作的战士袁利金,凭着自信和实力,第一个报名参加控制专业比武。

正式比赛那天,随着主考官一声令下,从各单位层层选拔出来的精兵强将各显神通,纷纷亮出了自己的绝活。袁利金也毫不示弱,迅速拿出赛前自己制作的绘图小工具,别人一次只能画一条线,他一次可以画十几条线,大大缩短了画图时间。杨业功看到袁利金用绘图小工具画得又快又准又好,脸上露出满意的笑容。

比武结束,袁利金以绝对的优势获得第一名。没想到,颁奖的时候,杨业功却说:"小伙子真不错,肯动脑子。刚才我看了你那套小发明,还挺管用。我们就是需要你这样的兵,既能苦干,还能巧干! 如果你能把四张电路图全部画出来,我再奖励你!"袁利金用力地点点头:"首长放心! 我坚决完成任务。"默画四张电路图需要五个多小时,小袁在两名作训参谋的监督下紧张地作业。

夜里12点，杨业功专门过来观看，见小袁动作熟练、准确无误，高兴地对参谋说："这小伙子挺了不起！我去为他准备奖品，等他画完我就来颁奖。"直到凌晨一点多钟，小袁才全部画完。这时，杨业功乐呵呵地端着一大碗面条进来了，问小袁："怎么样，肚子唱'空城计'了吧？快，趁热把它消灭！"端着热气腾腾的面条，袁利金激动得不知说什么才好，觉得这是世界上最珍贵的奖品。杨业功仔细察看小袁画的图后，笑着说："你看碗里有三个荷包蛋，这都是有讲究的，如果画得'好'，我就放一个荷包蛋；画得'很好'，我就放两个荷包蛋。那放三个荷包蛋是什么意思呢？"他停顿了一下，然后环视了大家一圈，突然大声说："那就是'非常很好'！"大家被他逗得哈哈大笑。

从此，"非常很好"就成了这个旅乃至基地广为流传的关于杨业功的"段子"，至今该旅官兵还念念不忘。

1991年3月，杨业功带袁利金到二炮工程学院参加导弹专业技术尖子汇报表演。途中，杨业功担心小袁休息不好，影响比赛，特意把自己的卧铺让给他。小袁死活也不愿让首长坐硬座而自己坐卧铺。杨业功却说："你不是那个'非常很好'吗？军人要服从命令，不然就成了'非常不好'了，叫你去睡卧铺你就去睡卧铺！"小袁只得"服从命令"。杨业功带上一本书，往硬座车厢走去……到了目的地，杨业功把自己的房间让给了小袁，而他与参谋挤在另一个房间。杨业功的关爱，使小袁深受感动。小袁养精蓄锐，不负众望，面对各路高手，一举夺得比赛第三名，受到了第二炮兵首长的表扬。

1991年夏天，袁利金奉命参加基地集训，准备为军委首长汇报表演。恰巧赶上连队上报士兵提干人选，竞争非常激烈。小袁心里犯嘀咕:"我人又不在旅里,提干竞争十分激烈,肯定没戏。"就在小袁心灰意冷的时候,一份"提干已定,速回干部科报到"的电报送到他手里。看着手中的电报,小袁情不自禁地流下了激动的泪水。

当时提干指标很紧,小袁的材料报到杨业功那里征求意见,他看了一遍材料说:"这不是那个'非常很好'吗?上次画图比赛我夸他'非常很好',到二炮比赛成绩也'非常很好'。这样'非常很好'的战士,不管人在不在,一律往前排。那些工作不怎样,拉关系,走后门的全部靠边站。"小袁被确定为提干人选后,是否让他去参加学习培训,却让领导犯了难。有的说:"别让袁利金去学习了,这次向军委首长汇报的任务非常重大,他走了,操作班子受影响了怎么办?"杨业功最后一锤定音:"学习一定要去参加,学习是大事,是关系到他今后成长发展的大事。"

杨业功走了,在基地留下了一个关于"非常很好"的典故。其实,杨业功当年夸小袁是"非常很好"的兵,而在小袁和广大官兵心里,杨业功是"非常很好"的领导。正是因为有他这样"非常很好"的领导,才带出了一个个"非常很好"的兵。

杨业功是一位原则性、政策性特别强的领导干部,对待任何事情丁是丁、卯是卯,绝不和"稀泥",搞"变通"。然而在他身上,也曾发生过一次帮人走"后门"的怪事。

士官韩玉怀是一位老典型,在国防施工一线工作了三十余年,身患癌症两次手术,退休前仍忘我工作,坚守在施工工地。1997年7月,韩玉怀的女儿韩盛蓉临近高中毕业,即将参加高考。为这件事情,韩玉怀背上了沉重思想包袱。由于自己多年来转战施工,家属丢了工作,女儿从小学到初中都是跟着他在偏僻的乡村学校寄宿上学,虽然聪明好学,但因为乡村整体教学质量不高,致使学习成绩不尽如人意,老韩深深为女儿的升学问题发愁。

怎么办?万般无奈之下,从来不愿给组织添麻烦的韩玉怀,情急之下向自己最熟悉和敬重的老领导杨业功求助:能否让女儿参加军校考试?根据当时有关规定,只有边防、海防和边远艰苦地区的军人子女才能享受这种待遇。

听说这个情况后,时任基地副司令员的杨业功,一时间思潮澎湃,心绪难平。"长期转战南北,扎根深山,默默奉献三十余载的韩玉怀,把自己最美好的青春年华和聪明才智都交给了祖国的国防建设,这么多年来从不计得失,无怨无悔。咱可决不能让他'献了青春献子孙'。他的处境和困难,就是我们当领导的要关心的,就是组织上要尽力解决的。"

随后,杨业功来到韩玉怀家中,一边安慰老韩及其家人,告诉他们不要着急,总会找到办法;一边安排干部处有关人员,抓紧时间通过正常组织程序向二炮有关部门和领导汇报协调,努力争取韩盛蓉参加军校考试的资格。

功夫不负有心人。最后,韩盛蓉考取了第一军医大学护理专业。接到通知书的当天,一家人感动不已,泪水涟涟。韩玉怀更是热泪盈眶:"领导这么关心我,再苦再累我都毫无怨言。通过这件事,让我更加坚信,只要把工作干好,就能够得到回报,组织上不会忘了咱!"

女儿上大学后,韩玉怀想着是杨司令员帮自己解决了最大的困难。便买了两瓶茅台酒前去感谢,不料杨业功严肃地对他说:"我们都是老同志了,也都是老党员,有了困难,只要组织上能解决的就一定会解决,我们领导帮你解决困难也是分内之事,你这样做不是让我们两个人都犯错误嘛!"礼没有送出,但韩玉怀心里对杨司令员却更加敬重了。

"人民的事再小也是大事"

杨业功1963年入伍时，正值全国全军广泛开展向雷锋同志学习的高潮。雷锋精神深深地影响着杨业功，使他入伍之初就抱定了这样的信念：当祖国和人民需要的时候，挺身而出，不怕牺牲一切，乃至自己的生命。

1980年10月22日的《解放军报》以《子弟兵舍身抢救群众，群众全力营救子弟兵》为题，详细报道了杨业功带领官兵在洪水中抢救人民群众的英勇壮举。

1980年8月13日晚8点多，时任团副参谋长的杨业功，带领指导员黄盈昌、司机石建国和战士李旦贵等同志到某地执行任务。途经河北省张家口下花园，正准备通过代加营河上的漫水桥，100多米长的漫水桥上行人车辆像往常一样川流不息。突然，一道闪电，紧接着是一串炸耳的惊雷，雨水像从消防水龙头中喷出一样砸在人们的身上，暴雨在上游瞬间形成了特大山洪。顿时，平静的代加营河上掀起一米多高的浪峰。

倾天而泄的洪水，很快就冲上了漫水桥，漫过人的脚面、脚踝、小腿、膝盖……桥上3辆汽车被冲得东摇西晃，行人进退两难，16名群众被围困在离西岸只有三四十米的波涛中，哭声、喊声、惊叫声，乱作一团。杨业功一行也被困在河对岸。这危急时刻，杨业功挺身而出，组织救援。他带领同志们跳下齐胸深的激流，先把儿童妇女接上一个土堆，又把其他群众运送到比较安全的汽车上。随后，杨业功组织大家相互挽起了胳膊，用身体筑起拦水墙，阻挡洪水对土堆的冲刷。洪水挟带着石头、泥沙和木块、树枝等漂浮物猛烈地冲击着官兵们的身体,他们的身上多处被撞破划伤,有的同志精疲力竭,眼看就支持不住了。此刻,曾在1976年唐山大地震中勇救20多名群众的杨业功大声地鼓励大家:"坚持住!"

与此同时,岸上数百名群众也正在积极组织营救。北京市电力局建筑公司和下花园煤灰砖厂的工人们从施工现场找来钢丝绳;电力建筑公司二处综合队队长吴金保带领工人开来吊车;有的群众拿来渡河用的器材,送给正在洪水中营救的官兵。几位工人和战士们一样,腰系绳索,争着下水。经过三个多小时抢救。咆哮的洪水终于在英雄的官兵和人民群众面前屈服,16名群众和部队的同志全部脱险。

从此,代加营河两岸一直传颂着"人民子弟兵舍身抢救群众、群众全力营救子弟兵"的动人故事。

杨业功所在部队驻地是贫困山区,经济比较落后,不少学龄儿童面临着失学的困境。早在2000年,杨业功就资助了驻地附近山区一名叫孙思雨的三年级女生,帮助她完成学业,还经常打电话关心她的成长进步。在杨业功的倡导下,从2003年起,基地团以上干部都参加了"春蕾工程",每人每年拿出400元钱资助一名失学儿童完成学业。同时,基地还先后筹集了二十多万元为驻地一所小学新建了教学楼。

2003年9月,杨业功回家探望老母亲,偶然得知应城市实验小学宋特伟的凄惨境遇。宋特伟父母离异,跟着残疾的父亲,生活艰难,却一直坚持刻苦学习,年年被评为"三好学生"。杨业功得知这一情况,当天晚上就和老伴商量,决定给宋特伟所在学校寄去3 000元钱,用于支付宋特伟读小学期间的学杂费和书本费。2004年6月,杨业功的生命已经进入了最后阶段。他没有提及老伴、子女的私事,除了牵挂部队未完成的工作外,他还紧握着老伴的手交代:"不要忘了再给宋特伟寄1 000元学费。"

入伍40多年,杨业功**始终牢记军人的神圣职责和历史使命,拼搏进取,争先创优,殚精竭虑,忘我工作**,为部队现代化建设和军事斗争准备作出了突出贡献;他**生活俭朴,清正廉洁,秉公用权,不谋私利**,在官兵中树立起崇高的威望;他**意志刚强,信仰坚定**,不论时代如何发展,环境如何变化,始终能够校准信仰的罗盘;他**坚守"底线",不闯"红线",不踩"黄线"**,模范践行党的根本宗旨,用自己的实际行动,谱写了一曲爱国奉献的壮丽诗篇。

林俊德（1938—2012） 国防科技事业奋斗终身的科技工作者模范。福建省永春县人。某基地研究员。1960年入伍，专业技术1级，中国工程院院士，我国爆炸力学与核试验工程领域著名专家。他投身国防科技事业50多年，扎根戈壁无私奉献，年过七旬依然战斗在科研试验第一线，在被确诊为胆管癌晚期到去世的20多天里，仍把病房当战场、与死神争分夺秒，为国防科技事业奋斗到生命最后一息。2012年5月，因病去世。2013年1月，中央军委追授他"献身国防科技事业杰出科学家"荣誉称号。习近平主席号召全军官兵要以林俊德同志为榜样，为建设听党指挥、能打胜仗、作风优良的人民军队，维护国家主权、安全和发展利益作出新的更大贡献。

林俊德
献身国防科技事业杰出科学家

"大漠，烽烟，马兰。平沙莽莽黄入天，英雄埋名五十年。剑河风急云片阔，将军金甲夜不脱。战士自有战士的告别，你永远不会倒下。"这是"感动中国"2012年度人物颁奖晚会上，给一名军人的颁奖词。

这名军人，在生命的最后一天，强忍着病痛折磨，伏案工作70余分钟。临终前，他叮嘱大家：他要葬在核试验基地，葬在戈壁荒漠之中。因为他是一名战士，他的一生都在那里做着同样一件事，他以此为荣，并为此竭尽全力。

这名军人，从1964年我国第一颗原子弹爆炸，到1996年我国进行最后一次地下核试验，参与了我国全部45次核试验。无论是原子弹还是氢弹，无论是空爆还是地爆，他都义无反顾地冲锋在第一线。他突破了一系列核心关键技术，取得了一批重大科研成果，为共和国铸造核盾牌作出了卓越贡献。

这名军人，就是中国工程院院士、我国爆炸力学与核试验工程领域著名专家——林俊德。

"党和人民培养了我,报答党和人民是天经地义的"

1938年,林俊德出生在闽南山区一个普通农民家庭,清贫的生活赋予他淳朴、坚毅和执着的品质。彼时的中国,虽有日寇铁蹄的肆意践踏,有反动势力的黑暗统治,但一股新生的力量、一个先进的政党正不断成长壮大,并如地下之烈火喷薄而出,最终涤荡了一切黑暗,一个崭新的中国屹立于世界东方。

在这一时代浪潮中成长起来的林俊德,能够读完初中、高中,并考上浙江大学,离不开个人的奋斗和努力,更离不开党和政府的关心和资助,离不开乡亲师长的爱护和帮忙。

由于家庭贫寒,父亲体弱多病,加之有弟弟妹妹需要抚养,林俊德小学念完,家里无力再支撑他求学,他不得不辍学在家。幸而,他的家乡永春解放,政府提供助学金,林俊德才再度跨入校门,继续中断的学业。

林俊德发奋努力,以优异的成绩考上了浙江大学。当家里得知这一消息后,既兴奋又发愁:浙江大学远隔千山万水,求学的路费对于他们家来说,是一个很大的难题。为此,林俊德萌生了不上大学,出去工作,以缓解家庭经济困难的想法。对此,淳朴善良的乡亲们看在了眼里,他们主动帮助他渡过难关。多年后,林俊德依然清晰地记得,他是如何从永春介福乡信用社借到50元钱,加上母校永春一中给的20多元路费补助,才赶到杭州。

当林俊德挑着扁担、光着脚板踏入大学校园时,引来了众人的目光。他身上穿的是妈妈手织的土布衣,随身带了一个用来作枕头的口袋、一条父亲用过的旧被子、一张草席。没有褥子、床单,更没有蚊帐，晚上只好任凭蚊虫叮咬。他的同学看在了眼里，他们通过学校为林俊德争取到了补助，买了蚊帐。林俊德在大学里学的是机械，可没有钱买制图的文具，同学们又主动帮忙，与他共用文具。

林俊德大学毕业后，选征入伍，被派往哈尔滨军事工程学院进修。一天，他忽然接到家里的来信，称收到部队寄来的20元钱，林俊德十分意外。后来才知道，组织上得知他的家庭困难后，专门给他申报了困难补助金，并寄往他的老家永春。林俊德对此念念不忘，即使多年后他成了院士，还时常提起。他的老伴黄建琴说："他曾对我说，连自己没想到的，组织都给想到了，那么就只管专心工作吧！"也还是在进修期间，临近春节，领导让林俊德回家过年，林俊德说学业重，而且还要考试，没有时间回去。还说国家已经在他身上花了不少钱，回家探亲再让国家花钱不应该。结果，领导下死命令，让他必须回去，并亲自给林俊德买了返闽的车票。就这样，林俊德回到永春探亲，见到了7年没有见到的母亲。

在林俊德成长的路上，得到了太多人的帮助和支持。他发自内心地感谢党，感谢组织，感谢那些曾经无私帮助过他的人。

林俊德把这种感恩，化为刻苦学习、奋发向上的动力。

他起早贪黑地利用一切可以利用的时间，如饥似渴地阅读一切能够阅读的书籍。在哈军工进修期间，他一边学习专业知识，一边苦练英、俄两门外语，是大家公认的"学习狂"，这为他后来成就一番事业打下了坚实的基础。林俊德曾对友人说，他天资不聪明，是靠笨鸟先飞和不懈地艰苦跋涉，取得他的人生价值的。对新中国的热爱和对国家民族的使命感，让他克服了一个个困难，为人民做了点有意义的事。林俊德曾这样总结自己的人生："人生的旅途虽长,但关键的就那么几步,特别是年轻的时候。在40多年的核试验科研旅途上,我获得了30多项科技成果。我想,如果我6年中学、7年大学学不好,就不会有创造各种核试验测量系列仪器的成功。如果说我后来有什么成就,今天能成为工程院院士,那么这颗种子是在永春一中、浙江大学、哈尔滨军事工程学院孕育的。"

林俊德把这种感恩,化为报效国家、献身事业的决心。

"为祖国奉献自己毕生精力",是林俊德一生的坚持。大学毕业后,林俊德以党的需要为最高需要,以国家利益为最高利益,毅然携笔从戎,走进"死亡之海"罗布泊。虽然此时,他对核试验知道的并不多,但想到他的命运能够与国家的命运联系得这么紧,林俊德非常激动,从此全身心地投入到我国核试验事业,一干就是五十多年。在我国第一颗原子弹成功爆炸中,林俊德和他的同事们制造的压力自记仪发挥了重要作用,张爱萍将军称赞项目组立了大功。林俊德从中感到肩上的责任重大:"我突然意识到平凡工作的意义,认识到个人成败与国家荣辱的关系,意识到荣誉背后的艰辛和责任。"就这样,林俊德把自己的一生全部奉献给了国家,奉献给了事业。

林俊德把这种感恩,化为克服困难、勇往直前的担当。

当我们今天享受着岁月静好时,可曾想到一大批默默奉献者在负重前行。他们克服的是恶劣的自然环境,是崎岖的科研之路;他们奉献的是青春,是家庭,是常人的幸福。林俊德在谈到他所从事的事业时,曾细数过种种困难:人们常常议论他们这批戈壁滩人的得失问题。的确,他们做了不少牺牲,先不说数十年枯燥贫乏的文化物质生活,研究所从繁华热闹的北京搬到荒无人烟的大西北,一些人的家庭、伴侣不能理解,有些人的热恋对象告吹,许多夫妻长期两地分居,好多人在父母临终前来不及回去看一眼……

林俊德的老伴黄建琴，是基地的"核大姐"之一，为了支持林俊德的工作，她独自一人坐火车回老家生孩子；因为工作，她把孩子托付给亲戚，又赶回基地。林俊德带的20余名学生都是科技精英，但他却没时间教女儿学习。女儿没读过大学，林俊德曾愧疚地对女儿说："你是我们的第一个孩子，我们没有教育孩子的经验，你是我们的试验品，就多担待点吧。"

然而，不论多大的困难，都不能阻挡林俊德的脚步，他并不为失去的而感到后悔，他以戈壁为家、艰苦为荣，把自己的全部都交给事业、交给祖国。林俊德说："世界上没有那么多便宜事，事业要成功，总是需要代价的。如果中国人民不前仆后继，死上千百万人，能从帝国主义列强的控制下解脱出来吗？如果不去戈壁滩，哪来的原子弹实验成功？没有原子弹、导弹，哪来中国现在的地位？"

"我们这代人，留下的不是痛苦的回忆，留下的是一种自信，一种自尊"，林俊德曾这样总结。林俊德的女儿十分理解他的父亲，她说："很多人说林院士一辈子没享过福，但我知道父亲不是这样的。他对幸福的理解不一样，他说过他这一辈子真的很愉快。"

林俊德把这种感恩，化为帮助他人、回馈社会的自觉。

林俊德对物质生活没有什么要求，他一生简朴、一生朴素，一块手表用了15年，一个游泳帽用了19年，一个公文包用了20多年，一个铝盆补了又补却舍不得扔掉，家里的沙发套是老伴买来布一针一线缝制出来的。林俊德离世后，人们收拾他的衣物，没有找到几件像样的便装，仅有的两件毛衣还打着补丁。可是在林俊德得知青海玉树发生地震后，毫不犹豫地捐了3万元，还特意叮嘱邮局工作人员，不留名字。当他得知家乡村里要建饮水工程时，主动捐款1万元。为了帮助转业后生活困难的战友，他一次就汇去8万元。

1990年，共青团中央等部门在北京举行"奋斗者的足迹"首场报告会，林俊德以其作出的巨大贡献，成为由老中青三代优秀科学家代表组成的报告团成员，并受到党和国家领导人的接见。报告会后，林俊德返乡探亲，一回家乡，就与乡亲们吃在一块、聊在一块，亲密无间，没有一点架子、一点生疏。对于曾经就读过的永春一中，林俊德更是念念不忘，他专程到永春一中和师生们举行座谈，向白发苍苍的校长、老师，致以军人的崇高敬礼。

林俊德曾说自己有"三个没想到"：没想到一个山村穷娃，能够有机会上大学；没想到这么一点贡献，能够当上将军；没想到这么一点成绩，能够评上院士。回顾科研历程，林俊德总结了四条取得成功的原因：一是对国家、人民的责任感和使命感；二是敢想敢干，不墨守成规，但又是实实在在，一步一个脚印；三是要创造好合作条件；四是注意科研基础的积累，包括不断学习新知识。

把对国家、人民的责任感和使命感放在首位，鲜明体现出林俊德常怀忧党之心、常砺报国之志、常思强军之责的崇高思想境界。他把自己与党、国家和人民的命运紧密相连，扎根戈壁大漠50多年，全身心投入到自己钟爱的事业中，始终奋战在核试验事业最前沿，从而书写出了人生的壮丽与辉煌。

"一旦抓住机遇，就要发狂地工作"

"他就像激光一样，方向性很强、能量集中、单色性好。"林俊德的同事这样评价他。

"他能52年坚守岗位，取得那么多重大科研成就，就是因为他能把全部的精力和时间用在工作上。"林俊德所在单位的领导这样评价他。

"我这辈子只做了一件事,就是核试验,我很满意。"林俊德这样总结自己的一生。

从大学毕业后研制世界上第一台钟表式压力自记仪,到去世前争分夺秒地整理技术资料,林俊德始终聚焦我国核爆炸力学与试验工程研究,为我国国防科技事业作出了重大贡献。他荣立一等功1次、二等功1次、三等功2次,获国家科技进步一等奖1项、二等奖1项、三等奖1项,国家技术发明三等奖1项、四等奖1项,部委级科技进步一等奖4项、二等奖7项、三等奖16项……

林俊德之所以能够取得如此大的成就,就在于他的执着,专一和坚守。原子弹之父奥本海默曾说:"制造原子弹只要百分之一的天才就够了,但却需要百分之九十九的苦干"。搞科学研究,特别是尖端技术,不下苦功夫、真功夫,不经过长时间艰辛、孤独的探索,是很难取得实质进展的。林俊德认为:成功的关键,一个是机遇,一个就是发狂,"成功不成功,的确有个机遇。一旦抓住机遇,就要发狂地工作,所以效率特别高,不可能的事就可能了。"

林俊德"发狂地工作",可以说到了废寝忘食的地步。一次,他为了攻克一个技术难题,在图书馆查阅资料。到了吃饭的时间,他借出资料,在附近找了个小饭馆,要了碗面条,边吃边看。刚吃了两口,头脑中一个灵感突然闪现,于是他赶快放下筷子,掏出笔记本开始紧张地计算起来,忘了吃饭,也忘了时间。过了好一会儿,饭馆的服务员走过来问:"同志,吃好了吗?"林俊德头也没抬,"嗯。"了一声,于是服务员就把碗收走了。等到林俊德计算完毕,才发现桌子上已经空了,只好又买了一份。

林俊德的一位好友彭继超还曾回忆过这样一件事:1979年夏天,为了写林俊德研制压力自记仪的事迹报告,他和林俊德一起生活了40多天。彭继超临走前，想和他告别。在林俊德住的筒子楼下面，正好碰见他出门。彭继超说："我明天就要走了。"林俊德问："还有什么事情吗？"彭继超说："没有了，告个别。"林俊德说："那好吧，欢迎你再来，我正要到办公室去。"林俊德与彭继超握了握手，转身走向办公楼。后来，彭继超与林俊德接触多了，相互之间更加熟悉，忆起那天分别时的情景，彭继超对林俊德说："你知道吗，那天我是专门去你家告别的，你也不让我去你家坐坐，也太实在了。"林俊德笑了笑，回答说："你也没说呀。再说了，你该问的问了，我该说的说了，再坐一两个小时，说些客气话、重复的话，时间就可惜了。我去办公室，来回路上用一个小时，还能看一个小时书。"

"老林的作息像钟表一样准确、规律：早晨7：30，进入办公室，晚上10：30，离开办公室。自己动手扫地、拖地、擦桌子，不用公务员；课间，到楼上力学研究室打乒乓球，中午、傍晚，回家吃饭、小憩。"林俊德的一个同事曾这样回忆："以致他老伴黄建琴抱怨老林是把家当作了旅馆、饭馆，把办公室当成了家！"在林俊德生命的最后时刻，他的老伴紧紧地握着他的手，贴在他的耳边说："老林啊老林，你把家当旅馆，一心扑在工作上，你现在终于属于我了……"

林俊德正是以这种争分夺秒、始终战斗的姿态，冲锋在科学研究第一线，当了一辈子学习狂和工作狂。一年当中，他只休息3天：大年初一、初二、初三。即使年纪上了70岁，一般的人已经开始安度晚年、享受生活，然而林俊德的日程表依然排得很满，搞研究、做实验、带学生几乎占去所有时间。

2001年，林俊德当选为中国工程院院士，在荣誉的光环下，林俊德依然保持着质朴本色，保持研究的专一性。一位老朋友代表某学院邀请他出任客座教授，并承诺给他建独栋别墅，年薪20万元，只需要他一年去作一次报告就可以了。

面对别墅、重金，以及鲜花、赞誉，林俊德一口回绝。类似这种跟自己学术无关的邀请，林俊德拒绝了很多。他给自己定下"三不"原则：不是自己研究的领域不轻易发表意见，装点门面的学术活动坚决不参加，不利于学术研究的事情坚决不干。

林俊德曾说："咱们国家进行这么一个伟大的事业，自己有幸在一辈子中，为这个工作作点微薄的贡献，觉得非常荣幸，这辈子也够了！能做这么一件事，觉得这个人生价值也是得到了充分体现！自己虽然也快到退休年龄了，还是尽量为这核试验多做点工作，因为我们国家的地位跟我们的这个事情联系是非常紧密的。"

"科研的核心是创新，搞科学就是搞创造"

众所周知，美国在日本投下的原子弹被称之为"小男孩"和"胖子"，苏联的第一颗原子弹叫"铁瓦克"，那么中国第一颗原子弹叫什么呢？原二炮司令员李旭阁在1964年9月23日的日记中记载，中国的第一颗原子弹叫"邱小姐"，一个很有文艺气息的名字。

然而，中国研制第一颗原子弹的过程却充满崎岖。其中，苏联的援助，"对中国原子弹、导弹研制的起步具有重要作用。但是，从一开始，苏联的援助就是有条件和有限度的。"1959年6月，苏共中央通过了一封给中共中央的信，提出"暂缓向中国提供核武器样品和技术资料"。1960年，苏联政府照会中国政府，单方面撤走全部在华苏联专家。实际上，苏联专家撤走行动早已开始，他们带走了许多重要资料，即使一片过滤膜掉在地上，也要用吸铁石把它吸走,以免中国仿制。

赫鲁晓夫的背信弃义激发起中国人独立研制核武器的决心,我们党决定"自己动手,从头摸起,准备用八年时间搞出原子弹"。毛泽东主席曾豪迈指出:"要下决心搞尖端技术。赫鲁晓夫不给我们尖端技术,极好!如果给了,这个账是很难还的。"

这一历史细节表明:中国的尖端科技事业,只能走一条自力更生、自主创新的道路。当时,一大批专家学者、工程人员、技术骨干怀抱一腔爱国热情,义无反顾地奔赴祖国最需要的地方,用自己的聪明才智铺就出中国自主创新之路,林俊德就是这一群体中的杰出代表。

林俊德当时负责的是核爆炸冲击波机测仪器的研制,并被指定为组长。测量核爆炸冲击波是确定核爆炸当量,并为核武器的研究和防护提供参数的重要手段,研制冲击波机测仪器是我国首次核试验中一个极为重要的项目。林俊德和同事们设计制造压力自记仪可谓是白手起家,没有试验设备,没有技术资料,不清楚工作原理,甚至连压力自记仪该是什么样子,从领导到专家,谁也不知道。

林俊德深知这项任务的重要,带领小组成员夜以继日地翻阅资料,做了几百张资料卡片。领导看到他们日渐消瘦的身影,感慨地说:"这些小青年,真有个钻劲。"最终,在林俊德的带领下,他们搞清了机测仪器的工作原理。

攻克了第一道难关,林俊德又向新的高地发起冲锋。搞清压力自记仪的原理只是第一步,更难的是如何去设计和制造,其中一个难题就是解决动力问题。当时,国外在这方面,主要是通过小型稳速电机来提供动力。但国内没有这种小型电机,其他科研单位虽然根据国外的资料设计了电动式方案,但制造出来的仪器十分笨重，造价也高，无法真正投入使用。面对困难，林俊德没有退缩，在上班的路上、在吃饭的时间、在夜深人静的午夜，他苦思冥想，向着这个"拦路虎"不断发起攻击。

一天，在乘坐公交车时，一声响亮的钟声使他精神一振——航空仪、气象仪、地震仪等许多仪表都是用钟表式发条做动力，压力自记仪也可以用钟表的齿轮、发条作动力，这就可以摒弃繁杂的测量途径，绕过高难的电机工艺。很快，林俊德所在的实验室变成了"钟表铺"。齿轮不够精密，就一个齿一个齿的人工去锉；没有气瓶和空压机，就焊个贮气罐，用打气筒往里打气……就这样，在林俊德的带领下，他们小组终于研制出钟表式压力自记仪。

1964年10月16日，祖国大西北的核试验场。突然，强烈的闪光照亮半个天空，随之一个巨大的火球冲天而起，并逐渐形成巨大的蘑菇状烟云。高温高压使空气急剧向四面八方扩张，放置在爆区的大炮被掀翻，工事被摧毁，坦克炮塔也被冲掉，飞机犹如一片树叶在狂风中旋转……我国试爆了第一颗原子弹。然而，这一切人们能够看到的图景，还需要科学的测量，才能证明核爆成功。

就在其他人欢呼雀跃时，林俊德和他的同事们开始紧张地分析、判读压力自记仪所测得的数据。最终，他们根据仪器记录的波形和计算的数据，证明了这次爆炸是核爆炸。在场的一位首长高兴地说："记功！给我们的压力自记仪小组记功！"

实践证明，这个像"罐头盒"一样的压力自记仪，抗干扰能力强，轻便易携带，测量数据完整准确。这套仪器经过改进和完善后，比美国的同类仪器更可靠，而且重量更轻、造价低很多。研制出这一自主创新成果时，林俊德从浙江大学毕业才四年，年仅26岁。两年后，他又研制出高空压力自记仪，为我国首次氢弹试验飞机投弹安全论证提供了科学依据。

取得这些重大成绩,对于不到30岁的林俊德来说,已属不易,但林俊德并没有停止在创新创造之路上的奔跑。

早在20世纪60年代,美苏英三国签署了《部分核禁试条约》,其中规定禁止在"大气层、外层空间、水下进行核试验"。这一条约并未禁止地下核试验,意味着已经拥有较为成熟的有核国家,可以通过已有的技术储备和完善的技术资料继续进行核试验研究,同时也把其他国家排除在外,从而巩固核大国垄断地位。综合考虑国际环境、核试验影响等各种因素,我国决定核试验研究从大气层转入地下。相比地面和空中冲击波测量,地下核爆炸力学测量是一个世界性难题,其涉及的领域更为广泛,技术更为复杂。

林俊德和同事们通过各种方式搜集资料,深入探索地下核试验岩体应力波的测量技术和现象规律,最终搞清了我国核试验场特定地质条件下的核爆炸应力波和地震运动的传播规律,推动建立了核爆炸应力波和地震、余震等测量系统,为我国地下核试验工程设计和试验安全评估作出了无法估量的贡献。

20世纪80年代后期,林俊德又把冲击波测量技术应用于常规兵器试验中,发展了声电报靶技术、声电落点定位技术,相关设备应用于试验靶场和射击训练场。

20世纪90年代,林俊德又启动了核试验地震、余震探测及其传播规律研究,把地下核试验应力波测量技术向核试验地震核查技术拓展,为我国参与国际禁止核试验的核查赢得了重要发言权。

林俊德曾说:"咱们花钱不多,做事不少。咱讲创造性,讲实效,为国家负责。"林俊德在开展自主创新研究过程中,知道科研经费必须花在刀刃上,因此在保证研究顺利进行的前提下,能为国家省一分钱就省一分钱。一次,为了解决试验用的铅皮,他发明了用钢棒手工擀制的办法,像擀饺子皮一样,愣是把1毫米厚的铅皮擀成了0.2毫米。还有一次,国家决定加速推进核试验计划,试验频度与规模骤增,这对施工能力和需求提出了更高要求。为了解决钻井工程跟不上试验进程的矛盾,他对一口报废多年的600米深井进行复审和改造,仅此一项就为国家节省经费近千万元。

林俊德正是靠着对科学真理的孜孜以求、对科技前沿的敏锐洞察、对科研事业的不懈探索,敢为人先,勇攀高峰,下大力解决关键性技术难题,为我国爆炸力学和核试验工程研究作出了巨大贡献。

"我们搞核试验的,就是一不怕苦,二不怕死"

我国核试验事业是自力更生、白手起家,敢于探索、敢于创造搞起来的,是广大科研人员和工作同志用心血、汗水,甚至是生命铸造而成的。

搞科研很苦,搞核试验更苦。我国的核试验基地在西北荒凉的戈壁滩上,气候十分恶劣,昼夜温差极大,中午时分阳光十分强烈,地表温度能达到70℃,暴露在外的皮肤很快会被晒伤。可一旦太阳落山,气温就会骤降,常常要穿起棉衣。

当时我国发展水平还不高,在试验基地工作、生活的条件十分简陋,没有房子只能住在帐篷中,没有吃的全靠从几百公里外拉来。那时,一车蔬菜从产区拉到场区要两三天。在夏天,蔬菜运到场区时大部分都烂掉了。

而对生活影响最大的要数饮用水了,工作人员喝的水取自孔雀河。虽然这条河的名字很优美,但水质相当差,喝到嘴里是苦的,喝到肚子中后会引起腹胀,甚至腹泻。原罗布泊核试验基地司令员张蕴钰回忆说:"卫生处长起草的一份报告中有这样一句话:

'喝咸水后人泻肚子，一天中拉稀人共3 700名'。也许没有人能够去证明这个数字的准确性，但腹泻之苦确是场区无一幸免的，而且腹泻之疾无药可医，3～5天后又不治而愈。"这么恶劣的生活工作条件，没能阻挡林俊德工作的热情，他和同事们凭借着信仰、凭借着激情，从没有把这些苦放在心上，忘我地工作。

我国第一颗原子弹成功爆炸之后，决定进行氢弹原理性试验。这个实验是在高空完成，需要设计制造出能测量高空的冲击波仪器。根据需要，这个测量仪器必须要能在-60℃的低温下工作。为了创造低温环境，林俊德和同事们爬上海拔近3 000米的山顶。冰天雪地，寒风刺骨，林俊德和同事们的鼻尖、胡子、眉毛很快结上了一层白霜。夜晚，温度骤降，他们的手冻僵了，脚冻麻了，身上的棉衣根本挡不住低温，无法控制地不停颤抖。可就是这样，温度表上显示才-20℃多度，达不到试验的要求。

林俊德和同事们绞尽脑汁，采用了放飞高空气球的方法，最终解决了这个问题，研制出高空压力自记仪。后来林俊德又和同事们不断改进相关技术，形成了完善的核爆炸冲击波机测体系。之后，研制的仪器参加了我国空中、地面核试验，实现了从爆心到距爆心数百公里的核爆炸冲击波测量，系统、完整地记录了我国核试验的冲击波数据。

与林俊德共事20余年的王占河研究员曾回忆这样一件事：要攻克爆炸工程技术的一个重大难题，必须通过试验的方式加以观察和验证。林俊德带着同事和学生们在办公楼附近挖了一个大土坑，每天爬上爬下做试验，一干就是300多天，经常一身土一身泥，大家都笑称他是"民工院士"。

林俊德是研究爆炸力学的，这就决定了他一辈子都要和炸药打交道。为了直接观察到试验效果，为了能够第一时间拿到试验数据,林俊德总是亲临一线,近距离进行观察。他的学生曾说:"为了拿到第一手资料,老师常年奔波在试验一线。凡是重要试验,他都亲临现场,拍摄试验现象,记录试验数据,这是他的专业需要,也是习惯。"

在一次爆炸试验中,林俊德让其他工作人员进入掩体,而他却选了一个能够看清爆炸点的地方。一声巨响后,爆炸装置的碎片将碗口粗的杨树拦腰削断,爆炸声还在耳边回响,林俊德已经冲了出去。还有一次,爆炸装置调试好后,大家都进入安全地带。时间一分一秒过去,可炸药就是没响。等待不是办法,可如果上去查看,一旦爆炸装置突然爆炸,后果不堪设想。面对危险,林俊德对其他人大声喊:"你们都不要动,我来弄。"说着他便向炸药放置点走去,并回头对跟在后面的人说:"趴下,不要抬头。"最终,林俊德亲自排除了险情。

"我要工作,不能躺下,一躺下就起不来了"

在"感动中国"2012年度人物颁奖晚会上,曾有这样一段令人潸然泪下、感动不已的影像:林俊德在众人的搀扶下,艰难地走向办公桌。坐下来后,戴着氧气面罩、身上插着各种管线的林俊德对着电脑立刻开始了工作,以军人的姿态向着技术高地发起最后的冲锋……

2012年春节期间,林俊德给基地写了一封长信,对相关工程问题提出建议。元宵节当日,他又到川黔腹地考察,进入车间查看情况,甚至连螺丝钉都不放过。随后,他又飞赴新疆,就国防工程发展规划,向基地领导汇报。就在这马不停蹄、废寝忘食的工作中,病魔悄悄地到来。感觉身体不适的林俊德，在医院检查时被确诊为胆管癌晚期。

这一病情，很可能会击垮一般人的心理防线，很多人想到的是如何尽量延长生命，如何安排身后事宜。然而，得知病情的林俊德，想到的仍然是国防科技和武器装备建设。他有太多的工作需要完成。

他的学术思想需要整理。奋战在科研一线的林俊德，形成了很多真知灼见，记录了很多尖端项目、重大课题的数据图表、相关资料，这些技术路线、试验总结、思想火花等都存放在他的电脑中，如果不能及时梳理，将可能被淹没、被忽略。

他的建设规划需要完善。林俊德不仅专注于技术领域，同时长期的工作使他能够从整体上思考基地建设的发展路线，必须抓紧时间将其系统地总结出来。

他学生的毕业论文还等着审阅。如果没有林俊德把关并提出修改意见，不但学生们的毕业可能受到影响，所研究的前沿性课题也可能会延缓。

"他（林俊德）工作起来就像着了迷似的，得知自己的病情后也非常坦然。临终前他本想给最疼爱的孙子、外孙写一封信，但时间不够，时间真的不够了。"老伴黄建琴曾这样说道。

手术可能延长生命，但可能再也不能工作了。明白了这一点的林俊德，主动向医生提出：仅需支持性治疗，以节约医疗资源。并给自己留下更多的时间来完善工作。他诚恳地对医生说："我是搞科学的，最相信科学。你们告诉我还有多少时间，我好安排工作。"

为了便于开展工作，5月23日，林俊德从北京转入西安唐都医院。下了飞机，他就要求直接回单位，马上处理工作。后来众人劝阻："先去医院检查，过几天情况允许了，一边修养，一边到办公室工作。"林俊德这才同意。

"我的病情我清楚,要我活得有质量,就让我工作,我现在需要的是时间。"林俊德一进入医院的病房,同大家没聊两句,便催促老伴黄建琴把办公用的电脑拿过来,说要赶紧工作。病房中的医生、护士十分愕然,这哪里像一个癌症晚期的病人。

时间对于林俊德来说,真的是尤为珍贵。为了利用一切可以利用的时间,他对前来探望他的同事、亲友、学生说:"我没有时间了,看望我一分钟就够了,其他事问我老伴吧。"即使从老家福建山区远道而来看望他的亲人也是如此,没有商量的余地。

癌细胞无情地侵蚀着林俊德的身体,不久他就不得不住进重症监护室。戴着氧气面罩,身上插着输液管、导流管、减压管,还有从鼻腔直通到胃里的3米长的导管……即使这样,林俊德念念不忘的仍然是他的工作,他反复向医护人员申明,要出去工作。面对如此情形,医护人员不得不让步,让林俊德转回普通病房。

回到病房,林俊德做的第一件事,就是询问时间,并要来手表看时间。接着,给单位打电话,数次询问某项工程的进展,并指导相关研究。唐都医院的医生护士,深深地被林俊德忘我的工作所感动,对他的照顾更加周到,看到他审阅资料至深夜,值班护士心疼地提醒他尽早休息,多加保暖,保重身体。而对于林俊德病情的治疗方案,医院都会与他详细商讨,告知实施过程等,林俊德对医生说:"请不要勉强我做手术,现在需要的是时间而不是手术。与其治疗后卧床不起,不如最后还能争取时间。"

由于林俊德拒绝做手术,他的肝肾功能衰竭,经医生会诊,建议他做血液透析。当林俊德得知血液透析会对工作产生影响后,坚决地说:"有影响那就不做了,我现在啊,还有一些工作没有做完,既然手术和透析都影响工作,那就不做了。"即使医生十分坦白地告知:"如果不做恐怕熬不过明天。"林俊德仍然坚持自己的意见,并说:"我宁要有质量的一天,不要没质量的十天。"

而且,林俊德还要求照顾人员搬一张办公桌进病房,这样更利于他的工作。众人反复劝说,都没法改变林俊德的想法,只好答应。就这样,在病床旁边,安放了一张办公桌,插着各种管线的林俊德忘我地投入到工作中。

随着病情的加重,加上工作的操劳,林俊德出现消化道出血、肠梗阻症状。医生立即进行全院会诊,结果显示:急需实施外科手术,解除肠梗阻。林俊德问医生,如果做手术,能够推后多长时间。医生回答说:"可能几周,甚至几个月。"林俊德摇头说:"那就不用了,今年我都75岁了,延长几周或几个月,相对于75岁的生命,已经微不足道,不用再花国家的钱了。"特别是当得知术后需绝对卧床,林俊德恳切地说:"我知道这个病的最终结果,我需要时间来完善工作。"他还说,"这样工作没有效率,躺下了就是病人,坐起来就是工作者。"

为减轻林俊德的病痛、检测生命体征,医生决定为他行持续胃肠减压、心电检测,但他认为这样影响工作,反复要求甚至哀求医生让他下床工作。大夫不忍心看他最后一个愿望不被满足,最终同意。就在他腹胀加剧、血氧饱和度严重下降、严重缺氧的情况下,医护人员含泪协助他下床工作。

唐本奇撰写的《力学家老林的时间表》一文,曾详细描述了林俊德生命最后一天的住院记录,为我们勾勒出林俊德最后冲锋的姿态。

9:26　病人突然说,我要工作。护士跟其商量,说一会儿让工作,病人点头答应,说话吃力。

9:30　病人再次要求工作,护士说休息,等身体好一点再工作。病人道,我等不了了,太理论化了。女儿问,爸,肚子难受吗?病人摇头道,不,我要工作。反复要求工作,要求直接工作。女儿道,你要弄什么,我帮你弄。病人坚持道,不行,我自己来,我要工作。询问护士现在几点,见女儿流泪,病人望了一会儿,说道,大家要高兴。面罩下面,声音闷,但坚定。

9:40 病人说,我要工作。女儿道,好,我把笔记本支上。病人道,行。要求坐起来。女儿反对坐起来,病人大声道,可以的。跟其商量,问坐在床上是否可以?病人反对,坚持要下床,到办公桌跟前。医生进来,问是否要坐起来?病人大声回答,是。医生建议不要下床,病人坚决要下来,坐到办公桌前,说道,效率高。

9:54 病人道,尽快让我起来工作。

9:55 病人的学生、同事和护士把他扶到办公桌旁。病人道,在工作区工作效率高。旁边的人问坐着能行吗?病人坚决回答,没问题。多次劝休息被拒绝,病人道,不要强迫我,我的时间太有限了,你们不要打扰我,让我专心干点工作。再次劝上床休息,被拒绝,说道,我的习惯,你们都知道的,我可以的。众人环绕办公桌,前面人撑起胸,后面人垫起背,旁边人托起脖子,帮助其坐在办公桌前工作,减轻病人体力负担。每移动一下鼠标,需要换好几口气息。

10:30 在多人劝阻下,病人暂时停下工作,但只愿坐在椅子上休息,不愿上床,说道,上去下不来。血压96/61。医生劝说给用点药再下来,病人不愿意,说道,你们不要再劝我,听我的,按我的习惯。

10:45 再劝躺下来休息,但病人只愿坐着休息,休息几分钟便又进行工作。女儿提出帮忙,病人拒绝,说我自己来。越来越困难,同意女儿帮忙。女儿一一打开文件,询问应该放在哪个文件夹里,病人说出A、B、C、D……1、2、3、4……的顺序,女儿依言而行。

10∶54　病人与学生交谈电脑中的资料,交代ABCD的排序,提醒一定要把电脑中的保密资料清理干净。

……

11∶09　在众人劝说下,病人依依不舍地躺到床上。

……

12∶30　向女儿强调工作文件夹名及排序,强调ABCD,强调顺序规范。

……

16∶40　深度昏迷,处于无意识状态,嘴里不停默念ABCD……1234……

……

林俊德把生命的最后时光都献给了工作,他以战士的姿态,完成了生命中的最后一次冲锋。在林俊德的心跳停止的那一刻,医生、护士哭成一片。护士长安丽君泪如雨下:"谁也劝不住您。消化道出血,肠梗阻,整个腹腔全是肿瘤,竟然还要拼命工作……"

"马兰精神很重要,艰苦奋斗、无私奉献,希望大家继承马兰精神"

林俊德曾说:"马兰精神很重要,艰苦奋斗、无私奉献,希望大家继承马兰精神,让国家、人民尊重我们。人能力有限,时间有限,但是只要努力,都能做出成绩,体现自己的价值……一辈子支持我的就是诚恳,不侵害别人利益,对别人宽容,对自己严格。我本事有限,但是尽心尽力。"

林俊德常说:"搞科研要实事求是、正确定位,不能把个人名利看得太重。"他是这么说的,也是这么做的。

作为知名专家,以及相关技术专业组评委,上门送礼品、求关照的人不少。对此,他们一律被林俊德拒之门外。林俊德始终坚持把成果的含金量放在第一位,无论是参加学术评审会,还是推选各类优秀人选,他只看材料不见人,而且材料只能通过邮局寄送或他人捎带。

林俊德始终对学术研究心存敬畏,没有一丝马虎,也绝不会因为虚名浮利而放弃学术操守。一次,一个重要学术评审会在黄山召开,主办方邀请林俊德担任主审。林俊德看完材料后,说:"第一个成果跟我的研究方向有点关系,但够不上主审;第二个成果不是我的研究领域,当不了评委。"林俊德经常在科研成果奖排名次时将自己往后放,数次婉言谢绝组织推荐申报何梁何利奖,他说:"干工作时可以叫上我,其他的就不用再考虑我了。"

视事业重如山、视名利淡如水,不为奢华所惑、不为浮躁所扰,林俊德用实际行动诠释了马兰精神。在他的遗体告别仪式上,某基地全体将士用一副挽联为他送行:"铿锵一生,苦干惊天动地事;淡泊一世,甘做隐姓埋名人。"

作为为我国核试验事业作出突出贡献的专家,林俊德从未因自己资格老、成绩大而自傲,和他工作的同事、受他教育的学生、给他治疗的医生都因林俊德的平易近人而深深爱戴他。林俊德生病住院期间,护士输液时,会详细解释药物的作用及不良反应,并与他聊天,以缓解紧张情绪,而林俊德总是笑着说:"别怕,大胆扎。"

为了使事业后继有人,林俊德十分注重学生的培养。"他要我们作为学术助手和他一道探索前沿课题。"林俊德的学生这样评价他。在林俊德的电脑中,他为每个带过的学生,专门建立了文件夹,详细记录了每个人的技术专长、培养计划和施教方案。林俊德住院后,他让学生将各自的文件夹拷走。看到从跟他学习第一天起就开始记录的成长轨迹,学生们深深感动。在林俊德生命的最后几天,认真审阅了130页、8万多字的学生毕业论文,留下的338个颤抖笔迹,烙印着的是无边大爱。

临终前,林俊德专门嘱咐老伴:"一切从简,不收礼金,不向组织提任何要求。"林俊德去世后,有关领导专程到基地研究所看望林俊德的家人,并送上10万元慰问金。黄建琴面对大家,深深鞠了一躬,说:"老林是光着脚上大学的,靠的是国家提供的助学金,一辈子都要感恩于党和国家!"与林俊德相伴一生,黄建琴最了解林俊德,"这些钱我不能收,就当作他的最后一次党费吧!我想这也是老林的心

走近林俊德,我们能看到**目光如炬的力量**,这就是在纷繁复杂世界中,站在时代的前列、技术的前沿,抓住关键、抓住核心,实现突破、赢得未来。

凝望林俊德,我们能看到**行动如剑的力量**,这就是在重重困难征途上,无所畏惧、持之以恒,从挫折中不断奋起、永不气馁,用坚定的步伐走向未来。

感悟林俊德,我们能看到**淡泊名利的力量**,奋斗一辈子、奉献一辈子、简朴一辈子,干惊天动地事、做隐姓埋名人,明大德、守公德、严私德,成就更有高度、更有境界、更有品位的人生。

精神上强,才是更持久、更深沉、更有力量的。包括林俊德在内的先辈们,**用才智、用汗水,筑起技术高地**,让国家的力量更加强大,让人民的安康更有保障,让世界对我们刮目相看。他们还**用意志、用牺牲,铸就精神高峰**。继承林俊德留下的宝贵精神财富,我们一定能够走好我们这一代人的长征路。

张超（1986—2016） 我军新型作战力量建设的先行者，献身我国航母事业的英雄飞行员。湖南省岳阳市人，某舰载航空兵部队一级飞行员。2004年入伍，海军少校军衔。他入伍以来，牢记神圣使命，倾力练兵强能，勇于攻坚克难，坚守高尚品格，以只争朝夕的劲头苦练精飞，迅速成长为一名优秀的舰载机飞行员。2016年4月27日，他驾驶舰载机进行模拟着舰训练时，飞机突发电传故障，为挽救战机壮烈牺牲。2016年11月，中央军委追授他"逐梦海天的强军先锋"荣誉称号。习近平主席号召全军官兵要以张超同志为榜样，为实现强军目标、建设世界一流军队贡献智慧和力量。

张　超
逐梦海天的强军先锋

"团长,我是不是要死了,再也飞不了了……"这是海军航母舰载战斗机飞行员张超在牺牲前说的最后一句话。

只言片语,流露着张超对飞行事业的无限眷恋。生死一瞬,见证了这位"飞鲨"勇士的壮烈功勋。

2016年4月的一天,张超在连续完成两架次海上30米超低空飞行后,驾驶战机开始执行当天最后一个架次飞行任务。当他近乎完美地操纵飞机精准着陆后,飞机突发电传故障——极为凶险的最高等级故障。随即,战机失去控制,机头急剧大幅上仰,飞机瞬间离地数十米。在机头超过80度仰角的下坠过程中,张超仍在竭尽全力把操纵杆推到头,尽最大努力保住战机,却因此错过了最佳跳伞时机。被迫跳伞后,张超坠地,身受重伤,抢救无效,壮烈牺牲。

"爸,我的心愿达到了……"

追寻张超同志的成长轨迹,可以看到,他参军入伍后的优异表现,与他从小时候起就付出的艰辛努力以及树立的远大目标,有着密切联系。

1986年8月,张超出生在湖南岳阳的一个农民家庭。一大家里,有10多名共产党员,大舅还当过20多年兵,张超从小就经常听大舅讲各种战斗故事和英雄事迹,耳濡目染党的信念宗旨。从军报国的理想,那时便在他心里深深扎下了根,并不断生根发芽。

后来,张超家搬到了一个面积还不到10亩的小工厂中。这个工厂既是橡胶厂的工作区,同时还是全厂百十户工人家庭的生活区,因此里面相当拥挤。在张超小学毕业准备升初中那年,橡胶厂的生产任务骤然加大,厂里所有机器昼夜不停地开工生产,并且还伴着轰隆隆的噪音。时间一长,不仅厂里工人和家属难以忍受持续的噪音,就连厂子附近的老百姓都容忍不了了,频频来厂里投诉,厂子发出的噪音太大了,已经严重地影响了他们的正常生活。

不过,噪音再大,也没有张超求学读书的定力大。即使在这种极其恶劣的学习环境之中,张超居然还能跟没事人一样,该做题就做题,该读书就读书。有时候放学回来父母都不在家,他就一个人坐在家门口的大树下安静地看书,仿佛这漫天的噪音根本不存在似的。一次,工厂厂长陈继岳办事经过时,正好看到张超坐在家门口认真读书,当时他就对张超欣赏有加,认为这个小孩将来一定会有大出息。

高中期间,张超就读的岳阳七中恰好是一个培养飞行员苗子的中学,曾经连续多年向军事院校选送过不少飞行员的好苗子。张超路过学校的光荣榜时,看到那些已经去军校就读的本校师兄的经历简介,看着各位师兄英姿飒爽的军装照,他羡慕极了。2003年9月,空军到学校招飞行员,张超听到这个消息后,欣喜若狂。回家之后，他想尽各种办法了解参加招飞考试的程序和飞行员这个职业。由于他们一大家里有三个哥哥少年时先后夭折，张超已经是这个大家庭的"独苗"，亲戚们纷纷劝他："别去当飞行员，这职业太危险。"但张超还是不为所动，一直将参军入伍当作自己的梦想，立志要当飞行员，做一番大事业。

高二那年，张超经历了人生中的一次重大考验——参加招飞考试。虽然张超从小就一直喜欢运动，但体能成绩距离飞行员的选拔标准还有不小的差距。决心已定，就不惧千难万险。据张超当时的辅导老师王亮回忆，为了在较短时间内快速提高体能成绩，张超和其他几名同学一起买了沙袋绑在腿上跑步，别的同学坚持了还不到一周就纷纷放弃了，只有张超硬是天天咬牙坚持，直到体能成绩终于符合达标条件。别人能做到的，自己也一定能做到，唯有自己加倍努力，才能改变命运，实现梦想。懵懂之年的张超经常这样自我激励、自我鼓劲。

功夫不负有心人。2004年年初，经过多次严格的检测筛选后，张超如愿以偿地通过了飞行员体检程序。现在，横亘在他面前的，只剩下最后一道关卡——高考。一直以来，飞行员选拔对学生文化课的成绩要求都比较高，而对张超来讲，这道坎甚至比体测都难。张超高三时的年级主任张随生回忆说："学校并非重点高中，张超所在的那个班也不是重点班，他本人的文化基础并不算太好，所以要想达到飞行员的录取成绩，难度还比较大。"

事实上，在通过体检体测后，张超也真正感受到了自己实现飞行员梦想的巨大压力。所幸，在接下来的三个月里，他展现出了惊人的毅力，每天坚持早起晚睡，把一切能用的时间都用在了学习上，连最喜欢的篮球都没有再打过一次。遇见不懂的题目，就抓紧时间找老师同学请教。班主任老师看他学习劲头很足，就将他的座位调到了学习成绩比较好的同学周围,帮助他们互相学习、互相促进。

当年高考成绩公布后,学校500多名考生当中,仅有两人考上了重点大学,张超就是其中之一。天道酬勤,张超真正实现了自己的飞行员之梦。拿到招飞入伍通知书后,他兴奋地跟父亲张胜华说:"爸,我的心愿达到了……"在父亲记忆里,这一幕仿佛就发生在昨天。

"我就是冲着王伟来的!"

2001年4月1日,在电视上看到海空卫士王伟的英雄壮举时,张超心中感受到了强烈的、无法抑制的愤怒。当时他就立下决心,一定要向王伟烈士学习,当一名王伟一样的海空卫士,时刻守卫祖国的万里海空!坚决不能再让"中美撞机事件"类似的事情发生。

8年后,立志当一名飞行员的张超,以优异成绩顺利完成了为期4年的院校培养和为期一年的海军航空兵训练基地专业训练。作为当年学校的优秀毕业生,他本可以留在学校教研室,但为了实现从小的梦想,张超主动申请到"海空卫士"王伟生前所在部队——海军南海舰队航空兵某团。去单位报到的第一天,团长邱柏川就问他:"小伙子,你为什么来我们团?"张超脱口而出:"我就是冲着王伟来的!"这句话,许多战友至今印象深刻。

似乎冥冥之中,两位"海空英雄"就被同样的飞行梦、同样的雄心壮志,紧紧地连接在了一起。一位是大名鼎鼎、壮志殉国的"海空卫士"王伟,另一位就是从王伟生前所在团走出的舰载机飞行英雄张超。两位英雄，跨越了时空，在为国奉献牺牲的抉择时刻，作出了同样感人至深的选择。

对于自己能分到万分崇拜的英雄所在部队工作训练，张超内心满是感激，也满是自豪。事实上，他也将对英雄的憧憬与向往，完全化作了从事专业训练的不竭动力。寻着英雄足迹，学习英雄事迹，争当英雄传人，在英雄精神的引领激励下，张超迅速成长为该团最优秀的三代机飞行员之一，曾数十次带弹紧急起飞驱离外军飞机，首批驾驶歼-11B飞机飞临西沙永兴岛，是全团"尖刀"队员中最年轻的一员。2010年，张超成为同批次首个放单的飞行员和首批长机。教员赵健回想了当年与张超一起飞行的岁月："刚分下来的时候，他的飞行技术在同批学员中排名靠前，后来领导安排我来带他。张超平时不爱说话，就喜欢闷头看书研究。""飞起落很平稳，很柔和，每架次下来，我都给他打5分，这很不简单。我后来带教的学员中，就很少有能得5分的，他的这一点让我印象非常深刻。"

这一系列成绩的取得，是张超用辛勤的汗水铸就的。同一个机组的机务战友们都感慨，张超确实把飞机状况摸得很透，掌握得很准。有一次进行起降训练时，张超驾机升空不久就发现，虽然飞机各项仪表指示都正常，但同样速度下飞机飞得却比以往吃力很多。在飞机降落后，准备第二个架次之前，张超第一时间向地勤保障机组反馈了这一情况。机组人员随即全面仔细地检查了飞机双发动机，果然发现左发动机燃油系统某部件出现了故障，导致燃油燃烧不充分，因此飞机实际速度一直无法提升。事后，战友们纷纷表示，要不是因为张超对飞机的了解足够透彻，如此隐秘的故障很难被迅速发现。如果故障不能及时排查，很容易使飞机性能下降，甚至会出现空中单发停车的严重安全隐患。

张超为什么能比机务人员还了解飞机？主要源于他对战鹰的爱护，源于他的勤奋好学。当时团里每月定期安排一次空、地勤联合参加的飞机维护行动，张超除非执行任务等极特殊情况外从不缺席。他不仅积极主动参加，与机务官兵一起细致地擦拭保养飞机，还利用间隙时间虚心向机务工程师请教飞机构造原理和故障排除办法，极为透彻地掌握了飞机里里外外的情况。在团里五年多，张超十多次向机组及时反馈飞行中遇到的各类故障隐患，在地面检查维护时也多次发现了飞机的异常情况，有效协助地勤人员保障了飞机安全，真正成长为了既会飞行、又懂飞机的多面手。

"珍惜有限的飞行生命"

2011年4月2日，张超所在的南航某团组织新改装飞行员进行地靶实弹射击训练。对新飞行员改装作战机型而言，这种训练尚属首次，因为难度较大、风险较高，大家当时对于新改装飞行员能否高质量完成这项任务还有不少顾虑。当日上午8时，在同批次飞行员中，组织安排张超第一个驾机升空。经过十多分钟后飞到靶场上空开始精准定位地靶靶标，无线电中传来了张超请求射击声音：××，射击×号靶！随即，他快速降低高度、俯冲、射击、拉升，开始射击。在一阵炮火声中，地面白色靶标瞬间就被烟雾完全覆盖。靶场射击监控视频显示：命中靶标。第一个出场的张超，非常漂亮地完成了此次射击训练，大大增强了后续飞行员进行实弹射击的信心和决心。

飞行员的成长之路，总会布满艰辛。

2012年1月9日,南航某团在某机场开展跨昼夜飞行训练,张超的课目是仪表综合飞行。19时41分,起飞7分钟后,一直紧盯各类仪表的张超,突然发现液压指示出现异常,降至了最低正常数据以下,并有继续下降的趋势。他当即向塔台报告:"助力液压下降!"数分钟后,液压指示再次下降。张超深知,液压系统一旦失灵,将导致飞机操纵失控,后果不堪设想。接到张超的连续报告后,塔台下达了返航指令。张超平复心情,果断平稳转向180度,快速检查起落架收放装置,短时间内就干脆利落地完成了一系列应急处置操作,最终稳妥地控制住了飞机,并于19时58分安全着陆。

历经危险的考验洗礼,张超不仅没有退缩,反而更加坚定了不畏艰险的血性斗志。他经常告诫自己:"每个人都会珍惜生命,但飞行员首先要珍惜有限的飞行生命,不能一遇危险就收起飞翔的翅膀。"可以说,有他在,战友和领导都安心。有一次开展飞行训练时,正好赶上天气突变,突然间就乌云翻滚,暴雨如注,能见度瞬间降到不足百米。当时,还有7架飞机仍在训练尚未降落,张超就是其中之一。不巧的是,备降机场的天气状况也十分复杂,飞机油量均所剩无几,塔台指挥员不得不冒险让机群在本场迫降。在这危急关头,团领导们不约而同地想到了,让技术过硬的张超来当迫降的"领头雁"。

接到命令后,张超驾机第一个准备迫降,为后续机群和战友开辟生命通道。他驾机呼啸着冲出云层,对准跑道,凭借高超的驾驶技术避开了跑道积水侧滑险情,在积满雨水的跑道上稳稳当当地停了下来。在他的带领下,其余6架战机依次在大雨中超气象强行着陆。时任歼-8改装大队大队长郭占军感慨道:"张超在他们同龄飞行员中飞行技术是最优秀的,我们私下开玩笑地叫他'飞行天才'。以前听人说过一句话'我一升空,空中就没有王牌了',我觉得这句话对张超来说非常适合。"

2013年12月,年轻的张超有幸成为南航某团第二批三代战机改装新员之一。为了尽快熟悉新飞机的操纵原理,张超加班加点翻阅飞机资料,从中摘录出来的数据和符号都记到了专用笔记本上,走到哪背到哪儿,每天都要把上百个开关、电门、设备画上五六遍。理论改装结束前,对于各组技术数据、座舱内100多个开关、电门、按键、旋钮,张超都能烂熟于胸,做到"一问明""一摸准"。在随后的实际操作环节,张超仍旧一丝不苟,努力克服从机械式仪表到数字式仪表的变化,每天都要坚持在飞机模拟测试状态下判读几十遍各类仪表读数。为了适应飞机制动操作更精细的要求,他特意把橡皮泥揉成团,放在地上当刹车,踩扁了再复原,练到了要多厚就能踩多厚的地步,真正练就了用脚刹车的精准动作。最终,张超和他的战友们提前四个月完成了新机改装,创造了该型三代战机改装的多项纪录。

张超真正热爱着这项事业,时刻保持着强烈的好奇心和求知欲。他经常挂在嘴上的一句话是:"海空对决,战场态势瞬息万变,飞行员的大脑要像高速运转的计算机一样。"一次地面研练时,新老飞行员开展战法交流,探讨在发射点有浓积云干扰的情况下,对于在指定空域位置发射的新型导弹,如何实现有效发射的问题。当时,经验丰富的老飞行员们普遍认为,应该走边界或者进行云中锁定。然而,年轻且资历尚浅的张超当场表达了不同意见:"边界不容易锁定,穿云也看不清目标,两种办法成功率都不高。"听了张超的质疑和反驳,几位老飞行员当场就拉下了脸,直接问张超有什么高招。感觉到会场的紧张气氛后,老同学刘远昌急忙劝张超低调一点。张超不仅没有理会,反而据理力争地说道:"若有云层干扰,从指定空域正下方先锁定再跃升入云发射,效果会更好!"尽管他分析得头头是道,但是老飞行员们对这一战术打法基本还是持否定态度。

会后,张超四处收集经典战例、海战资料、敌情信息、外军视频等,采集了大量数据,加班加点地进行系列推算,验证了自己提出的打法的可行性,总算真正解决了这一难题。很快,在单位组织的一次实弹射击中,导弹发射指定空域出人意料地出现了比想象中更厚的浓积云。大多数人按照走边界或者云中锁定的传统打法,吃了"败仗"。而张超却使用了他之前测算过的先锁定后入云层发射的创新打法,稳稳地锁定并成功发射命中目标。这一次行动下来,几位老飞行员对张超赞赏不已,纷纷夸奖他这种敢创新、爱较真的可贵精神。"自那以后,团里对地攻击的命中率,一直高高在上。"张超的老领导王联红说起这个事时,脸上写满了自豪。

"要干就干最难的,要飞就飞舰载机"

英雄的感召、榜样的力量,都激励着张超在逐梦海天的航迹上越飞越勇。在同批改装某型国产三代歼击机的飞行员中,首个成功单飞的张超,毫无疑问可以说是一名佼佼者。2012年11月23日,首飞试飞员戴明盟驾着战鹰实现了中国舰载机在本国航母上成功起降的壮举。从这一刻开始,张超的飞行梦再次荡起涟漪。张超心底萌生出了一个崭新的"舰载梦":"要干就干最难的,要飞就飞舰载机!"

2015年初,听到海军要遴选航母舰载战斗机飞行员的消息,已是单位飞行骨干的张超，先后五次自告奋勇向团领导提出了申请，请求加入"飞鲨"团队。老单位的领导很欣赏张超，很想挽留他，甚至还主动提出帮他解决提升问题，但张超仍不为所动。

舰载机飞行员向来被誉为"刀尖上的舞者"，是世界航空领域中公认的高难度、高风险职业。当时，我国的舰载战斗机事业才刚刚起步，飞行员时刻面临着安全和技术的双重风险。统计表明，航母舰载战斗机飞行员的风险系数是航天员的五倍，是普通飞行员的二十倍。西方某大国刚发展航母时，平均每两天就要摔一架飞机，一共损失了1 000多名飞行员。然而，被问到为什么要选择来到舰载机部队时，张超总是说："作为飞行员，就应该敢于挑战自我，挑战极限，挑战顶尖的飞机，年轻飞行员就应该无怨无悔地到海军建设发展最需要的地方去。"

听说张超报名参加航母舰载战斗机飞行员选拔后，父母和已特招入伍随队的妻子很不理解，尤其不理解他为什么要放弃在三代机部队的提升机会和安稳的家庭生活，而选择那样一个危险的岗位。父母劝他："我们在电视上看过，航母上飞比陆地要难得多，也危险得多，你可要想清楚。"妻子张亚刚开始也很不理解，自己特招入伍后，每个星期都能和丈夫见三四次面，单位战斗机改装升级后，两个人之间的距离虽然远了些，但每个月也能相聚一两次，张亚已经觉得很是满足。女儿出生以后，他们还曾打算在海口买房，张超甚至已经向在银行工作的表姐打听清楚了贷款买房的具体流程。但在张超准备申请去当舰载机飞行员之后，买房大事就只能搁浅了。

为了顺利实现自己多年的梦想，他宽慰年迈的父母："飞舰载战斗机虽然危险，但我有信心驾驭它。"为了做通妻子的工作，他开玩笑地说："我的梦想就是飞最'牛'的飞机，你不就是喜欢我驾机巡天的'帅'吗……能飞'飞鲨',我死而无憾。"张亚当然想有一个温馨的家,但在丈夫做出这一决定后,这个简单的梦想又化为了泡影。慢慢地,张亚理解了自己的丈夫,既然他那么热爱舰载战斗机的飞行事业,自己又怎能拖后腿呢。

经过严格的技术和心理考核,张超最终名列综合评定第一名,顺利进入面试。作为舰载机航空兵部队发展史上最有发言权的人之一,被誉为"航母舰载战斗机英雄试飞员"的某舰载航空兵部队部队长戴明盟,当时就是面试组成员之一。戴明盟深情地回忆了他当初在三代机部队遴选舰载战斗机飞行员时第一眼见到张超的感觉:"张超朴实阳光,眼神清澈,很沉静,不张扬,脸上总是挂着笑,很有亲和力。""他那种期盼甚至带点乞求的眼神令我感动、让我心动,他主动要求来的愿望特别强烈,我就喜欢像他这样纯粹追求飞行事业的飞行员。""张超这小子,天生就是块干飞行的料!"

面试时,戴明盟用严肃的语气问道:"咱们这个舰载机飞行是世界上公认的最危险的飞行,你还愿意来吗?"

张超睁着大大的眼睛,一脸坚定地答道:"我非常仰慕您,特别想成为您光荣团队的一员!我确实知道它很危险,但就是想来,喜欢挑战是我的性格,再危险也得有人飞!"

2015年3月,28岁的张超如愿来到了舰载战斗机团,成为中国海军最年轻的舰载战斗机飞行员。为了祖国的航母舰载机事业,他依依不舍地告别了随军不久的妻子以及刚满周岁的女儿,义无反顾地踏上了挑战"世界上最危险"着陆区的艰难之旅。

此时,中国的航母舰载机事业才刚刚起步。2012年11月23日,"航母战斗机英雄试飞员"戴明盟首次在辽宁舰上成功阻拦着舰;2013年5月,海军第一支舰载航空兵部队成立;2014年年底,我国自主培养的首批舰载战斗机飞行员成功完成舰上起降。

选拔到舰载机部队后,作为新人的张超为了尽快赶上训练进度,每天都起早贪黑,勤学苦练,坚持理论学习和飞行训练。之所以如此拼命训练,就是为了有朝一日上舰飞行,真正实现自己的舰载机飞行员梦想。张超一心想要快速掌握舰载飞行规律,一个多月就完成了理论改装。每次飞行过程中的几百个操纵动作和程序,他能记得丝毫不差,就连近百个空中特情处置方案,张超也能倒背如流。

但从陆基到舰基,并不只是简简单单的一字之差,更意味着一切归零。操作习惯的改变,对于张超来说,是一个极大的挑战。以前明文禁止触碰的"反区操纵"现在成了规定动作;以前可以"粗狂"一点的陆基飞行,现在高一米低一米、快一公里慢一公里都不行,必须做到"精准、守纪、零容忍"。"舰载战斗机着陆,好比在高速晃动中做穿针引线的细活儿。"海军某舰载航空兵部队战斗机团参谋长徐英说,"苛刻的现实条件要求每一个飞行动作必须异常精确,要把飞行技术练成肌肉记忆。"为此,张超经常利用周末和休息时间给自己加量。仅仅过了半年,他的模拟器飞行时间就已经高达数百个小时,遥遥领先于同班次其他战友。用战友的话说,他简直是把自己"绑"在模拟器上训练。

陆基模拟着舰训练进入中期后,张超的着舰技术状态出现了波动反复,训练成绩也徘徊不前。为了突破技术瓶颈,每飞完一个架次之后,张超都立即向教员请教自己动作的偏差,不搞懂弄通决不罢休。付出总会有回报,张超的训练水平也稳步提升,所有训练课目成绩均为优等。张超总是敢于直面自身存在的不足,据戴明盟介绍,飞行讲评往往都是直指问题,非常严苛,但有些问题如果飞行员自己不说,别人未必知道。一次驾驶教练机起飞后,张超忘记把起落手柄复原。这个小失误虽然短期内不会直接引发严重后果,但时间一长就容易使电门失效,导致起落架放不下来。在随后的飞行讲评会上,张超主动承认了这一错误,虽然换来一顿批评,但他却觉得很值得,很有警醒意义。

除了努力提升自身的专业水准外,为了填补舰载飞行机方面的训练科目空白,推动战斗力早日形成,张超还在紧张地飞行训练之余,认真整理经验、收集资料、编写教范。仅仅用了20多天,他就整理出200余份视频资料,2万余字的心得体会,极大地丰富了舰载飞行的"资料库"。他还将自己改装的经验体会写成论文发表在团里的舰载飞行杂志《尾钩》上,为后续改装的舰载机飞行员提供了较为翔实的操作指南和技术指导。张超的电脑里,至今仍保存着一份歼-15飞机实际使用武器的教学法。

"今后,每一个学习歼-15飞机武器使用的飞行员,都会记住张超的名字。"副团长孙宝嵩表示,这套教学法是张超为航母部队战斗力生成贡献的最后一份力量,凝聚着他无数的心血,因此弥足珍贵。

"我是不是再也飞不了了"

在一线部队多年的摔打磨砺,使得张超在舰载机上舰飞行的漫漫征途中愈挫愈勇。可就在他即将完成舰载机训练所有飞行架次,实现上舰飞行的夙愿时,他的人生航迹却戛然而止。2016年4月27日,海军航母舰载战斗机一级飞行员张超,在驾驶歼-15舰载机进行陆基模拟着舰训练时,因飞机突发电传故障,不幸以身殉职,年仅29岁,成为我国航母舰载机事业牺牲的第一位英烈。

陆基模拟着舰飞行,是舰载战斗机飞行员必须跨过的一道门槛。只有过了这一关,飞行员才能获得在航空母舰着舰的资格。事发前,29岁的张超已经完成了上舰前93.24%的飞行架次,不论寒暑他始终在长36米、宽25米、"一比一"模仿辽宁舰有效着陆区的狭窄跑道上,一次次降落、加速、复飞,一次次挑战着身体和心理的双重极限,并且取得了全部优等成绩。

据战友介绍,事发当天张超在连续完成两架次海上30米超低空飞行后,开始驾驶117号战机执行陆基模拟着舰训练。着陆后,已经接地滑跑的飞机突报"电传故障"。电传故障,是歼-15飞机最高等级的故障,一旦发生,意味着飞机失去控制。机头开始急速大幅上仰,在超过80度的仰角情况下猛然下坠。飞行指挥员对着无线电大喊:"跳伞!跳伞!"可几乎同时,火箭弹射座椅穿破座舱盖,"呼"的一声射向空中。由于弹射高度太低,角度不佳,张超跳伞时主伞无法打开,座椅也没有分离,从空中落下,在地上砸出了一道很深的印迹。落地时,张超脸色发青,嘴角溢出血迹,表情万分痛苦。救护人员赶到后,张超被紧急送往了医院。

当时正在塔台商议次日飞行计划的舰载航空兵部队长戴明盟、时任团长张叶,马上朝着张超落地的位置狂奔。20多分钟的路程,张叶却觉得如此漫长。"团长,我是不是要死了,我是不是再也飞不了了……"没想到,这句话竟成了张超最后的告别。15时08分,这颗年轻的心脏永远停止了跳动。彩超检查显示,经受巨大的撞击后,腹腔内脏击穿张超的胸膈肌,全部挤进了胸腔,心脏、肝脏、脾、肺等部位严重受损。

现场视频和飞参数据显示,从12时59分11.6秒发现故障到59分16秒跳伞,在短短4.4秒的时间里,张超仍在竭尽全力推操纵杆,以制止机头上扬,避免战机损毁。他也因此而错过了最佳的跳伞时机。戴明盟说:"4.4秒的时间,对于排除故障来说是短暂的,但对于生死关头实施自救却已足够。生死边缘,张超仍在试图挽救飞机。"作为一名久经考验的战机飞行员,张超当然明白,集成程度很高的战机系统一旦出现故障,留给飞行员的处置余地很小;张超当然明白,发现故障后第一时间跳伞,保持较好飞机姿态的话,会有较大的生还概率;张超当然明白,一旦故障不能排除,飞机一定会迅速坠毁,最终机毁人亡。然而,在生死关头,他无暇顾及那些"当然",而是做出了最"不应该"的举动,在飞机几乎垂直地面时才选择跳伞。

在生死抉择的瞬间,张超想到的依然是挽救战机;在生命的最后时刻,张超最难以割舍的还是上舰飞行。张超用他青春的生命,诠释了对献身航母舰载机事业的崇高追求。事后,团长张叶在接受记者采访时,特意介绍了一个细节:指挥员命令张超跳伞时,他已经出来了。如果等指挥员命令后他再跳伞出来,即使是同时,也会因为拉中央弹射手柄到点火再到穿破座舱盖弹射出来,需要再多耽误零点几秒钟,飞行员也会因此而出不来。这足以说明,张超事发时的反应速度相当之快,也说明他对装备的研究非常透彻,如果换作其他人不一定有他做得好。

让人痛心的是,这是张超上舰前需要完成的最后一次陆基训练。也就是说,完成这次训练后,他就将转入上舰飞行训练,踏上他日思夜想的航空母舰。一直怀揣飞行梦、舰载梦、航母梦的张超,直到牺牲前,都没有去过航母,没有亲眼见过我国第一艘航空母舰——辽宁舰。一位上过辽宁舰的地勤官兵说,张超在座舱实习的时候,经常会问他一些有关辽宁舰的事情,比如上舰时需要注意什么事项等。

张超牺牲后,他的爱人张亚说:"张超这么想上舰,可他却连一眼航母都没见过,如果组织允许,能否让我通过什么方式上舰看看,我也算代表张超完成了一个心愿,实现了一个梦想。"张超的同班战友、室友艾群也动情地说:"我们要带着他的照片,和兄弟一起上舰。"

"他是我选来的,也是我送走的,他天生就是个优秀的飞行员。张超是一座精神丰碑,也是一块前进路标。航母事业是一项全新的事业,未来考验还很多、要走的路还很长,但我们一定会朝着尽快形成航母战斗力的既定目标,毫不动摇、毫不畏惧,勇于探索、勇敢前行!"戴明盟动情地说。该部队政委赵云峰也表示:"我们要继续烈士未竟的事业,化悲痛为力量,变压力为动力,在挫折中奋起,在困难中前进,用舰载强军的实际行动,告慰烈士英灵!"

张超虽然不幸牺牲了,但人民海军航母舰载机事业的前进步伐没有停止。

2016年6月16日,张超牺牲五十天后,渤海湾畔,戴明盟第一架、张叶第二架、徐英第三架……一架架歼-15舰载机再次展翅海天间,"披着清晨第一缕曙光,年轻的'飞鲨'滑跃起航。穿梭在茫茫大海上,诠释着经略海洋。谁的希望,谁的梦想,谁在用忠诚,书写信仰!"

"爱,是另一道航迹"

2011年,经表哥牵线,张超与妻子张亚相识相恋。张亚是中国航空公司国际航班组的一名空中乘务员,按说飞行员和空姐是"标配",但他们的恋爱历程却也一波三折。张超和张亚出生于同一个城市。张亚漂亮大方、乖巧伶俐,而且家境比较优越,民航大学毕业后在杭州工作，成为国航的一名空姐，工资待遇非常优越。而张超出身于农民家庭，母亲是家庭主妇，父亲在城里的橡胶厂谋生，但没多久厂子就亏损倒闭了，父亲也被迫下岗，靠着打零工维持日常生计。张亚的父母怕女儿嫁过去以后会吃苦，因此坚决反对他俩在一起。不过，经过一段时间的接触后，张亚被张超的憨厚朴实和勤学上进深深地打动了。

两人刚谈恋爱时，张超正在杭州疗养。一次他去张亚单位，正好碰到了张亚的一位领导。领导得知他是战斗机飞行员而且飞行技术一流之后，就动员张亚把他挖过来，说民航不仅工资待遇高，安全系数也高，心理压力比较小。张亚巴不得未来的老公能天天陪伴自己，于是把自己的想法告诉了张超。但张超毫不犹豫地拒绝了，他说："我的事业在海空，在为国家担当空中守护神的使命，假如所有的人都贪图安逸，谁来保卫这个国家，谁又来确保大家的安逸呢？"

正当两人感情日渐浓厚之时，张超却意外收到了张亚发来的一条只有五个字的短信——"我们分手吧！"莫名其妙地被分手，张超心里很是难受，不停地拨打女友电话，但始终处于关机状态。找到张亚单位去，同事们都说她有事休假了。后来，张亚的一个闺蜜主动找到张超，说出了实情。原来，有一次张亚在飞航班时，突然全身过敏，整个脸都肿起来了，还起了许多疙瘩，特别难看。医院初步诊断为红斑狼疮，说这个诊断有80%的可能性，但也不排除误诊，建议她到更权威的医院确诊。了解到红斑狼疮是一种很难根治的病，不仅需要长期药物治疗，还有可能导致生育障碍之后，张亚感觉像是一个晴天霹雳，痛哭了整整一个上午。在最难受的时候，她很想听听张超的声音，但每次拿起电话时，她总会想到："张超是个优秀的男人，我不能拖累他。"经过反复的内心挣扎纠缠后,张亚决定分手。怕自己在电话里难过得说不出来,张亚准备短信告知张超,可这条短信写了改,改了删,删了再写,最后却只有短短的"我们分手吧!"五个字。

原本年底就打算结婚的张超,在听到这个突如其来的变故时,心都碎了。他非常担心女友的病情,很想第一时间到她的身边安慰她、照顾她,帮助她战胜病魔。不久后,张超就请假回家取出了所有积蓄,他心里只有一个念头:不管多难,都要先治好女朋友的病。在医院的那段时间,张超每天都守在张亚身边,端水喂药,寸步不离。所幸,经过复查,张亚确诊只是暂时性免疫力下降导致的官能性机体紊乱。

正是这次波折,使张亚更加坚定了嫁给张超的决心。尽管当时父母很是犹豫,她却悄悄回家取了户口簿,与张超登记领了结婚证。刚结婚时,张超还在海军南航飞行团服役,妻子为了支持他的飞行事业,毅然决然地辞去了国航空乘的高薪工作,选择特招入伍来到海南,来到张超身边,和自己心爱的丈夫共同守卫祖国海疆。2014年,他们的女儿出生后,父母也过来团聚,一家人其乐融融。而在张超到舰载航空兵部队后,张亚还没有去过他的单位。每次提出要来时,张超总是推辞说:"等我上完舰吧。只有真正驾机在航母上起降了,才算得上是舰载战斗机飞行员。"

结婚几年了,张超和张亚一直都没有找出时间拍婚纱照。那年举办婚礼前,张亚好不容易请到了几天年假,挑好了婚纱,定好了婚纱摄影馆。但当时张超训练任务异常繁重,他一直不肯和领导开口请假。于是,拍婚纱照的事情就一拖再拖,拖到了婚礼举办时,拖到了女儿出生时,拖到了雄鹰折翼时。

2016年春节,一家三口开着车在老家大街上逛了好久,终于找到一家不需要预定而且很快就能取照片的摄影馆,拍了一套全家福。

当时他们还商量说，等下次张超休假时，全家一定要去海边补拍一套正式的婚纱照。但现在，张超永远地走了，还欠着爱人张亚一套婚纱照。

2016年4月，张超牺牲前，妻子曾想来部队看他。4月27日，张亚买好了第二天的火车票，准备先去沈阳看望朋友，再利用"五一"假期赶到张超的单位。可那天晚上，张亚一直没有接到平日里很准时的"平安"电话，打过去好多次，也一直也没人接。她心慌得很，往常只要白天有飞行任务，张超晚上都会打电话报平安。情急之下，张亚登录了丈夫的微信，看到各种祈祷祝愿不断刷屏，急忙联系副团长孙宝嵩。担心张亚知道真相后过于悲伤，孙宝嵩编了一个善意的谎言："飞机出故障，张超跳伞了，人还没找到。"张亚回道："求求你们别放弃。"无论如何，张亚也不会想到，自己深爱的丈夫已经牺牲了。

张超和张亚曾有过这样一个浪漫的约定：等他上舰那天，她要来部队共同见证梦想成真的一刻。届时，张亚会手捧鲜花，和两岁的女儿一道，迎接她们的英雄凯旋。可是，这个约定再也无法成为现实了。

自从张超牺牲后，妻子张亚每天都帮他更新朋友圈。"女儿很想你。""没有办法不想念……""与你分别78天了。你是否还能够感知这血染的荣誉？"……好似张超从未离开。张超的微信昵称是"含含爸-查理"。含含是张超女儿的小名，他不止一次地对战友说，要让女儿成为世界上最幸福的小公主，所以给女儿取名为张尚明珠。"查理"则是张超的英文名。"查理信号"是舰载战斗机飞行领域每一个新飞行员梦寐以求想听到的着舰信号。听到这个信号，就意味着他们即将完成第一次着舰飞行，成为一名真正的舰载机飞行员。两个身份，两个梦想，家与国，就这样扛在了张超的肩上。

每到晚上跟女儿视频通话时,张超的室友艾群总会心头一颤:"以往这个时候,我躺在我的床上跟女儿视频,张超也躺在他的床上跟女儿视频,我女儿比他女儿大三天。"可现在,艾群对面的床铺空荡荡的,不知道张超的女儿是否还在等待手机视频中的爸爸?

"那个浑身透着真诚的兄弟走了"

"相守变永诀只是一瞬间,
鲜活的面孔变成了怀念。
我哭泣着呼唤你的名字,
期盼你能给我只语片言。
带着我的祝福我的牵挂,
愿你在天堂里飞得更远。"

这是团参谋长徐英含泪为张超写下的一首100行长诗的一部分,追忆了他们曾经的点滴,寄托自己的哀思。然而,张超再也回不来了。"那个浑身透着真诚的兄弟走了,"战友们说,"我们现在特别怀念他那真诚的微笑。"

重情厚谊、与人为善,战友们提起张超,无不称赞他对事业的无比钟爱,对家庭的高度负责,对战友的真挚关怀,对社会的倾情回馈。张超平时生活很节俭,这在海军某舰载航空兵基地是出了名的。洗发水快用完的时候兑点水再将就几次,旧款剃须刀用了不知多少年,衣柜里只有很少的几件便装,鞋架上除了几双旧鞋剩下的就是书……身边的很多战友起初都难以理解张超为什么这么想要攒钱。两个人刚刚接触时，张亚也不理解，以张超的收入为什么连件像样的衣服也没有，不舍得吃、不舍得穿。等到张超把工作多年积攒的20万元都交给父母，让他们在老家建房子时，大家才明白张超攒钱原来是为了孝敬父母。

张超是家里的独生子，父亲因为企业改制下了岗，母亲身体一直不太好，因为拆迁的缘故，全家一直在外租房居住。2004年10月，张超在军校领到第一个月的110元的津贴费后，只留下了10元用来买香皂牙膏，剩余的100元寄给了父母。那张100元的纸币，父母一直都没舍得花，至今仍夹在家里的相册里。张超入伍后领到的第一双制式皮鞋，一直穿了好几年，每次他都把新发的皮鞋寄回家给父亲穿。

新婚之夜，张超情深意切地对爱人张亚说："我只有一个小小的要求，特别希望你能够理解，也能够做到。我平时一线工作比较忙，随时都要准备执行任务，没有太多时间来孝敬父母，所以希望你能够加倍地孝敬我们的父母，帮他们分忧解难。"张亚动情地说，自己一定会担负起应有的责任，做一个好儿媳。

"虽然他对自己特别节俭，但对战友们却从不抠门。每次休假回来，他都会把妈妈做的腊鱼、萝卜干拿给我们吃，还大老远地拖了一大箱老家的'酱板鸭'分给大家吃。就在牺牲前十天，他还特意让嫂子寄了两盒'君山银针'新茶，给我们喝。现在茶未凉，他人却走了……"说起张超，战友们泣不成声。

不只对家人和战友，即使对自己出生的那个小山村，张超也充满了感激之情。张超的老家——筻口镇南沅村，坐落于岳阳市西南面的一个小山坳中。一直到2009年，这个100人的小村庄，仅能通过一条宽不过3米的泥巴路与外界通连，每到下雨天这条路总会被人和牲口走成稀泥浆。当听到南沅村要修路的消息时,张超的父亲激动地打电话告诉了在部队工作的儿子。虽然张超两岁时就离开了那个小山村,但他还是想为自己的祖祖辈辈生活过的地方作点贡献,于是他毫不犹豫地从工资卡里转出500元寄给了父亲。后来听说修路款还有一点小缺口,他又取出3000元钱,委托父亲交给村委会。

当张超烈士的骨灰运回岳阳市安葬时,南沅村的群众一大早就自发组织起来,大老远地冒着雨赶到了烈士陵园,为他们心目中的好孩子送行。

举办追悼会那天,暴雨如泣。他的老师们不愿意相信这个善良淳朴、刻苦认真的大男孩儿就这样走了;他的同学们不愿意相信这个帅气活泼、很讲情义的哥们就这样走了。妻子张亚哭喊道:"醒醒啊,你给我买的新裙子,我还没穿给你看呢。"女儿也一直哭着要找爸爸,喊:"爸爸,赶紧醒醒。"张超的父亲,在看完事发时的视频后,喃喃自语道:"儿子,你尽力了,跟爸回家吧。"

张超倒在了距离梦想咫尺之遥的地方,但他用生命,为中国航母事业立起了一座熠熠闪光的"航标"。在全团飞行员集体去殡仪馆送张超最后一程时,看到张超仍佩戴着二级飞行员标志,参谋长徐英默默摘下了自己的一级飞行员标志,认认真真地将它戴在张超胸前。其实,张超在那年3月就已经被评定为一级飞行员,只是单位还没来得及换发。

战友们把张超的那枚二级飞行员标志珍藏起来,准备带着它一起飞上航母,"兄弟,等着,我们很快带着你一起上舰!"

挑战极限、追求卓越、矢志打赢、永不言弃……张超身上的鲜明特质让我们感动、让我们敬仰。他以**矢志强军报国的英雄理想、倾力精武强能的英雄信念、勇于攻坚克难的英雄气概、无畏无惧砥砺英雄血性**，将满腔热血奉献给了祖国，奉献给了强军事业。"青春虚度无所成，白首衔悲亦何及"，当前，面对中华民族发展的最好时期，面临难得的建功立业的人生际遇和"天将降大任于斯人"的时代使命，我们更需要保持初生牛犊不怕虎、越是艰险越向前的刚健勇毅，像张超那样，珍惜韶华、不负青春，勇于挑战自我、练就过硬本领，在民族复兴的征途上，始终保持勇敢奔跑的英姿，用青春和汗水创造出让世界刮目相看的新奇迹！

后 记

2018年，经中央军委批准，增加"献身国防科技事业杰出科学家"林俊德、"逐梦海天的强军先锋"张超为全军挂像英模，他们和张思德、董存瑞、黄继光、邱少云、雷锋、苏宁、李向群、杨业功一起构成我军10位挂像英模。

为了铭记英雄壮举、传承红色基因，本书编写组对10位挂像英模的壮丽人生进行了深入研究。其中，李兴选负责张思德、董存瑞生平事迹的撰写，汪玉明负责邱少云、雷锋生平事迹的撰写，侯嘉斌负责黄继光、张超生平事迹的撰写，刘学申负责苏宁生平事迹的撰写，刘广勇负责杨业功生平事迹的撰写，王喆负责林俊德生平事迹的撰写，陈凯悦、宋飞帆负责李向群生平事迹的撰写。

课题组在成书过程中，借鉴了许多专家学者的研究成果，同济大学出版社为本书的策划、编辑付出了大量心血。在此，表示诚挚的感谢。由于水平有限，疏漏之处在所难免，敬请专家学者和广大读者批评指正。